Schweizer / Wunsch / Fadini

Mikrorechner
Architektur und Programmierung

Gerhard Schweizer
Thomas Wunsch
Alois Fadini

Mikrorechner

Architektur und Programmierung

Herausgegeben von
Harald Schumny

Mit 90 Bildern und Tabellen

Friedr. Vieweg & Sohn Braunschweig/Wiesbaden

CIP-Kurztitelaufnahme der Deutschen Bibliothek

Schweizer, Gerhard:
Mikrorechner: Architektur u. Programmierung /
Gerhard Schweizer; Thomas Wunsch; Alois Fadini.
Hrsg. von Harald Schumny. — Braunschweig;
Wiesbaden: Vieweg, 1986.

NE: Wunsch, Thomas:; Fadini, Alois:

1986

Umschlaggestaltung: Peter Lenz, Wiesbaden

ISBN-13: 978-3-528-04353-7   e-ISBN-13: 978-3-322-83857-5
DOI: 10.1007/ 978-3-322-83857-5

Vorwort

Dieses Werk entstand aus der seit 1976 gehaltenen, gleichnamigen Vorlesung an der Universität Karlsruhe von Herrn Prof. Dr.-Ing. G. Schweizer.

Als Vorläufer war eine Ausarbeitung des Skriptums zur Vorlesung von Herrn D. Fritsche und Herrn M. Mackert aus dem Jahre 1981 vorhanden, die in mehreren Kapiteln verwendet worden ist.

Eine weitere Ergänzung bilden Arbeiten von Herrn F. Anthoni, Herrn B. Storck und Herrn H. Wiedmann (siehe Quellenangabe).

Für die Mitarbeit beim Erstellen des Manuskripts und Korrekturlesung bedanken wir uns bei Frau G. Ansorge, Frau I. Hauck, Frau E. Köller, Herrn W. Langer, Frau R. Mündörfer und insbesondere bei Frau Dipl.-Ing. B. Begelspacher, die an der Fertigstellung einen besonderen Anteil hatte.

Für das abschließende Korrekturlesen danken wir den Herren Dipl.-Ing. Ingo Czech, Andrzej Figat, Eugen Sarpaszki, Hermann Straub und Alexander Wrobleswski.

Karlsruhe, Oktober 1985
A. Fadini
T. Wunsch

Einleitung

Dieses Buch wendet sich an den „Neuling" auf dem Gebiet der Mikroprozessortechnik. Nach einer allgemein gehaltenen Einführung, in der auf die binäre Darstellungsweise von Information und die grundsätzliche Architektur eines Mikrorechnersystems eingegangen wird, stellen wir die Struktur von Maschinenbefehlen anhand des Befehlssatzes zweier Mikroprozessoren vor.

Auf diesen Grundlagen bauen die nächsten Abschnitte auf: Die Programmierung des Mikroprozessors und die Hardwarekomponenten, die erst die Kommunikation mit dem System ermöglichen.

Schließlich stellen wir Softwarehilfsmittel vor, die eine effiziente Arbeit mit dem Mikrorechnersystem wesentlich erleichtern.

Zum Schluß gehen wir auf den Aufbau eines dedizierten Systems ein, wie es für spezielle Anwendungen oft erforderlich ist.

Um den Praxisbezug herzustellen, haben wir versucht, möglichst anhand von Beispielen zu arbeiten und hoffen, zu einem allgemeinen Verständnis für den Aufbau eines Mikroprozessorsystems und den Umgang damit beizutragen.

Inhaltsverzeichnis

1 Die Von-Neumann-Maschine

Der heutige Digitalrechner wurde nach den Prinzipien der
abstrakten Von-Neumann-Maschine entwickelt, die alle wesentlichen Funktionseinheiten eines realen Rechners enthält.
Der von John von Neumann theoretisch entworfene Rechner besteht
aus Rechenwerk, Speicher, Steuereinheit und Ein-/Ausgabe.

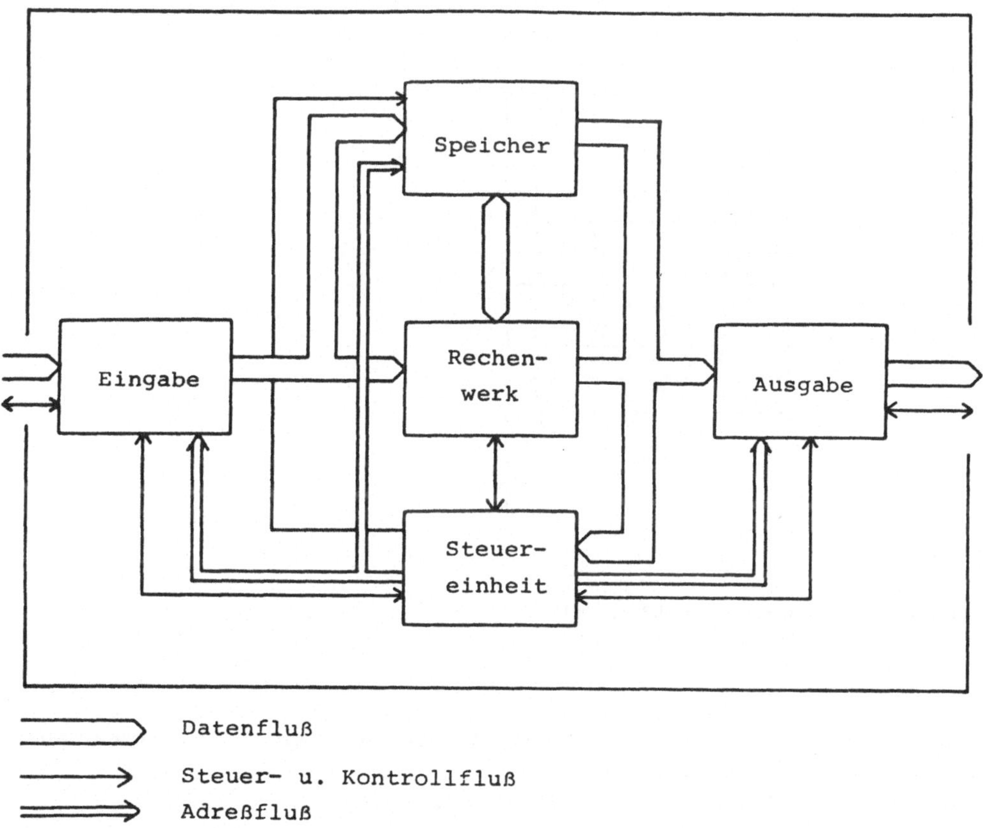

Abb.1.1 Die Von-Neumann-Maschine

Wir werden in diesem Abschnitt einen idealisierten Rechner
darstellen, aus dem wir später die Begriffe Mikroprozessor und
Mikrorechner ableiten.

1.1 Der Speicher

Der Speicher ist eine linear geordnete Folge von Zellen, die in
aufsteigender Reihenfolge durchnumeriert sind (Abb.1.2). Eine
solche Zelle besteht aus einer Anzahl Informationseinheiten, die
jede für sich entweder den Wert 0 oder 1 annehmen können; eine
solche Informationseinheit heißt Bit ("binary digit"). Die
Anzahl der Bits in einer Zelle wird als Wortlänge des Speichers
bezeichnet. Die Zellennummern heißen Adressen, und unter einer
Adresse steht ein Inhalt. So hat z.B. die Zelle mit der Adresse
i den Inhalt 10011000.

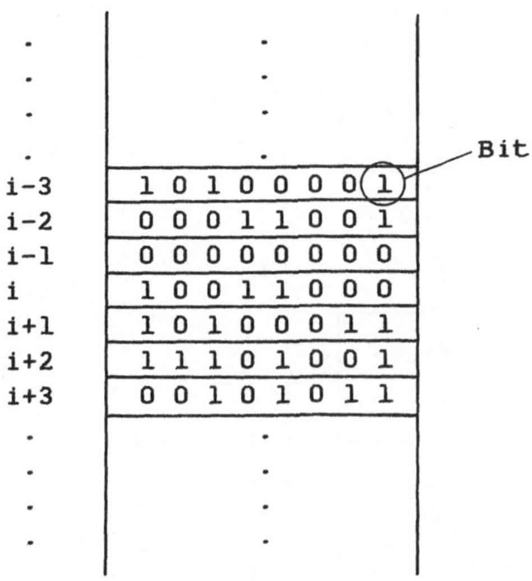

Abb.1.2 Logische Struktur eines Speichers mit 8 Bit Wortlänge

Der Speicher erfüllt die Funktion, Daten über den momentanen
Zeitpunkt hinaus aufzubewahren.
Dazu sind folgende Eigenschaften notwendig:

   - Der Speicher muß lesbar und meistens auch beschreibbar
     sein.
   - Jedes Datenwort im Speicher muß eindeutig adressierbar
     sein.

Nach Anlegen einer Adresse i und Kennzeichnung der Operation
"lesen" über die Steuerleitungen steht am Ausgang der Inhalt der
Adresse i zur Verfügung.

Die Operation "schreiben" verlangt am Eingang die Bereitstellung
der Adresse einer Zelle und die Information, welche in diese
Zelle eingeschrieben werden soll. Wir bezeichnen die Operationen
"lesen" oder "schreiben" als Zugriff auf den Speicher.

Logisch kann man den Speicher in zwei Bereiche gliedern, den
Programm- und den Datenspeicher.
Im Programmspeicher steht eine Abfolge von Befehlen: das sind
Anweisungen, deren Auswirkung definiert ist und die einem
Benutzer der Maschine zur Verfügung gestellt werden. Aus seiner
Sicht ist ein einzelner Befehl nicht mehr weiter unterteilbar.

Die Zellen des Datenspeichers enthalten Daten, die durch die
Ausführung der Befehle gelesen, beschrieben bzw. überschrieben
werden können.

Eine spezielle Art von Speichern sind die Register. Darunter
versteht man Speicherplätze, auf die das Rechenwerk besonders
schnellen Zugriff hat. Um dies zu erreichen, ordnen wir sie dem
Rechenwerk zu.

1.2 Das Rechenwerk

Das Rechenwerk (arithmetisch logische Einheit, Arithmetic and
Logical Unit, ALU) führt arithmetische Operationen wie Addieren,
Subtrahieren, Komplementieren, logische Operationen wie UND/
ODER-Verknüpfungen und Vergleiche mit Operanden aus, die an
seinen Eingängen anliegen. Das Ergebnis der Operation wird an
seinem Ausgang zur Verfügung gestellt. Eingaben in das
Rechenwerk sind also die Operanden und die Operation, die mit
ihnen ausgeführt werden soll, Ausgabe ist das Ergebnis der
ausgeführten Operation.

1.3 Steuereinheit und Systembus

Aus Abb.1.1 ist ersichtlich, daß die bisher vorgestellten
Komponenten miteinander verbunden sind; wir nennen die Verbin-
dung den Systembus oder kurz Bus. Busse sind Wege, auf denen die
Information von einer Komponente zu einer anderen fließt. Je
nach Art der Information unterscheidet man Daten-, Adreß- und
Steuerbus. Die Kontrolle darüber, wann über welchen Bus
Information fließen soll, hat die Steuereinheit.

Die Funktion der Steuereinheit wird deutlich, wenn man den
sogenannten Befehlszyklus eines Rechners betrachtet. Der Rechner
arbeitet nacheinander die Befehle, die im Speicher in linearer
Reihenfolge stehen, ab. Dazu muß zunächst die Adresse bekannt
sein, wo der nächste abzuarbeitende Befehl steht. Diese Adresse
stehe im Programmzähler (Befehlszähler, Program Counter, PC),
einem besonderen Register. Wird der Inhalt dieses Registers, auf
Veranlassung der Steuereinheit, auf den Adreßbus gelegt und wird
dem Speicher gleichzeitig auf dem Steuerbus mitgeteilt, daß aus
ihm gelesen werden soll, dann steht, wie schon beschrieben, auf
dem Datenbus am Ausgang des Speichers der Inhalt der angesprochenen Adresse, in diesem Fall ein Befehl, zur Verfügung. Wir
nennen diese erste Phase die Befehlsholphase (instruction
fetch). In einer weiteren Phase, der Befehlsdecodierung, wird
der Inhalt des Datenbus von der Steuereinheit decodiert, um
festzustellen, um was für einen Befehl es sich handelt.

Aus dieser Decodierung werden die Operationen abgeleitet, welche
die Steuereinheit veranlassen soll: z.B. werden bei einem
arithmetischen Befehl die Operanden, die sich aus dem Befehl
ergeben, an die Eingänge der ALU gebracht und deren Operation
ausgeführt. Gleichzeitig wird der Befehlszähler erhöht, um die
Adresse für das Holen des nächsten Befehls zu erhalten. Dieser
Zyklus läuft im Rechner permanent ab.

1.4 Ein-/Ausgabe

Unter Ein-/Ausgabe-Einheiten (Koppelbaustein, interface) werden
solche Komponenten verstanden, die dem Rechner die Möglichkeit
geben, mit der Außenwelt (Bildschirm, Drucker, usw.) zu
verkehren oder auf Speichermedien, die nicht zum eigentlichen
Arbeitsspeicher gezählt werden (z.B. Wechselplatten, Floppy-
Disk), zuzugreifen. Außenwelt und die genannten Speichermedien
bezeichnet man als Peripherie oder als Peripheriegeräte.

2 Der Speicher: Interpretationen von Speicherinhalten, Operationen mit Speicherinhalten

Bisher wurde lediglich von Information gesprochen, die zwischen den einzelnen Komponenten eines Rechners fließt. Wie diese Information aufgebaut ist, soll dieser Abschnitt zeigen, in dem auf die verschiedenen Interpretationen einer Information eingegangen wird.

Die Wortlänge ist die Anzahl von Binärziffern, die innerhalb eines Computers zu einer Gruppe zusammengefaßt werden. In den von uns später genannten Beispielen von Mikrocomputern werden Wortlängen von 8 bzw. 16 bit benutzt. Als Byte bezeichnen wir eine Struktur aus 8 bit.

Die genannten Werte sollen aber nicht als Standard aufgefaßt werden; vielmehr gibt es auch Rechner mit 32 bit und mehr Wortlänge und auch mit Bytes, die durch 6 Bits definiert sind.

Im folgenden werden jetzt drei Interpretationsmöglichkeiten von Worten erläutert: Dualzahlen, Zeichen und Befehle.

Es wird jeweils dargestellt, welche Operationen damit durchgeführt werden können.

2.1 Zahlen

In diesem Abschnitt werden Operationen mit Dualzahlen (das sind Zahlen zur Basis zwei) vorgestellt, wie sie im Rechenwerk ausgeführt werden. Doch muß zunächst einmal auf den Aufbau einer Dualzahl eingegangen werden.

2.1.1 Dezimalsystem

Das uns geläufige Zehnersystem bildet Zahlen aus Ziffern zwischen 0 und 9, die durch ihre Stellung im Ziffernverband verschiedene Wertigkeiten haben – die Ziffern werden je nach ihrer Stellung mit Potenzen der Zahl 10 multipliziert. So setzt sich z.B. die Zahl 102 folgendermaßen zusammen:

$$102 = 1 \times 10^2 + 0 \times 10^1 + 2 \times 10^0.$$

Die am weitesten rechts stehende Ziffer hat die Wertigkeit 1 und
wird als niedrigstwertige Stelle, die am weitesten links
stehende als höchstwertige Stelle bezeichnet. Die Wertigkeit
nimmt von rechts nach links von Stelle zu Stelle um den Faktor
10 zu:

$$..., 1000, 100, 10, 1$$

2.1.2 Dualsystem

Im Dualsystem ist die Basis die Zahl 2, die verwendeten Ziffern
sind 0 und 1. Für die Stellenwertigkeit ergibt sich dann von
rechts nach links:

$$...128, 64, 32, 16 = 2^4, 8 = 2^3, 4 = 2^2, 2 = 2^1, 1 = 2^0.$$

So bedeutet z.B. die Dualzahl

$$00111000[2] = 2^5 + 2^4 + 2^3 = 56[10].$$

Anmerkung: Die Wortlänge unseres Rechners bestehe aus 16 bit;
man spricht dann von einem 16-Bit-Rechner. Die Anzahl der darstellbaren Werte in einem n-Bit-Wort
beträgt, wie man leicht nachrechnen kann, 2^n.
Bei einem 16-Bit-Rechner kann man somit

$$2^{16} = 65.536 \text{ Werte}$$

darstellen: 0000 0000 0000 0000[2] =   0[10]
.
.
1111 1111 1111 1111[2] = 65.535[10]

2.1.3 Hexadezimalsystem

Um Schreibarbeit zu sparen, faßt man eine Vierergruppe von Bits
(Tetrade) zusammen und benennt sie mit einer Ziffer aus dem
sogenannten Hexadezimalsystem (= Sedezimalsystem):

```
                    0000 = 0
                    0001 = 1
                    0010 = 2
                    0011 = 3
                    0100 = 4
                    0101 = 5
                    0110 = 6
                    0111 = 7
                    1000 = 8
                    1001 = 9
                    1010 = A
                    1011 = B
                    1100 = C
                    1101 = D
                    1110 = E
                    1111 = F
```

Abb.2.1 Darstellung von Dualtetraden durch das Hexadezimalsystem

Das Hexadezimalsystem hat als Basis die Zahl 16 und bildet seine Zahlen aus den Ziffern und Buchstaben

$$0,1,2,3,4,5,6,7,8,9,A,B,C,D,E,F$$

wobei A=10, B=11, C=12 u.s.w. bedeuten. So lautet beispielsweise die Binärzahl

$$1001\ 0011\ 1111\ 0001[2]$$

im Hexadezimalsystem 93F1[16], wobei wir die Notation Zahl-[Basis] dazu benützen, anzuzeigen, in welchem System die Zahl dargestellt ist.

2.1.4 BCD-System

Der 8421-Code (auch BCD - Binary Coded Decimal) benutzt zur Darstellung der Dezimalziffern Dualzahlen, die dem Wert der Ziffer entsprechen, d.h. je eine Ziffer wird durch 4 bit binär codiert. Bei arithmetischen Operationen kann er daher ähnlich behandelt werden wie die Dualzahlen. Allerdings ist immer dann eine Korrektur des Ergebnisses notwendig, wenn z.B. bei der Addition eine Teilsumme über 9 hinausgeht.

Genaueres darüber in Abschnitt 2.2.1 (BCD-Addition).

Ziffer	8421-Code
0	0000
1	0001
2	0010
3	0011
4	0100
5	0101
6	0110
7	0111
8	1000
9	1001

Abb.2.2 Tabelle des BCD-Code

2.1.5 Konvertierung Dezimal in Dual und Umkehrung

Obwohl fast alle Rechner im Inneren binär (d.h. Zahlendarstellung im Dualsystem) arbeiten, ist es doch erwünscht, daß die Zahlen in dezimaler Form ein- oder ausgegeben werden, weil wir nun einmal daran gewöhnt sind, mit dezimalen Zahlen zu arbeiten. Nach der Dateneingabe müssen die Zahlen zunächst vom Dezimalsystem ins Dualsystem und vor der Ausgabe wiederum vom Dualsystem zurückgewandelt werden. Wir wollen uns daher einige Verfahren zur Umwandlung Dezimal-Dual und umgekehrt ansehen.

Wandlung Dezimal in Dual

Ein Verfahren, das sich sehr leicht mit Hilfe der Reihenentwicklung für Dualzahlen beweisen läßt, ist in folgendem Schema angegeben:

Die Dezimalzahl z sei 412. Wir suchen jetzt einen Exponenten zur Basis 2, für den gelten soll:

$$2^n \leq z,$$

$$2^{n+1} > z, \text{ n ganz}$$

In unserem Fall gilt n = 8 wegen

$$2^8 = 256 < 412,$$

$$2^9 = 512 > 412,$$

Wir teilen nun die Dezimalzahl durch 2^n und subtrahieren von ihr anschließend 2^n, falls der Quotient gleich eins war. War er kleiner als eins, subtrahieren wir Null. Anschließend teilen wir den Rest durch 2^{n-1} und verfahren mit ihm genauso. Das setzen wir fort, bis wir bei $2^0 = 1$ angelangt sind.

In Abb.2.3 ist ein Beispiel ausgeführt. Wir erhalten als Ergebnis 412[10] = 110011100[2].

```
    412 : 256 = 1
  - 256
  ___________
    156 : 128 = 1
  - 128
  ___________
     28 :  64 =  0
     28 :  32 =  0
     28 :  16 =  1
  -  16
  ___________
     12 :   8 =   1
  -   8
  ___________
      4 :   4 =   1
  -   4
  ___________
      0 :   2 =   0
      0 :   1 =   0
```

Abb.2.3 Beispiel Wandlung Dezimal-Dual durch Division

Wesentlich schneller kommen wir zum Ziel mit Hilfe der sogenannten "Zigeunermathematik", die wir am gleichen Beispiel erläutern wollen:

```
        412 : 2 = 206      Rest 0
        206 : 2 = 103      Rest 0
        103 : 2 =  51      Rest 1
         51 : 2 =  25      Rest 1
         25 : 2 =  12      Rest 1
         12 : 2 =   6      Rest 0
          6 : 2 =   3      Rest 0
          3 : 2 =   1      Rest 1
          1 : 2 =   0      Rest 1
```

Abb.2.4 Wandlung mit Hilfe der "Zigeunermathematik"

Wir teilen unter Vernachlässigung des Restes die Dezimalzahl
fortlaufend durch 2 und schreiben die Zwischenergebnisse
untereinander, bis wir bei 1 oder 0 ankommen. Jetzt ordnen wir
den geraden Zahlen eine Null und den ungeraden eine Eins zu. Auf
diese Weise erhalten wir die gesuchte Dualzahl mit der höchsten
Stelle ganz unten (im Unterschied zu Abb.2.3).

Wandlung Dual in Dezimal

Wenn wir eine Dualzahl in eine Dezimalzahl umwandeln wollen, so
müssen wir den umgekehrten Weg beschreiten. Dabei benutzen wir
die Reihendarstellung der Dualzahlen:

$$z = \sum_{i=0}^{n} f_i * 2^i ; \qquad f_i = [0,1]$$

Es ist zweckmäßig, zunächst eine Tabelle mit den Potenzen zur
Basis 2 aufzustellen und hinter jede Potenz die zugehörige
Dualziffer zu schreiben (s. Abb.2.5).

2^i		f_i
2^0 =	1	0
2^1 =	2	0
2^2 =	4	1
2^3 =	8	1
2^4 =	16	1
2^5 =	32	0
2^6 =	64	0
2^7 =	128	1
2^8 =	256	1

Abb.2.5 Tabelle der Potenzen von 2

Wir haben entsprechend der Reihenentwicklung nun alle Werte mit f_i = 1 zu addieren.

$$
\begin{array}{r}
4 \\
8 \\
16 \\
128 \\
256 \\
\hline
412
\end{array}
$$

Wir erhalten wieder unsere Dezimalzahl 412.

2.1.6 Konvertierung Dual/Dezimal über Hexadezimalzahlen

Als Lese- und Schreib-Erleichterung wird häufig eine weitere Umwandlung benutzt.
Zur kürzeren Darstellung einer Binärzahl ist es üblich, sie in eine Hexadezimal-Zahl zu wandeln, d.h. 4 Stellen werden nur noch durch eine ausgedrückt. Ein Byte läßt sich somit durch 2 Ziffern darstellen.

Der Vorteil: Die Wandlung benötigt weniger Schritte und geht damit schneller.

Umgekehrt erhält man durch ziffernweise Umwandlung der Hexadezimalzahlen in den Dualcode wieder die Zahl zur Basis 2.

$$
\begin{array}{l}
\text{Beispiel:} \quad 412 \ : \ 256(16^2) = 1 \\
\qquad\qquad\quad -256 \\
\qquad\qquad\quad \overline{} \\[4pt]
\qquad\qquad\ 156 \ : \ 16(16^1) = 9 \\
\qquad\qquad\quad -144 \\
\qquad\qquad\quad \overline{} \\[4pt]
\qquad\qquad\quad 12 \ : \ \ 1(16^0) = C \\[4pt]
\qquad\quad 412[10] = 19C[16] = 0001\ 1001\ 1100[2]
\end{array}
$$

Abb.2.6 Umwandlung Dezimal in Dual über Hexadezimalzahlen.

Für die Umwandlung der Dualzahl in das Dezimalsystem können wir
ähnlich verfahren:

$$
\begin{array}{l}
0001\ 1001\ 1100[2] \\
\quad\ 1 \quad\ \ 9 \quad\ \ C \\[6pt]
19C[16] = 1 \times 16^2 + 9 \times 16^1 + 12 \times 16^0 = 412[10]
\end{array}
$$

Abb.2.7 Umwandlung Dual in Dezimal über das Hexadezimalsystem.

Im Anhang ist eine allgemeine Darstellung für die Konvertierung
ganzer Zahlen aufgeführt.

2.2 Operationen mit Zahlen

2.2.1 Binäre arithmetische Operationen

```
a) Addition
```

Die Addition zweier Binärzahlen erfolgt, wie im Zehnersystem, durch stellenweise Addition mit Übertrag, z.B.:

```
    0001 1011 1011 1000   ( 7096[10])
    0010 1101 1101 1010   (11738[10])
     111 1111 1111        (Übertrag)
    ─────────────────────────────────
    0100 1001 1001 0010   (18834[10])
```

```
b) Subtraktion
```

Darstellung negativer Zahlen

Um auch negative Zahlen darstellen zu können, wird ein Bit, das höchstwertige Bit (Most Significant Bit, MSB), als sog. Vorzeichenbit verwendet. Eine 1 in der höchstwertigen Stelle bedeute eine negative, eine 0 eine positive Zahl. Man könnte zu einer positiven Zahl ihren negativen Wert einfach bilden, indem man das höchstwertige Bit zu 1 setzt, und die niederwertigeren Bits wie bei der positiven Zahl beläßt.

So könnte zum Beispiel aus

```
    0000 0000 0000 0001[2] = 1[10]
```

die negative Zahl folgendermaßen gebildet werden:

```
    1000 0000 0000 0001[2] = -1[10]
```

Günstiger, wie wir noch sehen werden, ist jedoch eine andere Darstellung: Einer- und Zweierkomplement.

Einerkomplement

Das Einerkomplement wird gebildet, indem jede Stelle der Dualzahl komplementiert wird. Beispielsweise erhält man aus

        0000 0000 0000 0010[2] = 2[10]

die entsprechende negative Zahl

        1111 1111 1111 1101[2] = -2[10].

Hier ergibt sich als größte darstellbare Zahl

        0111 1111 1111 1111[2] = 32767[10]

und als deren Einerkomplement

        1000 0000 0000 0000[2] = -32767[10].

Als Besonderheit ergibt sich dabei die doppelte Darstellung der
Null, nämlich 0000[16] und FFFF[16].

Zweierkomplement

Deswegen verwenden wir in unserem idealisierten Mikrorechner das
sog. Zweierkomplement. Es wird ebenfalls durch Komplementieren
gebildet, jedoch wird zusätzlich auf die komplementierte Zahl
eine 1 addiert.

        z.B. 0000 0000 0000 0001 = 1[2]

      + 1111 1111 1111 1110   Einerkomplement
                            1
      ____

         1111 1111 1111 1111 = -1[2]

Damit ergeben sich für:

              1 → -1[10] = FFFF[16]

              2 → -2[10] = FFFE[16]

              3 → -3[10] = FFFD[16] usw.

Die größte mit 16 Bits darstellbare Zahl im Zweierkomplement ist
7FFF[16] = 32767[10], die kleinste 8000[16] = -32768.
Die Null hat hier nur eine Darstellung: 0000[16].

Übertrag

Der Vorteil dieser Darstellung zeigt sich nun: Die Subtraktion
kann nämlich als Addition des Minuenden mit dem Zweierkomplement
des Subtrahenden durchgeführt werden.

Beispiele:

```
Über-      0000 0000 0000 0111      (7[10])
trag C    +1111 1111 1111 1100    - (4[10])
     1)    0000 0000 0000 0011      (3[10])
           └Vorzeichenbit


           0000 0000 0000 1000      (8[10])
          +1111 1111 1111 0110    -(10[10])
       0)  1111 1111 1111 1110     (-2[10])


           1111 1111 1111 1110     (-2[10])
          +0000 0000 0000 0011    -(-3[10])
       1)  0000 0000 0000 0001      (1[10])


           1111 1111 1111 1101     (-3[10])
          +1111 1111 1111 1101    - (3[10])
       1)  1111 1111 1111 1010     (-6[10])
```

Ob bei einer Subtraktion das Ergebnis positiv oder negativ ist,
zeigt die höchstwertige Stelle des Ergebnisses, das Vorzeichenbit. Der Wert, der bei der Addition in der höchstwertigen Stelle
übrigbleibt, wird als Übertrag C (carry) bezeichnet. Er kann in
den vier Beispielen vernachlässigt werden. Zusammen mit dem
Übertrag aus der zweithöchsten Stelle CS kommt ihm aber eine
bestimmte Bedeutung zu: das Feststellen einer Zahlenbereichs-
überschreitung V (Überlauf, overflow). Hierzu sei folgende
Addition durchgeführt:

```
          0111 1111 1111 1111      (32767[10])
         +0000 0000 0000 0001    +    (1[20])

C ──► 0) 1111 1111 1111 111       (Übertrag)
CS       1000 0000 0000 0000      (32768[10])
```

Die Zahl 32768 liegt nicht mehr im darstellbaren Zahlenbereich eines 16-Bit-Wortes, es entstand ein Überlauf V. Es muß deshalb eine Strategie gefunden werden, welche eindeutig einen solchen erkennt: Man kann zeigen, daß wenn C und CS gleich sind, ein richtiges und wenn C und CS ungleich sind, ein falsches Resultat entstanden ist.

CS	C	V
0	0	0
0	1	1
1	0	1
1	1	0

V = 1: Überlauf
V = 0: kein Überlauf

(Nebenbemerkung: Bei Operanden mit unterschiedlichem Vorzeichen kann natürlich nie ein Überlauf entstehen!)

c) Verschiebung

Eine weitere Operation in der ALU ist das Schieben eines Datenwortes: Bei nicht vorzeichenbehafteten Zahlen bedeutet Linksschieben um eine Stelle eine Multiplikation mit 2, Rechtsschieben um eine Stelle eine ganzzahlige Division durch 2.

Beispiel:

```
        0000 0000 0000 1001        (9[10])
      ←
        0000 0000 0001 0010        (18[10])

        0000 0000 0001 0101        (21[10])
      →
        0000 0000 0000 1010        (10[10])
```


d) Multiplikation

Bei der Multiplikation wollen wir uns lediglich an einem Beispiel klar machen, wie das Rechenwerk eines Dualrechners zu arbeiten hat. Es gibt sehr viele Multiplikationsverfahren, man sagt auch Algorithmen, die alle irgendwelche Vorzüge aber auch Nachteile besitzen. Wir werden einen Algorithmus als Beispiel wählen, der häufig zur Anwendung kommt. Er verläuft völlig analog zum "schriftlichen Malnehmen":

$$10010 * 101$$
$$10010$$
$$00000$$
$$10010$$
$$1011010$$

e) Division

Auch bei der Division wollen wir als Beispiel einen Algorithmus wählen, wie er dem "schriftlichen Teilen" bei Dezimalzahlen entspricht:

$$10110 : 101 = 100 \text{ Rest } 010$$
$$- 101$$
$$0001$$
$$010$$

Wie wir sehen, beruht der Algorithmus bei der Multiplikation hauptsächlich auf Addieren und Linksschieben und bei der Division auf Subtrahieren und Rechtsschieben. Abgesehen von den Schiebeoperationen, die sehr einfach im Rechner durchzuführen sind, sind damit Multiplikation und Division auf Addition und Subtraktion zurückgeführt. Zusammenfassend können wir also sagen, daß folgende Operationen

1. Addition,
2. Schieben,
3. Komplementbildung

als arithmetische Grundoperationen eines Rechners angesehen werden können.

f) BCD-Addition

Neben den üblichen arithmetischen Dualoperationen kann man auch den BCD-Code direkt verknüpfen.
Wie aus Abb.2.2 zu ersehen ist, werden im BCD-Code aus der Dualtetrade nur die Werte 0...9 dargestellt, die Codes für die Werte 10...15 (1010...1111) bleiben ungenutzt. Man nennt sie deshalb Pseudotetraden.

Die BCD-Addition wird wie bei der üblichen Dualaddition für jede
Tetrade durchgeführt. Da die Werte 10...15 nicht verwendet
werden, muß das Ergebnis - falls größer als 9 - durch Aufaddieren einer 6 korrigiert werden.

```
    7              0111 [BCD]
   +5             +0101   "

   12              1100   "   ≙  12   (Pseudotetrade)
                 +  110   "   ≙   6   Korrektur

                0001 0010 "   ≙  12   (gültige
                     ↑                 BCD-Darstellung)

generierter Überlauf ┘
```

Beispiel einer Addition:

```
   412          0100 0001 0010 [BCD]
  +728         +0111 0010 1000   "

  1140          1011 0011 1010   "   Zwischenergebnis
                 110       110    "   Korrektur

              1 0001 0100 0000    "   Endergebnis
```

Die Korrektur kann u.U. fortgesetzt auftreten: durch eine
Korrekturaddition kann wiederum eine Korrekturaddition notwendig
werden.

Die Subtraktion im BCD-Code wird wie im Binärsystem durch
Addition des Subtrahenden im Zweierkomplement durchgeführt.

g) Konvertierung BCD in Dual und Umkehrung

Mit den Hilfsmitteln der binären arithmetischen Operationen, die
wir in den vorhergehenden Abschnitten dargestellt haben, können
wir nun auf bekannte Weise BCD-Code und binäre Zahlendarstellung
ineinander umrechnen.

Umwandlung BCD in Dual

Gegeben sei die BCD-Zahl:

```
        0100 0001 0010[BCD]
```

oder in anderer Schreibweise:

$$(0100[2]) \times 10^2 + (0001[2]) \times 10^1 + (0010[2]) \times 10^0$$

Der Bewertungsfaktor 10^k wird nun ins Dualsystem umgewandelt:

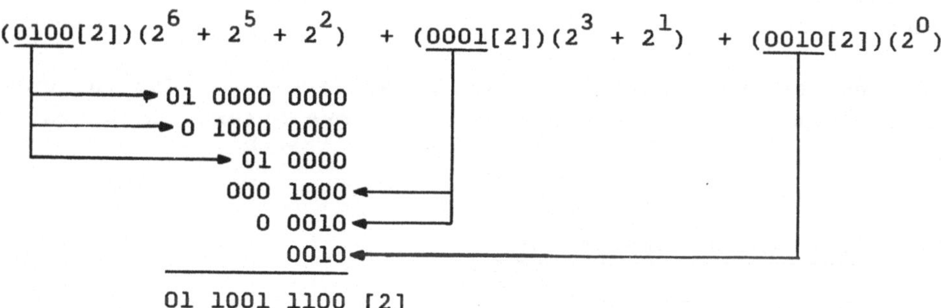

$$(\underline{0100}[2])(2^6 + 2^5 + 2^2) \;+\; (\underline{0001}[2])(2^3 + 2^1) \;+\; (\underline{0010}[2])(2^0)$$

Dabei entspricht die Anzahl der Nullen dem Stellenwert k. Der
Vergleich zwischen BCD und Dualzahl bestätigt:

$$412[10] = 0100\ 0001\ 0010[BCD] = 110011100[2]$$

Umwandlung Dual in BCD

Wir spalten die Dualzahl in Einer-, Zehner-, Hunderterfaktoren
usw. auf:

```
Beispiel:      110011100    : 1100100(100[10])  = 100[BCD]
             (- 110010000)   Addition des
             + 001110000     Zweierkomplements

           1 ) 000001100    : 1010(10[10])       = 1[BCD]
             (-     1010)
             +      0110

                  0010       : 1                  = 10[BCD]
```

Durch Ergänzung der führenden Nullen bekommen wir die gewünschte
Zahl:

$$110011100[2] = 0100\ 0001\ 0010\ [BCD] = 412[10]$$

2.2.2 Binäre logische Operationen

Durch die Einführung binärer logischer Operationen lassen sich alle Rechenstrukturen auf Binärwerte und mit ihnen auszuführende Algorithmen zurückführen. Durch Parallelschaltung logischer Einheiten kann dabei eine Menge von Informationsbits erfaßt werden.

In diesem Abschnitt werden nur die wesentlichen Grundoperationen gezeigt, aus denen sich dann kompliziertere Strukturen aufbauen lassen.

Notwendige logische Operationen

a) NOT (Nicht, Negation)

Die Negation Y der Eingangsgröße X ergibt sich nach der Wertetabelle zu

X	$Y = \neg X$
0	1
1	0

Man sagt: Y ist die "negierte" (auch "invertierte") Funktion von X.

Die Schreibweise ist: $Y = \neg X \ (= \overline{X})$

Schaltzeichen: $X \longrightarrow \boxed{1} \circ\!\!-\!\!- Y = \neg X$

Bedeutung: u.a. Einerkomplement

X	1111 0011
$Y = \neg X$	0000 1100

b) AND (UND, Konjunktion)

Die logische Funktion UND ergibt sich nach der Wertetabelle zu:

X_1	X_2	$Y = X_1$ UND X_2
0	0	0
0	1	0
1	0	0
1	1	1

Bei der UND-Funktion nimmt Y nur den Wert 1 an, wenn sowohl X_1 als auch X_2 den Wert 1 besitzen.

Die Schreibweise lautet: $\qquad Y = X_1 \wedge X_2$

Schaltzeichen:

$$Y = X_1 \wedge X_2$$

Bedeutung: u.a. Erstellung von Masken, Ausblendung von Binärstellen.

$$
\begin{array}{ll}
\text{1011 0111} & X_1 \text{ - vorgegebenes Byte} \\
\underline{\text{0000 1111}} & X_2 \text{ - Maske} \\
\text{0000 0111} & Y
\end{array}
$$

Herleitbare logische Operationen

Herleitbare logische Operationen sind Operationen, die aus den notwendigen logischen Operationen gebildet werden können.

a) OR (ODER, Inklusiv-ODER)

Die logische ODER-Funktion zweier unabhängiger Variablen zeigt
die Wertetabelle:

X_1	X_2	$Y = X_1 \vee X_2$
0	0	0
0	1	1
1	0	1
1	1	1

Bei der ODER-Funktion nimmt Y den Wert 1 an, wenn wenigstens
eine der beiden Variablen X_1 oder X_2 den Wert 1 hat.

Die Schreibweise lautet: $Y = X_1 \vee X_2$

Schaltzeichen: X_1 ——[≥ 1]—— $Y = X_1 \vee X_2$
                   X_2

Bedeutung: u.a. Zusammensetzen von Operanden

$$
\begin{array}{ll}
0011\ 0000 & \cdot\ X_1 \\
\underline{0000\ 0111} & \ \ \ X_2 \\
0011\ 0111 & \ \ \ Y
\end{array}
$$

Herleitung mit NOT und AND

$$A \vee B = \neg(\neg A \wedge \neg B)$$

Beispiel: $A \vee B = (0101 \vee 0001) = 0111$
                 $= \neg(\neg(0101) \wedge \neg(0011))$
                 $= \neg(1010 \wedge 1100)$
                 $= \neg(1000)$
                 $= \ \ \ 0111$

Anmerkung: Es ist auch möglich, aus NOT und OR alle herleitbaren
           logischen Operationen aufzubauen!

b) XOR (Exklusiv-ODER)

Wertetabelle:

X_1	X_2	$Y = X_1 \smile X_2$
0	0	0
0	1	1
1	0	1
1	1	0

Bei der XOR-Funktion nimmt Y nur den Wert 1 an, wenn entweder
die Variable X_1 oder die Variable X_2 den Wert 1 hat.

Die Schreibweise lautet: $Y = X_1 \smile X_2$

Schaltzeichen:

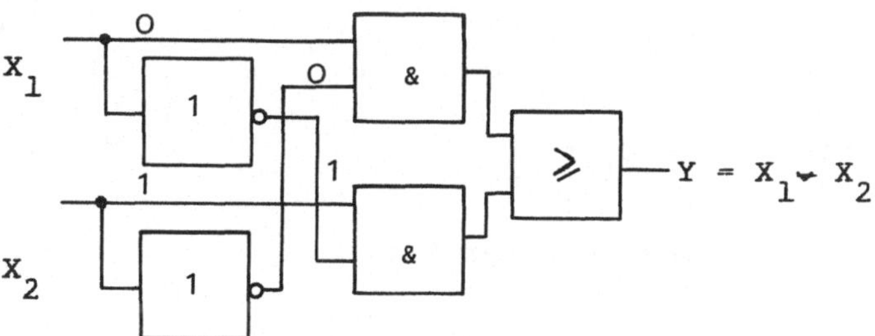

Schaltung:

Bedeutung: u.a. bitweiser Vergleich zweier Operanden

$$\begin{array}{l} 0100\ 1000 \\ 0100\ 0000 \\ \hline 0000\ 1000 \end{array}$$

d.h. X_1 ungleich X_2

Herleitung aus NOT und AND:

$$X_1 \smile X_2 = \lnot (\lnot (\lnot X_1 \land X_2) \curlywedge \lnot (X_1 \land \lnot X_2))$$

Anwendung:
Vergleiche Abschnitt 2.2.1:
Bei der Subtraktion entsteht ein Überlauf V, wenn der Übertrag aus der höchsten Stelle (C) und der Übertrag aus der zweit-höchsten Stelle (CS) ungleich sind:

$$C \veebar CS = V$$

c) NAND und NOR

Die folgenden zwei Verknüpfungen sollen noch vorgestellt werden:

NAND ("NOT - AND") NOR ("NOT - OR")

Wertetabellen:

X_1	X_2	Y
0	0	1
0	1	1
1	0	1
1	1	0

X_1	X_2	Y
0	0	1
0	1	0
1	0	0
1	1	0

Schreibweise: $Y = X_1 \mid X_2$ $\qquad$ $Y = X_1 \downarrow X_2$

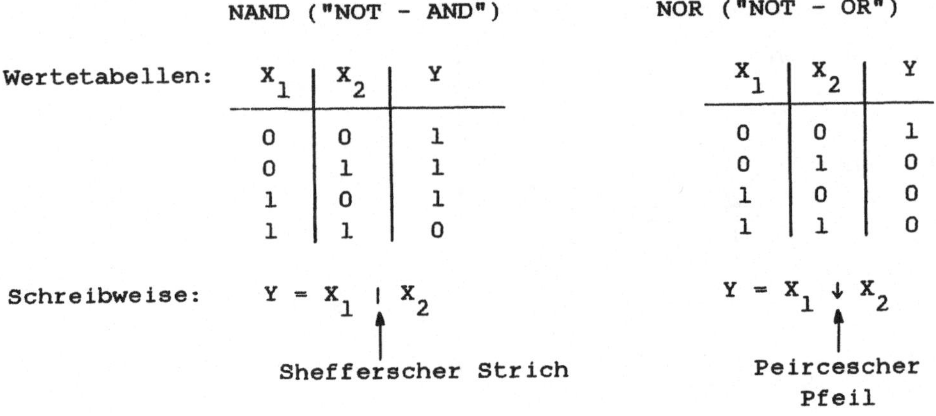

Shefferscher Strich $\qquad$ Peircescher Pfeil

Schaltzeichen:

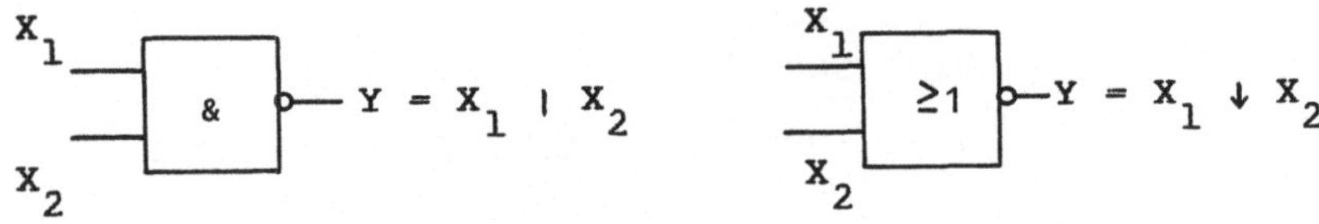

Diese beiden Funktionen haben vorwiegend aus zwei Gründen große Bedeutung erlangt:

- Sie sind schaltungstechnisch besonders einfach zu reali-sieren.

- Um alle möglichen logischen Verknüpfungen beschreiben zu können, reicht eine dieser beiden Funktionen aus.

Der zweite Punkt sei anhand der Herstellung der notwendigen
logischen Operationen NOT und AND durch die NAND-Verknüpfung
gezeigt:

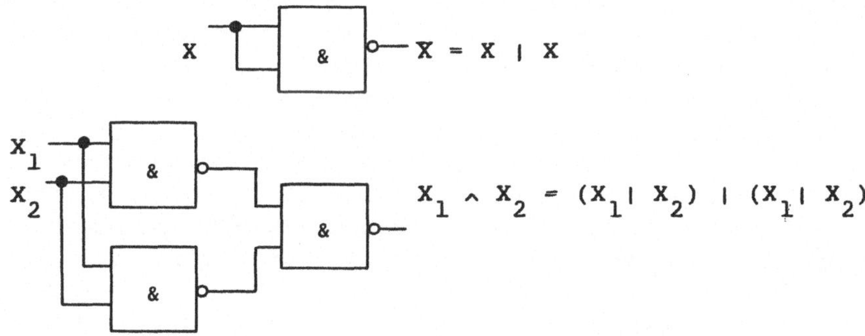

2.3 Zeichen

2.3.1 Darstellung von Zeichen

Bisher wurden Datenworte als ganze Zahlen interpretiert, die dem
Rechenwerk als Operanden dienen. Eine weitere Möglichkeit, die
besonders in der Kommunikation zwischen Mikrorechner und
Ein-/Ausgabegeräten wie Bildschirm, Tastatur, Drucker gebraucht
wird, ist die Interpretation eines Datums als Zeichen. Unter
Zeichen verstehen wir die Buchstaben des Alphabets (A,...,Z,
a,...,z), Ziffern (0,...,9), Sonderzeichen wie /.,-;!?, sowie
die sogenannten Steuerzeichen, deren Funktion noch erklärt wird.

Um diese Zeichen durch eine Bitfolge in einem Rechner
darzustellen, bzw. um zu gewährleisten, daß alle Komponenten
eines Rechners unter jeweils einer bestimmten Bitfolge ein
bestimmtes Zeichen verstehen, wurden Konventionen über die
Darstellung von Zeichen mit Hilfe von Bitfolgen getroffen: Wir
verwenden zur Codierung eines Zeichens ein Byte (in der Regel 8
Bits) und nennen die Konvention den Zeichencode.

2.3.2 Der ASCII-Code

Für die Darstellung eines Zeichens als Bitfolge wurden
verschiedene Codes standardisiert. Die Tabelle zeigt den ASCII-
Code (American Standard Code for Information Interchange), der
bei den heutigen Rechnern am geläufigsten ist.
So wird z.B. im ASCII-Code das Zeichen A mit der Bitfolge 0100
0001[2] = 41[16] dargestellt, das Zeichen 2 als 32[16] usw..
Dazu kommen in der Tabelle die sogenannten Steuerzeichen. Dies
sind Codierungen für Gerätesteuerungen wie Wagenrücklauf
(carriage return) oder Steuerzeichen zur Kennzeichnung von Daten
im Übertragungsprotokoll wie STX (Start of Text) usw.

Anmerkung: Wie aus der Tabelle zu ersehen ist, besitzt der
           ASCII-Code nur 128 verschiedene Zeichen, obwohl mit 8
           Bit 256 Zeichen darstellbar sind.
           Das bedeutet, der Code besitzt Redundanz (mehr
           Information, als zur Darstellung der Zeichen notwen-
           dig ist).
           Der Code ist mit den sieben niederwertigen Bits
           eindeutig bestimmt, das höchstwertige Bit kann zur
           Fehlersicherung herangezogen werden.
           In diesem Fall ergänzt der Sender eines ASCII-
           Zeichens die Quersumme zu einer geraden (ungeraden)
           Zahl. Der Empfänger prüft nach, ob die Bedingung
           Quersumme gerade (ungerade) erfüllt ist. Ein Teil der
           Übertragungsfehler kann damit erkannt werden.
           Dieses einfache Mittel der Fehlerprüfung, die
           sogenannte Paritätsprüfung, ist in vielen Peripherie-
           geräten realisiert.

b_7	b_6	b_5	b_4	b_3	b_2	b_1	Zeile	0	1	2	3	4	5	6	7
							Spalte	0 0 0	0 0 1	0 1 0	0 1 1	1 0 0	1 0 1	1 1 0	1 1 1
0	0	0	0				0	NUL	TC_7 (DLE)	SP	0	@	P		p
0	0	0	1				1	TC_1 (SOH)	DC_1	!	1	A	Q	a	q
0	0	1	0				2	TC_2 (STX)	DC_2	"	2	B	R	b	r
0	0	1	1				3	TC_3 (ETX)	DC_3	#	3	C	S	c	s
0	1	0	0				4	TC_4 (EOT)	DC_4	¤	4	D	T	d	t
0	1	0	1				5	TC_5 (ENQ)	TC_8 (NAK)	%	5	E	U	e	u
0	1	1	0				6	TC_6 (ACK)	TC_9 (SYN)	&	6	F	V	f	v
0	1	1	1				7	BEL	TC_{10} (ETB)	'	7	G	W	g	w
1	0	0	0				8	FE_0 (BS)	CAN	(	8	H	X	h	x
1	0	0	1				9	FE_1 (HT)	EM	)	9	I	Y	i	y
1	0	1	0				10	FE_2 (LF)	SUB	*	:	J	Z	j	z
1	0	1	1				11	FE_3 (VT)	ESC	+	;	K	[	k	{
1	1	0	0				12	FE_4 (FF)	IS_4 (FS)	,	<	L	\	l	l
1	1	0	1				13	FE_5 (CR)	IS_3 (GS)	-	=	M	]	m	}
1	1	1	0				14	SO	IS_2 (RS)	.	>	N	^	n	~
1	1	1	1				15	SI	IS_1 (US)	/	?	O	_	o	DEL

ACK Acknowledge	GS Group Separator
BEL Bell	HT Horizontal Tabulation
BS Backspace	IS Information Separator
CAN Cancel	LF Line Feed
CR Carriage Return	NAK Negative Acknowledge
DC Device Control	NUL Null
DEL Delete	RS Record Separator
DLE Data Link Escape	SI Shift in
EM End of Medium	SO Shift out
ENQ Enquiry	SOH Start of Heading
EOT End of Transmission	SP Space
ESC Escape	STX Start of Text
ETB End of Transmission Block	SUB Substitute Character
ETX End of Text	SYN Synchronous Idle
FE Format Effector	TC Transmission Control
FF Form Feed	US Unit Separator
FS File Separator	VT Vertical Tabulation

Abb.2.8 Der ASCII-Code

2.3.3 Der EBCDIC-Code

Ein weiterer Code, der oft zur Kommunikation zwischen Rechnern untereinander verwendet wird, ist der EBCDIC-Code (Extended Binary Coded Decimal Interchange Code). In diesem Code werden alle acht Stellen des Codewortes ausgenutzt, d.h. 256 verschiedene Zeichen sind möglich. Auffallend ist die größere Anzahl von Zeichen für die Kommunikationssteuerung und die Anzahl der frei definierbaren Zeichen ("weiße Kästchen" in Abbildung 2.9). Die 4 höchstwertigen Bits der Zahlencodes sind immer gleich, enthalten also nur redundante Information. Dies wird ausgenutzt zur "gepackten" rechnerinternen Abspeicherung von mehrstelligen BCD-codierten Zahlen: ein Byte bietet Raum für zwei Dezimalziffern, der Speicherbedarf wird dadurch etwa auf die Hälfte reduziert.

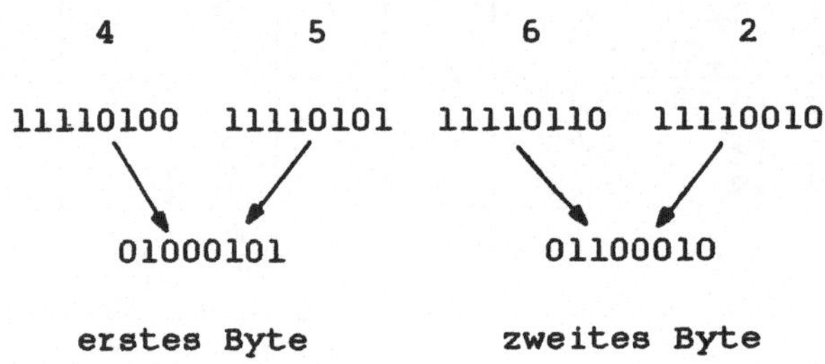

Bitpositionen

bits 8765 → bits 4320 ↓	0000	0001	0010	0011	0100	0101	0110	0111	1000	1001	1010	1011	1100	1101	1110	1111
0000	NUL	DLE	DS		SP*'	&	−									0
0001	SOH	DC1	SOS				/		a	j			A	J		1
0010	STX	DC2	FS	SYN					b	k	s		B	K	S	2
0011	ETX	TM							c	l	t		C	L	T	3
0100	PF	RES	BYP	PN					d	m	u		D	M	U	4
0101	HT	NL	LF	RS					e	n	v		E	N	V	5
0110	LC	BS	ETB	UC					f	o	w		F	O	W	6
0111	DEL	IL	ESC	EOT					g	p	x		G	P	X	7
1000		CAN							h	q	y		H	Q	Y	8
1001	RLF	EM							i	r	z		I	R	Z	9
1010	SMM	CC	SM		¢	!		:								
1011	VT	CU1	CU2	CU3	.	$	,	#								
1100	FF	IFS		DC4	<	*	%	a					⌠		⊣	
1101	CR	IGS	ENQ	NAK	(	)	−	'								
1110	SO	IRS	ACK		+	:	>	—					⊔			
1111	SI	IUS	BEL	SUB	/.	¬	?	"								EO

Abb. 2.9 Der EBCDIC-Code

2.4 Operationen mit Zeichen

Operationen mit Zeichen besitzen insbesondere in der Datenverarbeitung große Bedeutung. Man beachte, daß Operationen mit
Zeichen dabei auf solche mit Zahlen zurückgeführt werden.

Ein einfaches Beispiel ist das Ordnen von Buchstaben nach dem
Alphabet. Da die Buchstaben von "A" bis "Z" beispielsweise im
ASCII-Code aufsteigend durchnummeriert sind, lassen sich
Buchstabenfolgen nach der Ordnungszahl aufreihen:

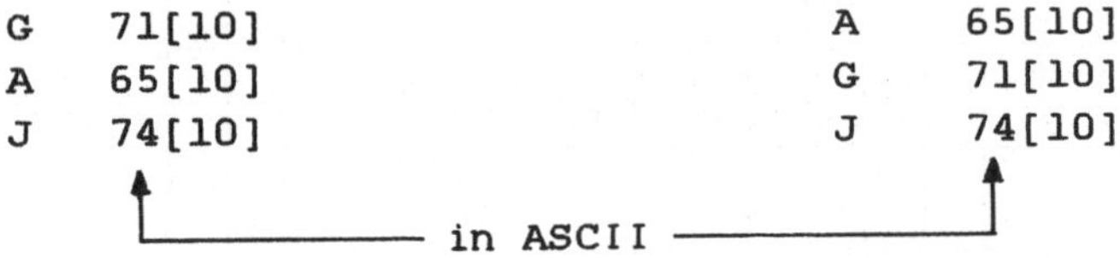

```
     G    71[10]                      A    65[10]
     A    65[10]                      G    71[10]
     J    74[10]                      J    74[10]
```

                       in ASCII

2.5 Befehle

Bei der Beschreibung der Steuereinheit wurde bereits darauf
hingewiesen, daß an sie Befehle geliefert werden, deren
Bedeutung sie erkennen und deren Abarbeitung sie steuern muß.
Befehle sind aus ihrer Sicht Bitmuster, von denen jedes seine
bestimmte Bedeutung hat – eine neue Interpretationsart von
Daten.

Wir führen an dieser Stelle einige typische Befehle ein, die dem
Programmierer zugänglich sind; die Menge all dieser Befehle
bezeichnet man als Befehlssatz des Mikroprozessors.

Da man es dem Programmierer nicht zumuten kann, seine Befehle in
binärer Schreibweise – der Maschinensprache –niederzuschreiben,
wird ihm eine Assemblersprache angeboten, die eine mnemonische
Form der Maschinensprache darstellt. Beispielsweise heiße ein
Befehl, welcher den Inhalt des Registers R1 ins Register R2
schreibt, in binärer Schreibweise

                    0001 0000 0100 0010

und in Assemblersprache TRANSF R1,R2.

Genau wie bei der Interpretation von Bitmustern als Zahlen oder
als Zeichen, muß auch bei der Interpretation einer Bitfolge als
Befehl genau festliegen, was die einzelnen Bits an den
verschiedenen Stellen bedeuten, wie sie also zu interpretieren
sind: Der vorgestellte Transfer-Befehl besteht aus dem Operationscode (TRANSF), Information über den Quelloperanden (R1) und
Information über den Zieloperanden (R2). Beide zusammen
bezeichnen wir als Operanden.

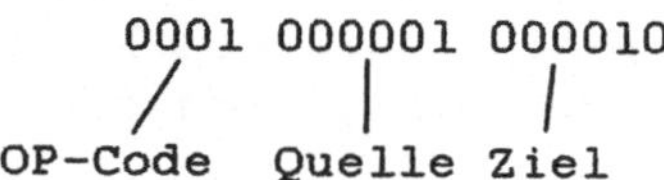

0001 000001 000010

OP-Code   Quelle Ziel

Der Operationscode **TRANSF** ist mit der Bitfolge 0001 codiert, die
Operanden in den zwei nachfolgenden Sechsergruppen. Die
angesprochenen Register (R1=001, R2=010) stehen jeweils in der
zweiten Hälfte der Operandencodierung. Die erste Hälfte enthält
nähere Information über den jeweiligen Operanden. Diese nähere
Information wird deutlich, wenn wir den folgenden Befehl nehmen:

TRANSF 8192,R3

lädt den Inhalt der Speicherzelle 8192[10] = 2000[16] ins
Register R3. Die nähere Information über den Quelloperanden,
nämlich die Adresse 8192, kann nicht mehr im gleichen Wort wie
der Operationscode und Zieloperand untergebracht werden. Für die
Speicheradresse des Quelloperanden wird ein zweites Wort
benötigt - man spricht von einem Zwei-Wort-Befehl, oder allgemein von einem Mehr-Wort-Befehl. Wir stellen den Befehl
folgendermaßen dar:

0001 011111 000011   1. Befehlswort

8192[10] → 0010 0000 0000 0000   2. Befehlswort

Die Zieloperandencodierung ist analog der vorigen (R3=011). Die
Bitfolge 011 in Kombination mit 111 in der Quelloperandencodie-
rung bedeute, daß die Adresse im nächsten Wort folgen wird. Der
Quelloperand ist jetzt kein Register, sondern eine Speicheradresse. Ebenfalls kann natürlich ein Speicher-zu-Speicher-
Transfer stattfinden, bei dem im dritten Wort noch die Adresse
des Zieloperanden stehen müßte; die Information über den
Zieloperanden würde dann wie die des Quelloperanden aussehen,
ein Befehl könnte z.B. heißen:

            TRANSF 1000,2000

also bringe den Inhalt der Zelle 1000 in Zelle 2000.

2.6 Operationen mit Befehlen

Wir stellen einige typische Befehle vor. Dabei beschreiben wir
die mnemotechnische Schreibweise (Assemblersprache) des Befehls,
seine binäre Darstellung (Maschinensprache), die Operationen,
welche durchgeführt werden und einige Beispiele in Assemblersprache.
Beim TRANSF-Befehl handelte es sich um einen sog. Zwei-
Operanden-Befehl, d.h. er besitzt einen Quell- und einen
Zieloperanden. Weitere Vertreter dieser Klasse sind:

ADD Quelle,Ziel   Ziel:= Quelle + Ziel

0110qqqqqqzzzzzz

qqqqqq und zzzzzz stellen die Codierungen von Quell-und
Zieloperanden in der oben beschriebenen Form dar.

Beispiele:

        ADD 20,R0   addiert den Inhalt von Speicherzelle 20
                    auf Register R0.

        ADD R1,R2   addiert den Inhalt von Register R1 auf R2.

SUB Quelle,Ziel   Ziel: = Ziel - Quelle

1110qqqqqqzzzzzz

Beispiel:

        SUB R1,R2   subtrahiert den Inhalt des Registers R1
                    von Register R2

OR Quelle,Ziel   Ziel:= Quelle ∨ Ziel (logisches ODER)

0101qqqqqqzzzzzz

AND Quelle,Ziel   Ziel:= Quelle $\wedge$ Ziel (logisches UND)

0100qqqqqqzzzzzz

CMP Quelle, Ziel   Quelle - Ziel

0111qqqqqqzzzzzz

Der letzte Befehl vergleicht zwei Operanden miteinander. Die Operanden werden dabei nicht verändert. Als Ergebnis des Befehls werden sog. Statusflags (Zustandsanzeiger, Statusbits) gesetzt. Wir führen das N- und Z-Flag ein:

N (negative) wird hier zu "1" gesetzt, wenn der Zieloperand größer als der Quelloperand ist, andernfalls zu "0". Sind beide Operanden gleich, wird Z (zero, Null) gesetzt. Die Bedeutung zweier anderer Statusanzeigen wurde bereits bei den arithmetischen Operationen erklärt: C (carry) und V (overflow). Alle Statusanzeigen werden in der arithmetisch-logischen Einheit im sog. Statusregister (flag register), einem weiteren Register, zusammengefaßt.

Die beiden nächsten Befehle lesen bzw. schreiben Information von bzw. auf ein Peripheriegerät. Ein Operand ist jetzt nicht mehr eine Speicheradresse bzw. ein Register, sondern die Kennung eines bestimmten Peripheriegeräts, seine Adresse (!) :

IN Peripheriegerät,Ziel   Ziel := Peripheriegerät

Eine Information, die in einem Peripheriegerät vorliegt, wird eingelesen.

OUT Quelle,Peripheriegerät   Peripheriegerät := Quelle

Information, die in Quelle liegt, wird auf ein Peripheriegerät geschrieben.
Als Vertreter der sog. Ein-Operanden-Befehle wird zuerst der Sprungbefehl vorgestellt. Dies ist ein Befehl, mit dem die normalerweise sequentielle Abarbeitung der Befehle verlassen wird, d.h. der Programmzähler wird während der Abarbeitung dieses Befehls nicht um 1 inkrementiert, sondern erhält den Wert des Quelloperanden.

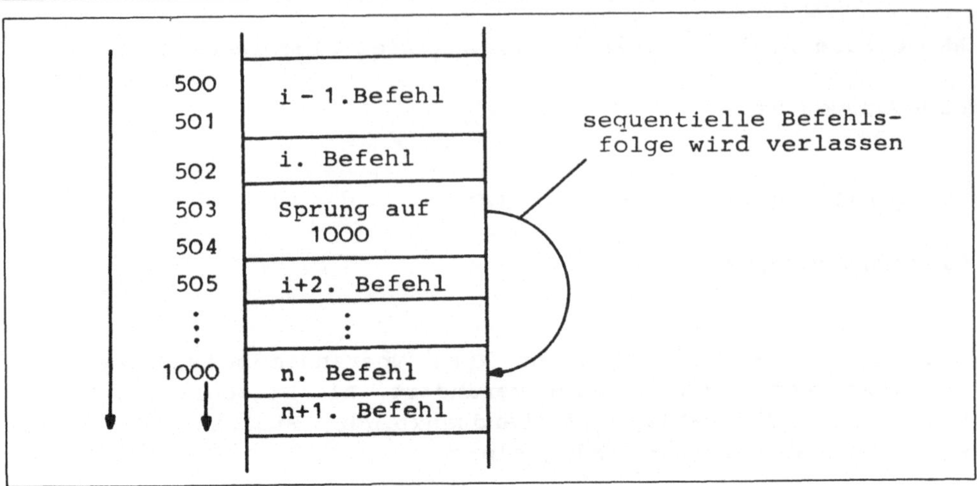

Abb.2.10 Wirkung des Sprungbefehls (JUMP)

Als mnemonische Schreibweise wählen wir JMP Ziel und als
Codierung (NB: der Operationscode ist jetzt 10 Bits lang):

$$0000000001qqqqqq$$

qqqqqq bezeichnet wieder die Art, wie der Zieloperand ausge-
wertet wird. Beispielsweise enthält bei Codierung mit 011111 das
nächste Befehlswort die Adresse, auf der die Befehlsausführung
nach diesem Befehl weitergehen wird. In Assemblersprache könnte
ein solcher Befehl z.B. JMP 1000 heißen, d.h. der als nächstes
auszuführende Befehl steht unter der Adresse 1000.

Weitere Beispiele für Ein-Operanden-Befehle sind:

INC Ziel   Ziel := Ziel + 1 (inkrementieren) ,

0000101010zzzzzz

DEC Ziel   Ziel := Ziel - 1 (dekrementieren) .

Beispiel:

DEC 1000 dekrementiert den Inhalt der Speicherzelle 1000 um 1.

```
NEG Ziel        Ziel := -Ziel (Negation)
```

Die vorgestellten Befehle sind keineswegs als vollständig anzusehen, vielmehr sollten an diesen Beispielen der Aufbau eines Befehlssatzes und einer Befehlscodierung gezeigt werden. Wenn auch eine solche Systematik bei heutigen Mikroprozessoren nicht konsequent verfolgt wird, glauben wir doch, daß die Ausführungen zum Verständnis beitragen werden. Eine weitere Idealisierung ist die Befehlsvielfalt, die sich mit der eingeführten Assembler- bzw. Maschinensprache ergibt. Viele Mikroprozessoren haben z.B. keinen Speicher-zu-Speicher-Transfer, wie er hier angenommen wird, sondern oft nur Register-zu-Speicher-Befehle.

3 Rechen- und Steuerwerk (Mikroprozessor)

Aus den im 2. Kapitel erarbeiteten Grundlagen werden wir jetzt einen hypothetischen Mikroprozessor herleiten. Dazu muß zunächst der bis jetzt "im Raume stehende" Begriff Mikroprozessor definiert werden:

Unter einem Mikroprozessor wollen wir fortan die Zusammenfassung von Steuereinheit und arithmetisch-logischer Einheit (der uns bekannten von-Neumann-Maschine) in einer integrierten Schaltung, dem Mikroprozessorchip (CPU, Central Processing Unit), verstehen. Der Mikrorechner ergibt sich dann aus der Zusammenschaltung von Mikroprozessor, Speicher und Ein-/Ausgabeeinheiten.

3.1 Der Mikroprozessorchip

Für die Verbindungen (Busleitungen) von dem jetzt definierten Mikroprozessor zum Speicher und zu den Ein-/Ausgabe-Einheiten müssen am Mikroprozessor Anschlüsse (pins) vorhanden sein, an denen diese Verbindungen ansetzen: für Daten- und Adreßbus werden jeweils 16 Anschlüsse D_{15} bis D_0, bzw. A_{15} bis A_0 belegt, wobei noch keine Aussage gemacht werden soll, wie diese Anschlüsse im Inneren des Mikroprozessorchips weiterlaufen. In Abb.3.1 wird ein hypothetischer Mikroprozessor mit seinen Anschlüssen vorgestellt. Die Bedeutung der Anschlüsse wird im weiteren Verlauf erklärt.

Die Anschlüsse werden durch Pfeile dargestellt, deren Richtungen die Richtung des Informationsflusses (unidirektional, z.B. Adreßbus, bidirektional z.B. Datenbus) angeben. Ein Anschluß repräsentiert ein Bit, d.h. er ist entweder "0" oder "1". Elektrisch wird dies durch die Zuordnung

        "0" = 0 Volt
        "1" = 5 Volt

erreicht.

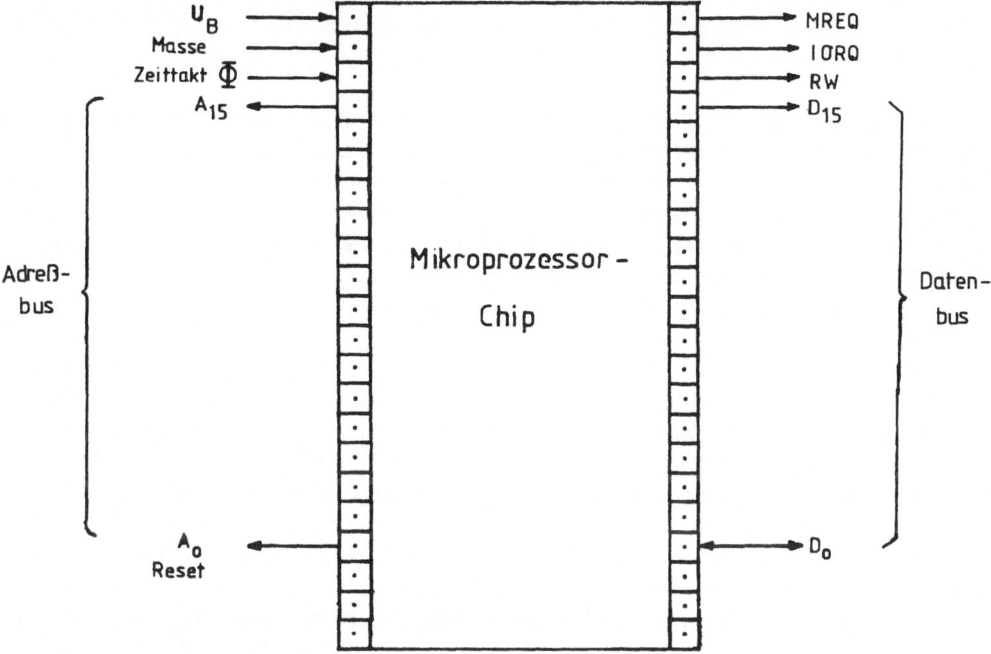

Abb.3.1 Anschlüsse eines Mikroprozessorchips

3.2 Zusammenschalten von Mikroprozessor und Speicher

Als Beispiel für die Realisierung einer Verbindung sei diejenige
vom Speicher zum Mikroprozessor näher erklärt. Als Speichergröße
wählen wir 64 K Worte, (wobei K ≙ 1024 bedeutet), d.h. 65536
Zellen zu je 16 Bits - also eine Kapazität, die mit den 16 Bits
unseres Adreßbusses adressierbar ist. Aufgebaut werde der
gesamte Speicher aus vier Bausteingruppen S0, S1, S2, S3, von
denen jede ein Speicher zu 16 K Worten sei. Über den internen
Aufbau einer solchen Gruppe machen wir keine weitere Aussage.
Als Anschlüsse nach außen besitze jede:

    16 Anschlüsse für Datenbus (D_{15} - D_0)
    14 Anschlüsse für Adreßbus (A_{13} - A_0)
     1 Anschluß Auswahl lesen/schreiben (RW)
     1 Anschluß Bausteinauswahl, Chip Select (CS)

Leicht einzusehen ist, daß die Datenbusanschlüsse des Speichers mit denen des Mikroprozessors zu verbinden sind und zwar über den Datenbus.

Um den Anschluß des Adreßbusses zu verstehen, sei zunächst eine Vorüberlegung eingeschoben: Jeder der vier Hauptspeicherchips hat eine Kapazität von 16 K Worten, also 16384 Zellen, die adressiert werden müssen. Beginnt die Adressierung bei 0, so hat die letzte Zelle in jedem Baustein die Adresse 16383[10] 3FFF[16]. Setzt man diese Adresse ins Binärsystem

$$0011\ 1111\ 1111\ 1111[2],$$

wird ersichtlich, daß sie mit 14 Bits, also 14 Anschlüssen (!) dargestellt werden kann, da die beiden höchstwertigen Bits immer "0" sind. Wir verbinden deshalb die Anschlüsse (Ausgänge) A_{13} bis A_0 des Mikroprozessors mit den entsprechenden Eingängen jedes Speicherchips. Die Konsequenz davon ist, daß jedesmal, wenn eine bestimmte 14-Bit-Adresse am Adreßbus anliegt, sich alle Speicherchips angesprochen fühlen. Um dies zu verhindern, soll aus den verbleibenden 2 Bits des Adreßbusses (A_{15}, A_{14}) über einen sog. Decoder einer von vier Speicherbausteinen ausgewählt werden, und zwar bei

$$
\begin{aligned}
(A_{15}, A_{14}) &= 00 \;\rightarrow\; S0 \\
(A_{15}, A_{14}) &= 01 \;\rightarrow\; S1 \\
(A_{15}, A_{14}) &= 10 \;\rightarrow\; S2 \\
(A_{15}, A_{14}) &= 11 \;\rightarrow\; S3.
\end{aligned}
$$

Die Wirkung dieses Decoders besteht darin, aus zwei Eingängen (A_{15}, A_{14}) genau einen von vier Ausgängen zu bestimmen. Wie aus Abb.3.2 ersichtlich ist, führt ein bestimmter Decoderausgang jeweils auf den Bausteinauswahleingang (CS) eines bestimmten Speicherchips:
Ein Baustein sei dann und nur dann angesprochen, wenn an seinem CS-Eingang der Wert "1" (entsprechend 5 V) anliegt ("active high"). Diese Konvention ist willkürlich gewählt; man könnte genausogut festlegen, ein Baustein sei ausgewählt, wenn am entsprechenden Eingang eine "0" (0 V) anliegt ("active low").

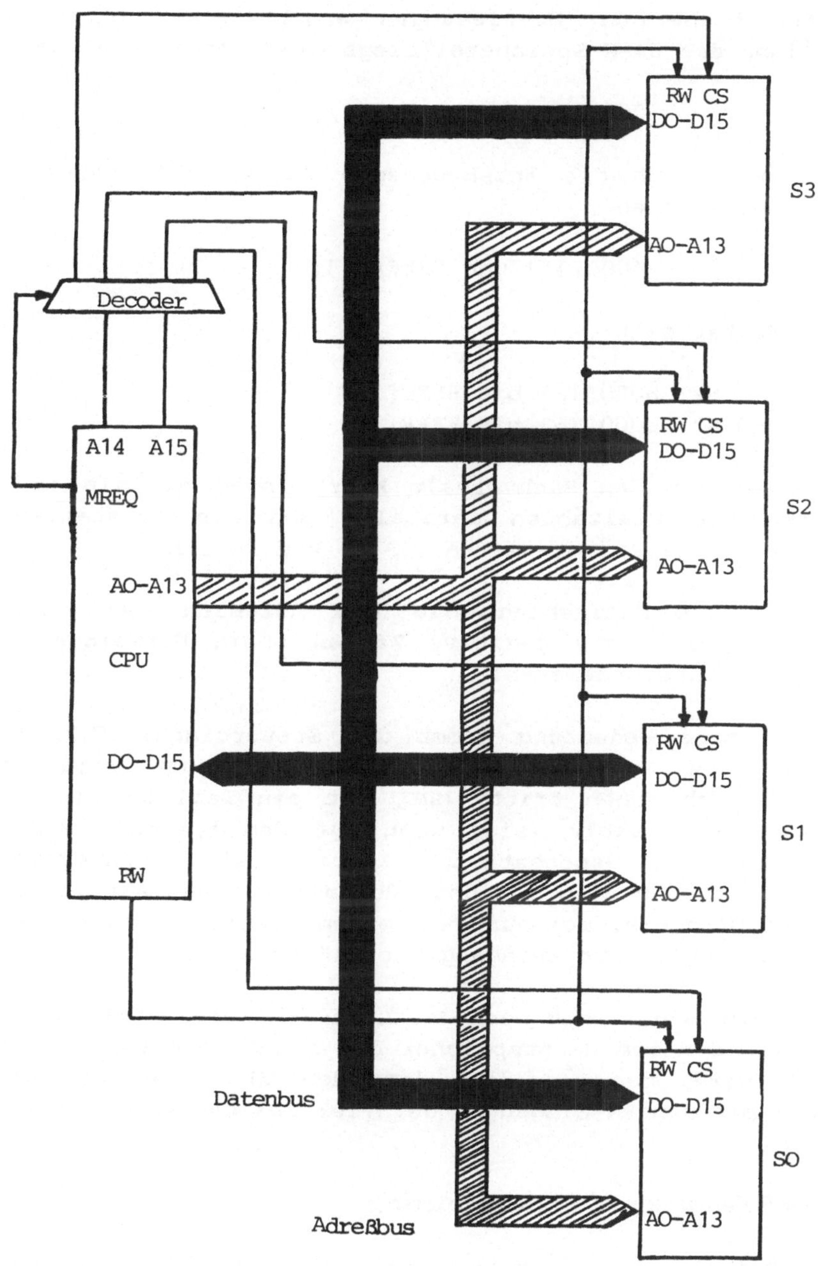

Abb.3.2 Verbindungen Speicher — Mikroprozessor

Aus den bisherigen Überlegungen ergibt sich jetzt folgende
Aufteilung des 64-K-Speichers: Liegt eine Adresse zwischen

$$0000[16] \text{ und } 3FFF[16],$$

so befindet sich die entsprechende Zelle im Speicherchip S0,
liegt sie zwischen

$$4000[16] \text{ und } 7FFF[16],$$

in S1. Weiter gilt:

$$S2: 8000[16] \text{ bis } BFFF[16]$$
$$\text{und } S3: C000[16] \text{ bis } FFFF[16].$$

Man mache sich den Sachverhalt klar, indem man die jeweiligen
Adressen als Dualzahlen darstellt und die entstandene Zahl
aufteilt in die Adreßteile (A_{15}, A_{14}) und $(A_{13}-A_0)$.

Anmerkung: Die Dualzahlen, die hier Adressen darstellen, sind
           immer als positive Zahlen (kein Vorzeichenbit!) zu
           interpretieren!

Eine wichtige Bedeutung kommt dem Steuersignal MREQ ("Memory
Request") zu, das im Mikroprozessor erzeugt wird und als
Anschluß nach außen tritt. MREQ ist ein Teil des Steuerbusses
und soll dann aktiv sein, wenn auf den Speicher zugegriffen
werden soll (im Gegensatz zum Zugriff auf Ein-/Ausgabeeinhei-
ten). Wir führen dieses Signal deshalb auf den Aktivierungseingang des Decoders, der nur dann einen Ausgang aktiv setzen soll,
wenn sein Aktivierungseingang mit "1" belegt ist.

Als letztes Signal muß noch das Lese-/Schreibsignal RW vorhanden
sein, mit dem dem Hauptspeicher die gewünschte Funktion bekannt
gemacht wird: man verbindet dazu den RW-Ausgang des Mikroprozessors mit den RW-Eingängen der vier Speicherchips.

3.3 Der Befehlszyklus des Mikroprozessors

Unter Befehlszyklus versteht man den logischen und zeitlichen
Ablauf bei der Befehlsabarbeitung in Mikroprozessoren. Die im
Hauptspeicher stehenden Befehle werden der Reihe nach vom
Mikroprozessor abgearbeitet.

Wir führen für den im zweiten Kapitel vorgestellten Begriff
"Befehl" noch das Synonym Makroinstruktion ein. Die Ausführung
einer Makroinstruktion erfolgt in mehreren Schritten, die genau
zeitlich zueinander festgelegt ablaufen. Der zeitliche Ablauf
für die einzelnen Schritte wird von einer Zeitsteuerung Φ (Takt)
vorgegeben. Der logische Ablauf wird entweder durch eine
festverdrahtete Logik oder durch programmierte Mikroinstruktionen - das sind ebenfalls Befehle, die aber dem Benutzer
eines Mikroprozessors nicht mehr bekannt sind, wohl aber der
Steuereinheit - bestimmt.

3.3.1 Befehlsausführung mittels Mikroinstruktionen

Jede Abarbeitung eines Befehls zerfällt in drei Teile

    - Befehl holen (instruction fetch), PC inkrementieren,

    - Befehl decodieren,

    - Befehl ausführen.

In der Befehlsholphase wird der nächste Programmbefehl vom
Speicher in den Mikroprozessor, genauer in sein Befehlsregister
(Instruction Register, IR) gebracht. Dazu muß bekannt sein, wo
im Speicher der nächste Befehl steht. Diese Adresse enthält der
Programmzähler (Program Counter, PC). Sein Inhalt wird zusammen
mit den erforderlichen Steuersignalen (MREQ=aktiv, RW=lesen) auf
den Systembus, d.h. auf Adreß- und Steuerbus, gelegt. Daraufhin
liefert der Speicher über den Datenbus dasjenige Wort, welches
unter der übergebenen Adresse steht, in das Datenpufferregister
(DPR) des Mikroprozessors, von wo aus es - über von der
Steuereinheit erzeugte Schaltsignale - ins Befehlsregister
durchgeschaltet wird. Diese Schaltsignale kann man sich als
Öffnen und Schließen von Toren auf den internen Verbindungen
(interner Mikroprozessorbus) vorstellen, womit der Informationsfluß in die gewünschte Richtung geleitet wird (Abb.3.3).

Parallel zum Holen des Befehls wird der Programmzähler um 1
erhöht. Er enthält jetzt entweder die Adresse des nächsten
Befehls oder, wenn es sich um einen Mehr-Wort-Befehl handelt,
die Adresse, in welcher der erste Operand steht. Es sei an
dieser Stelle wieder an Abschnitt 2.5 erinnert: Anhand der
Codierung der Operandenfelder erkennt die Steuereinheit, um
welche Art von Operanden (Register, Speicheradressen) es sich
handelt. Werden beispielsweise Registeroperanden (TRANSF R1,R2)

decodiert, so befinden sich die Operanden bereits in Registern
des Mikroprozessors, es braucht kein weiterer Hauptspeicher-
zugriff zu erfolgen. Bei Mehr-Wort-Befehlen (ADD 1000,R1 oder
TRANSF 1000,2000) müssen die Operanden erst noch in weiteren
Lesezyklen vom Speicher in den Mikroprozessor geholt und in
einem Zwischenpuffer bereitgestellt werden.

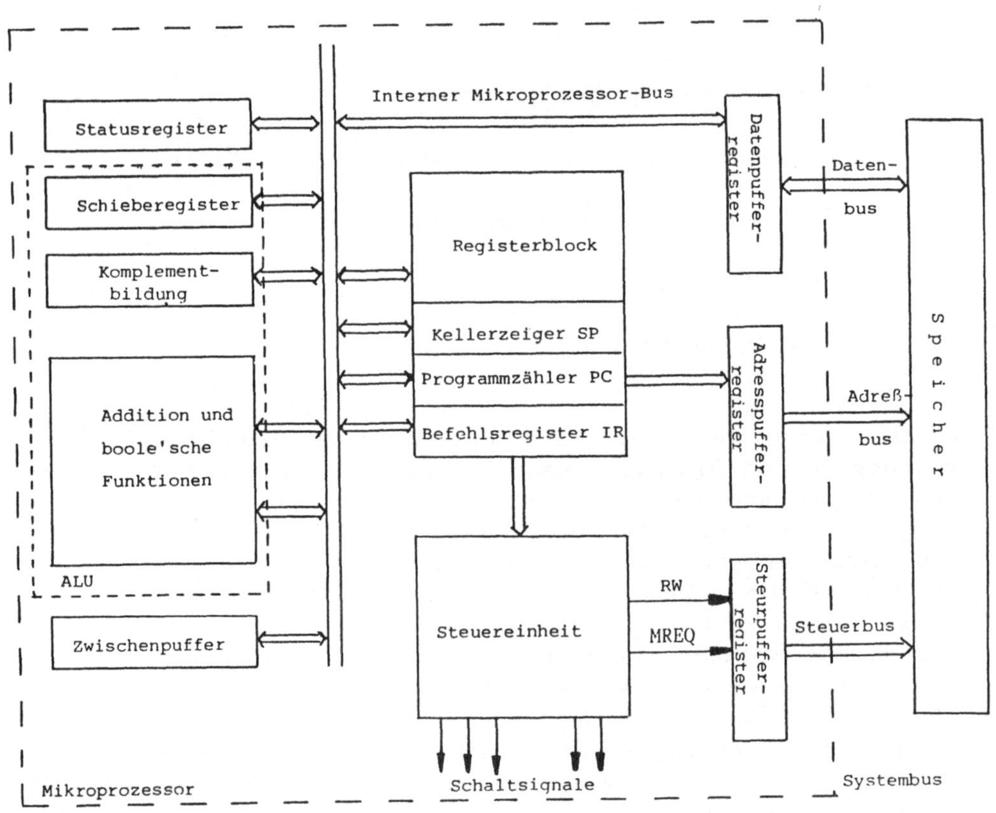

Abb.3.3 Architektur eines Mikroprozessorbausteins

Was mit den Operanden geschehen soll, ist im Operationscode des
Befehls festgelegt. Bestimmen, um welche Art von Operanden es
sich handelt, und Erkennen des Operationscodes bezeichnen wir
als Befehlsdecodierung.

Anschließend an die Befehlsdecodierung kann der Befehl ausgeführt werden: Abb.3.3 zeigt, daß das Rechenwerk nur eine kleine
Anzahl von Funktionseinheiten besitzt: Schieben um 1 Bit,
Komplementieren, Addition, sowie als boole'sche Operationen das
"exklusive Oder" und die "UND-Funktion". Aus diesen Grund-
operationen lassen sich jedoch komplexere, wie z.B. die
Subtraktion (komplementieren, eins aufaddieren auf Subtrahenden,
addieren), aufbauen. Aufgabe der Steuereinheit ist es, aus dem
Makrobefehl die nötigen Mikroinstruktionen und deren Operanden
abzuleiten. Die Mikroinstruktionen gelangen dann über die
Eingänge C[3], C[2] und C[1] (Abb. 3.4) an die ALU. Die
Operanden werden durch Öffnen bzw. Schließen von Toren an deren
Eingänge EIN1 und EIN2 geliefert. Welche Mikroinstruktionen
gebraucht und welche Schaltsignale erzeugt werden müssen, stehe
in einem sog. Mikroinstruktionsspeicher (MIS) in der Steuereinheit.

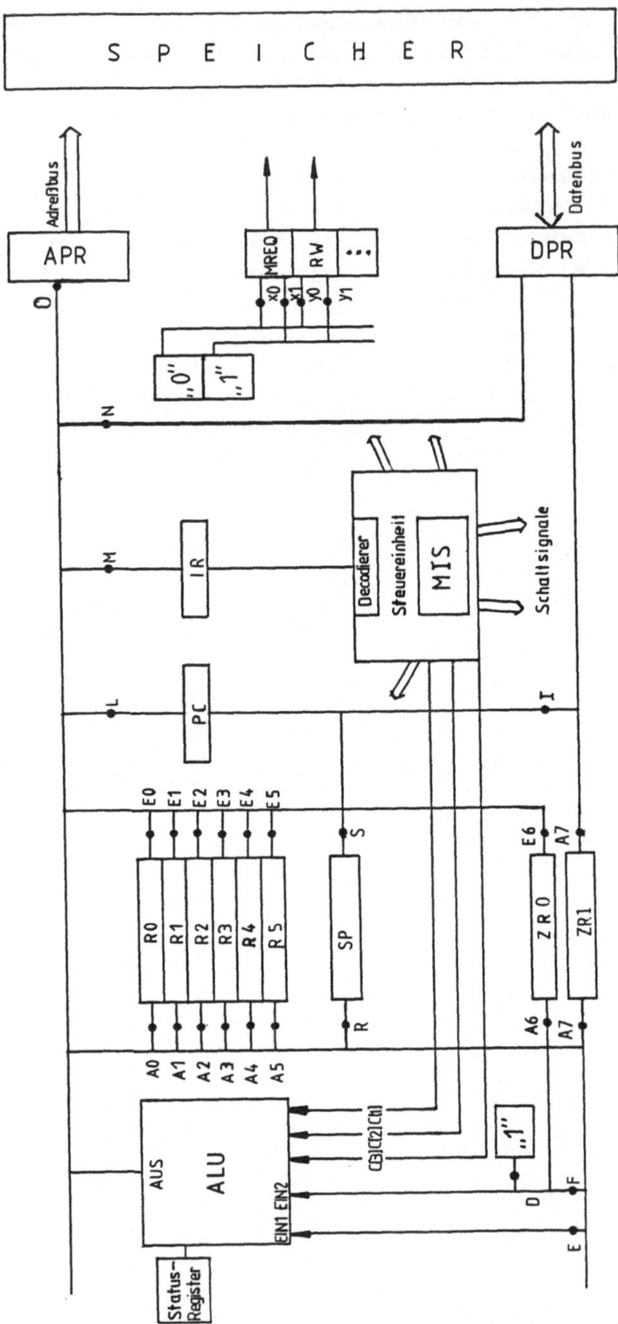

Abb.3.4 Interne Verbindungen im Mikroprozessor

Ein Wort im MIS bestehe aus drei Teilen: den erforderlichen
Schaltsignalen für alle Tore, der Mikroinstruktion und der
Mikroinstruktionsadresse, unter der die nächste auszuführende
Mikroinstruktion steht. Ein Schaltsignal für ein Tor wird durch
ein Bit (öffnen = "1", schließen = "0") repräsentiert, für den
Mikroinstruktionsbefehl werden 3 Bits gebraucht und für die
Folgeadresse 10 Bits. Da es 32 Tore gibt, benötigen wir also
eine MIS-Wortlänge von 40 Bits:

D, E, F, I, L, M, N, O, P, Q, R, S   Tore
E_0, E_1, E_2, E_3, E_4, E_5, E_6, E_7
A_0, A_1, A_2, A_3, A_4, A_5, A_6, A_7
X_0, X_1
Y_0, Y_1

C[3] C[2] C[1]   Code

μ[9]..........μ[0]. μ-Adresse

Der Mikroinstruktionscode habe folgende Codierung:

C[3]	C[2]	C[1]	
0	0	0	keine Operation (AUS=EIN1)
0	0	1	Addieren (AUS=EIN1+EIN2)
0	1	0	Komplementieren (AUS=$\overline{\text{EIN1}}$)
0	1	1	links schieben (AUS=EIN1 um eine Stelle nach links)
1	0	0	dto. rechts schieben
1	0	1	Antivalenz (AUS=EIN1$\neq$EIN2)
1	1	0	UND (AUS=EIN1 $\wedge$ EIN2)
1	1	1	frei

Zur Verdeutlichung soll die Abarbeitung des Befehls

ADD 1000,R1

also addiere den Inhalt der Adresse 1000 auf R1, näher
betrachtet werden.
In Maschinensprache lautet dieser Zwei-Wort-Befehl:

0110011111000001

0000001111101000

Wir nehmen an, die beiden Befehlsworte stehen unter Adresse
500[16] und 501[16] im Speicher. Jede Abarbeitung eines Befehls
beginnt mit der Befehlsholphase. Diese Phase beginne im MIS bei
Adresse 0. Im ersten Mikroschritt (s. Abb.3.4) wird der Inhalt
des Programmzählers (500[16]) durch Öffnen der Tore L und O
unverändert ins Adreßpufferregister (APR) gebracht. Der Inhalt
des PC wird in das ZR1 geladen. Gleichzeitig wird dem Speicher
mit den Steuersignalen MREQ und RW mitgeteilt, daß eine
Leseoperation, nämlich das Holen des ersten Befehlswortes,
gewünscht wird (RW="0" bedeute "lesen", RW="1" bedeute "schreiben"). Im nächsten Schritt wird der Programmzähler inkrementiert
und danach (drittens) das jetzt im Datenpufferregister ange-
langte Befehlswort ins Befehlsregister gebracht. An dieser
Stelle muß die sequentielle Folge der Mikroschritte verlassen
werden, was durch die Pseudofolgeadresse 11 1111 1111 angezeigt
werde: Die Steuereinheit muß anhand des Operationscodes des
angekommenen Befehls feststellen, wo dessen Mikroschrittfolge
beginnt. Diese Adresse wird im Decodierer bestimmt; sie sei in
unserem Beispiel 200[16]. Dort beginnt jetzt die eigentliche
Mikroinstruktionsfolge für die Abarbeitung des Befehls ADD
Quelle, Ziel, wobei Quelle eine Speicheradresse (1000), Ziel ein
Register (R1) ist.
Dies geschieht in den folgenden Schritten:
Der Programmzähler zeigt jetzt (s.o.) auf den Speicherplatz mit
der Adresse des Operanden. Die Adresse des Quelloperanden wird
in das APR gebracht und die Leseoperation angestoßen (4).
Anschließend wird gleich wieder der Programmzähler inkrementiert
(5). Die nun im Datenpufferregister vorhandene Adresse wird
sofort in das Adreßpufferregister gebracht (6) und der
Lesevorgang angestoßen (7). Nun wird eine Pause eingefügt (Wait-
Zyklus), da der Speicher eine gewisse Zeit braucht, bis er den
Quelloperanden ins DPR anliefern kann (8). Man nennt diese Zeit
Zugriffszeit. Schließlich gelangt der Quelloperand ins Zwischen-
register 1 (9), R1 gelangt nach ZR0 und im letzten Schritt
erfolgt die Addition auf R1 mit Abspeichern des Ergebnisses in
dasselbe Register (10). Am Schluß dieser Sequenz steht als
Folgeadresse die MIS-Adresse 0, also wieder das "Befehl holen",
d.h., die nächste Makroinstruktion muß aus dem Speicher geholt
werden.

	D	E	F	I	L	M	N	O	P	Q	R	S	E0	E1	E2	E3	E4	E5	E6	E7	A0	A1	A2	A3	A4	A5	A6	A7	X0	X1	Y0	Y1	C3	C2	C1	Folgeadresse μ9 ... μ0
1. Ø[16]	0	0	0	1	1	0	0	1	0	0	0	0	0	0	0	0	0	0	0	1	0	0	0	0	0	0	0	0	0	1	1	0	0	0	0	0000000001
2. 1[16]	1	1	0	0	1	0	0	0	1	0	0	0	0	0	0	0	0	0	0	0	0	0	0	0	0	0	0	1	0	1	1	0	0	0	1	0000000010
3. 2[16]	0	0	0	0	0	1	1	0	0	0	0	0	0	0	0	0	0	0	0	0	0	0	0	0	0	0	0	0	1	0	0	0	0	0	0	1111111111
.																																				
.																																				
.																																				
4. 200 [16]	0	0	0	0	1	0	0	1	0	0	0	0	0	0	0	0	0	0	0	1	0	0	0	0	0	0	0	0	0	1	1	0	0	0	0	1000000001
5. 201 [16]	1	1	0	0	1	0	0	0	1	0	0	0	0	0	0	0	0	0	0	0	0	0	0	0	0	0	0	1	0	1	1	0	0	0	1	1000000010
6. 202 [16]	0	0	0	0	0	0	1	1	0	0	0	0	0	0	0	0	0	0	0	0	0	0	0	0	0	0	0	0	1	0	0	0	0	0	0	1000000011
7. 203 [16]	0	0	0	0	0	0	0	0	0	0	0	0	0	0	0	0	0	0	0	0	0	0	0	0	0	0	0	0	0	1	1	0	0	0	0	1000000100
8. 204 [16]	0	0	0	0	0	0	0	0	0	0	0	0	0	0	0	0	0	0	0	0	0	0	0	0	0	0	0	0	0	1	1	0	0	0	0	1000000101
9. 205 [16]	0	0	0	0	0	0	0	0	0	0	0	0	0	1	0	0	0	0	1	1	0	0	0	0	0	0	0	0	1	0	0	0	0	0	0	1000000110
10. 206 [16]	0	1	0	0	0	0	0	0	1	0	0	0	0	1	0	0	0	0	0	0	0	0	0	0	0	0	1	1	0	0	0	0	0	0	1	0000000000

Abb.3.5 Ausschnitt aus einem Mikroinstruktionsspeicher:
Bearbeitung des Befehls ADD 1000,R1

Die vorgestellte Methode stellt eine Realisierung dar, Makro-
instruktionen einer Maschinensprache in Mikroschritte zu übersetzen. Eine andere Möglichkeit besteht darin, die Übersetzung
mit Hilfe eines Schaltwerks zu verifizieren. Man erkennt, daß
mit der ersten Methode die Möglichkeit besteht, mit wenig
Aufwand die Bedeutung eines Makrobefehls durch Abänderung des
Mikroprogramms im MIS zu modifizieren oder sogar, wenn noch
Speicherplatz im MIS frei ist, Mikroinstruktionssequenzen für
neue Makrobefehle zu schreiben; man spricht bei dieser Methode
von einer mikroprogrammierten CPU.

3.3.2 Steuerung des zeitlichen Ablaufs

Bisher wurde nur der logische Ablauf der Befehlsabarbeitung
gezeigt. Gleichfalls ist aber die Befehlsabarbeitung einem
festen Zeitschema unterworfen. Die gesamte Zeitsteuerung erfolgt
bei den heutigen Mikro-Rechner-Systemen durch einen Takt, der
außerhalb des Mikroprozessors in einem quarzstabilisierten
Taktgeber erzeugt wird. Der Mikroprozessorbaustein selbst leitet
davon die erforderlichen Zeitsignale, die zur Steuerung gebraucht werden, ab. In unserem Beispiel könnten mit der ersten
aufsteigenden Flanke des Zeittaktes Φ die Adressen und die
Steuerkommandos für "Speicherlesen" auf die Busse gelegt werden,
mit der abfallenden Flanke erfolgt die Inkrementierung des
Befehlszählers und schließlich mit der zweiten aufsteigenden
Flanke das Holen des Befehls aus dem Datenpufferregister.

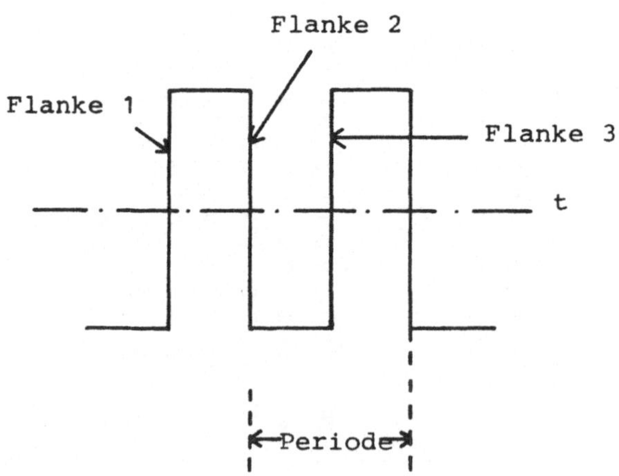

Abb.3.6 Zeitsteuerung mit einem Takt Φ

Die weiteren Mikroschritte verlaufen nach demselben Schema. Man
nennt eine Steuerung, bei der die einzelnen Zustände mit einem
Zeitsignal gesteuert werden, synchron, im Gegensatz zu einer
asynchronen Steuerung, bei welcher der Folgezustand mit dem Ende
des vorherigen Zustandes beginnt.

4 Mikroprozessor und Ein-/Ausgabe-Einheit

Eine Ein-/Ausgabe-Einheit stellt die Verbindung zu einem Peripheriegerät dar, auf das bzw. von dem Information ausgegeben
bzw. eingelesen werden soll. Die Begriffe "ausgeben" und
"einlesen" können mit "schreiben" und "lesen" gleichgesetzt
werden - der Vergleich mit dem Speicher liegt nahe:

Wir stellen uns vor, daß ein bestimmtes Peripheriegerät unter
einer ihm zugeordneten Adresse (!) angesprochen werden soll.
Liegt diese Adresse an einer Ein-/Ausgabe-Einheit zusammen mit
der gewünschten Richtung (lesen-/schreiben) an, so wird die Ein-
bzw. Ausgabe von dem auf das Peripheriegerät von der Ein-/Ausga-
be-Einheit gesteuert; der Mikroprozessor bedient lediglich die
E/A-Einheit.

Ein-/Ausgabe-Einheiten sind ebenfalls integrierte Schaltungen,
die Funktionen für die Steuerung des Datenverkehrs zwischen
Mikroprozessor und Peripherie enthalten. Wir werden später noch
einige Ein-/Ausgabe-Bausteine kennenlernen (siehe Kap.8).

Die Verbindung Mikroprozessor-Peripherie kann analog dem An-
schluß des Speichers geschehen; es taucht jedoch das Problem
auf, daß unter einer Adresse jetzt sowohl Speicher als auch
Peripherie reagieren wird. Abhilfe schafft das Steuersignal IORQ
("Input/Output Request"): Wird eine Ein-/Ausgabe auf ein
Peripheriegerät (IN- oder OUT-Befehl !) gewünscht, wird dieses
Signal aktiv, soll eine Lese-/Schreiboperation auf den Speicher
(z.B. TRANSF-Befehl) ausgeführt werden, ist das schon bekannte
Steuersignal MREQ aktiv. Damit ist ein exklusiver Ausschluß von
Speicher und Peripherie gewährleistet.

Das Zusammenschalten von Mikroprozessor und Ein-/Ausgabe-Einhei-
ten sei dem Leser als Übung empfohlen!

Ausgehend von der idealisierten Von-Neumann-Maschine besitzt
unser Mikrorechner nun den folgenden Aufbau:

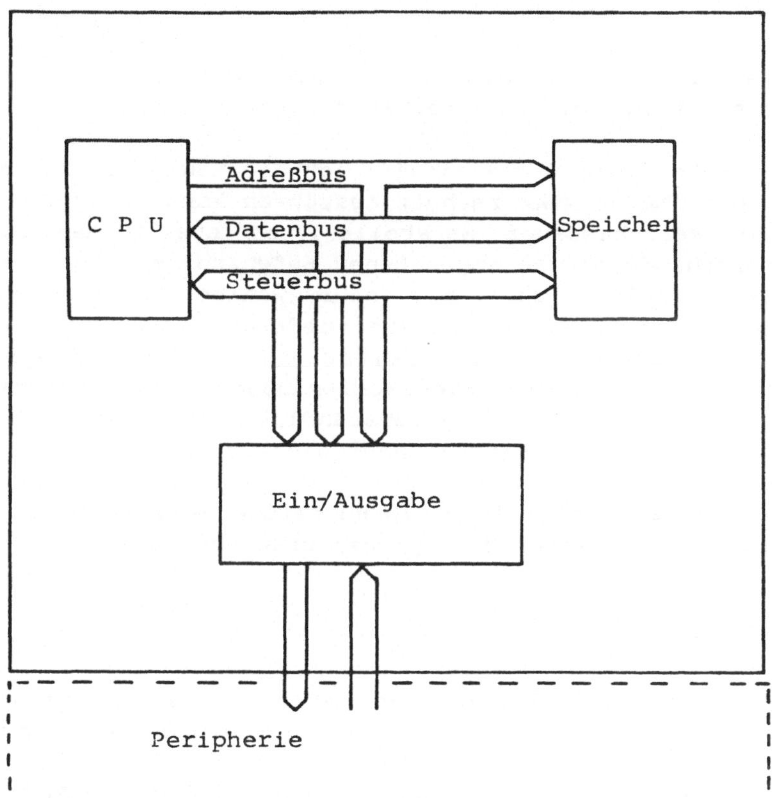

Abb.4 Aufbau eines Mikrorechners

Die nächsten Kapitel dienen zunächst der Einführung in die
Programmierung eines solchen Mikrorechners anhand von konkreten
Beispielen aus dem Befehlssatz zweier Mikroprozessoren
(Kap.6+7). Nach der Darstellung von Ein-/Ausgabe-Bausteinen
(Kap.8+9) und dem Umgang mit ihnen haben wir uns die Grundlagen
für das Arbeiten mit einem Mikrorechnersystem (Kap.10) geschaf-
fen.

5 Befehlssatz

Das Handwerkszeug des Programmierers zur Umsetzung der Problemlösung in ein Programm ist zunächst der Befehlssatz.

Der Befehlssatz eines Mikrorechners ist die Menge von Maschinenbefehlen, die dieser Mikrorechner ausführen kann. Vergleicht man Prozessoren verschiedener Hersteller, so stellt man schnell große Unterschiede in den angebotenen Befehlssätzen fest: manche Prozessoren verfügen über nur sehr wenige Operationen mit wenigen Adressierungsarten, andere wiederum bieten ein breites Spektrum von Operationen und Adressierungsmodi. Abhängig von diesem Angebot lassen sich die Problemlösungen sehr komprimiert und elegant oder aber auch umständlich auf einem Rechner implementieren (auf den Maschinenbefehlssatz abbilden).

Wir werden zuerst einige Adressierungsarten zeigen, um dann den Befehlssatz zweier realer Mikroprozessoren vorzustellen.

5.1 Adressierungsarten

Alle Befehle, die Speicher oder Register ansprechen, haben eine Struktur, wie sie bereits im Abschnitt 2.5 angesprochen wurde.

Befehle, die auf einen Operanden einwirken, haben den Aufbau:

OPERATIONSCODE	OPERANDENADRESSE(N)

Befehle mit zwei Operanden haben den Aufbau:

OPERATIONSCODE	QUELLE ADRESSE	ZIEL ADRESSE

Dabei können unter den Adressen auch Register angesprochen sein.

Der Operationscode ist weiter unterteilt in die eigentliche
Grundoperation und Angabe des Adressierungsmodus. Der Adressierungsmodus zeigt an, in welcher Weise die effektive Adresse des
Operanden zu ermitteln ist. Hierfür existieren viele Möglichkeiten. Die häufigsten werden im folgenden erläutert. Dabei richtet
sich die Benennung der Adressierungsart immer danach, wie der
Wert des Operanden verschlüsselt ist. Die Darstellung des
Befehlcodes erfolgt in allen Beispielen im Hexadezimalsystem für
einen 16-Bit-Prozessor. Der Speicher sei wortweise (zwei-Byte-
weise) durchnumeriert und dezimal dargestellt.

a) Direkte oder absolute Adressierung

Der Wert des Operanden ist der Inhalt der Speicherzelle, deren Adresse im Befehl steht.

Beispiel: Befehl mit einem Operanden

```
7B37      CLR 1000          ;setze Inhalt der Speicherzelle 1000
03E8                        ;zu Null
```


Dabei ist   7B3   die Kennzeichnung der Grundoperation (Clear)
             7   der Modus (absolut) und die Angabe, daß die
                    absolute Adresse im nächsten Speicherwort zu
                    finden ist.

Speicherbelegung

```
              vor                                      nach
                      Befehlsausführung


      76: | 7B37 |  ←PC            76: | 7B37 |
      77: | 03E8 |                 77: | 03E8 |
          |  .   |                     |  .   | ←PC
          |  .   |                     |  .   |
          |  .   |                     |  .   |
    1000: | xxxx |               1000: | 0000 |
          |  .   |                     |  .   |
          |  .   |                     |  .   |
```

Dabei bedeute x = beliebig

b) Immediate oder unmittelbare Adressierung

Der Operandenwert steht im Befehl.

Beispiel:

4C67   ADD #2,300   ;Addiere den Wert 2 zum Inhalt der
0002   ;Speicherzelle 300
012C

Dabei ist   4C   Grundoperation (addiere)
            6   Adreßmodus (unmittelbar) für Quelloperanden
            7   Adreßmodus für Zieloperanden

Das Steuerzeichen # kennzeichnet die Zahl 2 als Wert
(keine Angabe: Adresse)

                          Speicherbelegung
              vor   nach
                        Befehlsausführung

  300:   | 6789 | 300: | 678B |
         | . | | . |
         | . | | . |
         | . | | . |
 4512: | 4C67 | ←PC   4512: | 4C67 |
 4513: | 0002 | 4513: | 0002 |
 4514: | 012C | 4514: | 012C |
         | . | | . | ←PC

c) Relative Adressierung

Der Operand ergibt sich als Inhalt der Speicherzelle, deren Adresse durch Addition von Programmzähler (PC) und dem im Befehl angegebenen "Displacement" ermittelt wird.

Beispiel:

```
E357      TRANSF PC+#20,1000     ;Addiere den Wert 20 zum Stand des
0014                             ;PC und bringe den Inhalt der dadurch
03F2                             ;entstandenen Adresse in Speicher-
                                 ;zelle 1000
```

Speicher- und Registerinhalte

vor   nach

Befehlsausführung

	vor			nach	
257[10]:	E357	←PC	257:	E357	
258:	0014		258:	0014	
259:	03F2		259:	03F2	
260:	.		260:	.	←PC
	.			.	
	.			.	
280:	1234		280:	1234	
	.			.	
	.			.	
	.			.	
1000:	xxxx		1000:	1234	

PC: 0101   PC: 0104

Quelloperandenadresse = PC(nach Befehlsdecodierung)+Displacement
= 260 + 20 = 280

d) Register-Adressierung

Der Wert des Operanden ist der Inhalt des im Befehl spezifizierten Registers.

Beispiel:

(Involvierte Adreßmodi: Register-Adressierung für Quelloperanden,
relative Adressierung für Zieloperanden)

```
12F7        TRANSF RO,1074        ;Speichere Register RO nach
0432                              ;Speicherzelle 1074
```

Speicher- und Registerinhalte

vor   nach

Befehlsausführung

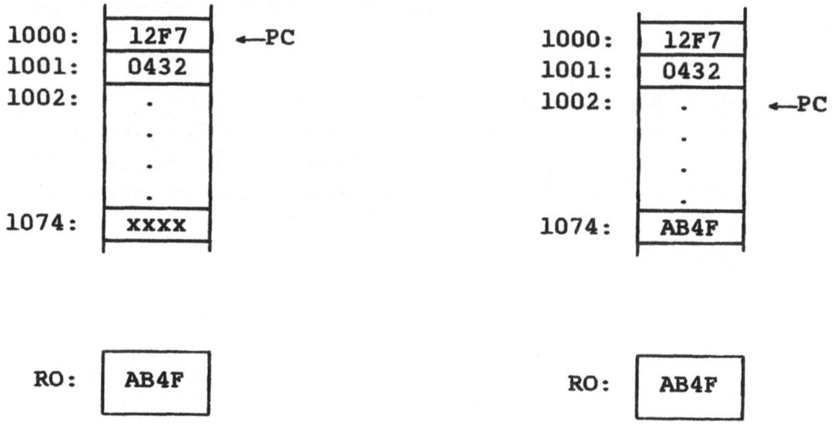

1000:	12F7	←PC
1001:	0432	
1002:	.	
	.	
	.	
	.	
1074:	xxxx	

1000:	12F7	
1001:	0432	
1002:	.	←PC
	.	
	.	
	.	
1074:	AB4F	

RO: AB4F   RO: AB4F

e) Indirekte Adressierung

Der Wert des Operanden ist der Inhalt der Speicherzelle, deren Adresse in dem im Befehl spezifizierten Register steht.

Zusatz zu dieser Adressierungsart kann ein Auto-in/decrement sein. Das heißt, nach der Operation (bei Increment) oder vor der Operation (Decrement) wird die im Register enthaltene Adresse um eine Adressierungseinheit weitergeschaltet (Postincrement, Predecrement).

Beispiel: Befehl mit zwei Operanden

(involvierte Adreßmodi: (register)indirekt für Quelloperanden, (register)direkt für Zieloperanden)

```
E3EF    ADDI (R3),R4      ;Addiere den Inhalt der Speicherzelle,
                          ;deren Adresse in R3 steht, zum
                          ;Register 4 und schalte Register 3 um
                          ;eine Adressierungseinheit weiter.
```


```
Dabei ist  E3     der Operationscode
           E      der Adressierungsmodus für den Quelloperanden
                  (Register indirekt über Register 3)
           F      der Adressierungsmodus für den Zieloperanden
                  (Register direkt mit Register 4)
```

Speicher- und Registerinhalte

vor												nach

Befehlsausführung

254:		1234							254:		1234
				.										.
				.										.
				.										.
1038:		E3EF		←PC					1038:		E3EF
				.												.		←PC
				.												.

R3:		00FE		(254[10])			R3:		00FF

R4:		4621							R4:		5855

f) Indizierte Adressierung

Die Operandenadresse wird durch Addition des im Indexregister
angegebenen Index zu der im Befehl vorhandenen Adresse
ermittelt.

Beispiel: Befehl mit einem Operanden

```
7B17      CLR 2000+R4              ;Setze die Speicherzelle zu null,
07D0                               ;deren Adresse sich aus 2000 plus
                                   ;dem Inhalt von R4 ergibt.
```

Speicher- und Registerinhalte

vor   nach

Befehlsausführung

```
1000:  | 7B17 |  ←PC          1000:  | 7B17 |
1001:  | 07D0 |               1001:  | 07D0 |
       |  .   |                      |  .   |  ←PC
       |  .   |                      |  .   |
       |  .   |                      |  .   |
3000:  | xxxx |               3010:  | 0000 |


R4:  | 03E8 |  (1000[10])     R4:  | 03E8 |
```

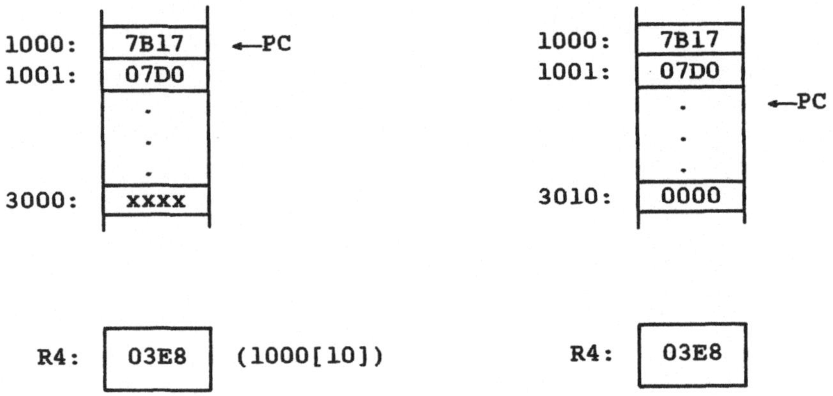

g) Basisadressierung

Die Operandenadresse wird durch Addieren des im Befehl
angegebenen "Displacement" zu der im angegebenen Register
spezifizierten (Basis)adresse gebildet.

Beispiel:

```
7B1D      CLR (R4)+#2              ;Setze den Inhalt der Speicher-
0002                               ;zelle, deren Adresse aus Inhalt
                                   ;von Register 4 und Displacement
                                   ;gebildet wird zu Null
```


                  Speicher- und Registerinhalte
            vor   nach
                     Befehlsausführung


```
  800:  | 7B1D |  ←PC          800:  | 7B1D |
  801:  | 0002 |               801:  | 0002 |
        |  .   |                     |  .   |  ←PC
        |  .   |                     |  .   |
        |  .   |                     |  .   |
 1027:  | xxxx |              1027:  | 0000 |


   R4:  | 0401 |  (1025[10])     R4:  | 0401 |
```

5.2 Befehlssatz eines realen Mikroprozessors: Z80

Die Vielfalt von Befehlen läßt sich in verschiedene Kategorien einordnen. Wir nehmen folgende grobe Unterteilung vor:

- Datentransfer

- Datenbearbeitung

- Programmkontrolle

- Systemkontrolle

Die ersten drei Gruppen werden in diesem Abschnitt vorgestellt.

Dazu verwenden wir den Befehlssatz des Zilog Z80, da er als typischer Vertreter der 8-Bit-Mikroprozessoren eine sehr weite Verbreitung gefunden hat.

Im Anhang ist der komplette Befehlssatz des Z80 aufgelistet.

5.2.1 Wichtige Eigenschaften des Z80

In Stichworten stellen wir die wichtigsten Eigenschaften des Z80
vor, die für die nächsten Kapitel von Bedeutung sind.

- 8-Bit-Mikroprozessor mit Möglichkeiten der 16-Bit-Verarbeit-
  ung durch Zusammensetzung von zwei 8-Bit-Registern (BC,DE,HL),

MAIN REGISTER SET

A ACCUMULATOR	F FLAG REGISTER
B GENERAL PURPOSE	C GENERAL PURPOSE
D GENERAL PURPOSE	E GENERAL PURPOSE
H GENERAL PURPOSE	L GENERAL PURPOSE

$\longleftarrow$ 8 Bits $\longrightarrow$

$\longleftarrow$ 16 Bits $\longrightarrow$

IX INDEX REGISTER	
IY INDEX REGISTER	
SP STACK POINTER	
PC PROGRAM COUNTER	
I INTERRUPT VECTOR	R MEMORY REFRESH

$\longleftarrow$ 8 Bits $\longrightarrow$

- Unregelmäßige Struktur des Registersatzes, des Befehlssatzes
  und der Adressierungsarten, z.B. viele Befehle nur mit dem
  Register A (Akkumulator) möglich, d.h. nicht alle Register
  sowohl als Quelle als auch als Ziel verwendbar,

- 64 Kbyte direkt adressierbar (64 K$\doteq$65536=2^{16}),

- Es stehen 158 verschiedene Befehle zur Verfügung,

- Registersätze AF, BC, DE, HL doppelt vorhanden.

5.2.2 Datentransfer

a) Transfer zwischen Speicherzelle und Speicherzelle

Der Z80 kennt solche Operationen nicht.

b) Transfer zwischen Speicherzelle und Register

Mnemonische Form: LD A,(nn)   ;Lade das Register A mit dem
                                       ;Inhalt der Speicherzelle nn
                                       ;(load)

Aktivität: A ← (nn)

Binärform: 00111010←—n —→←—n —→

            └ Höherwertiges
            ── Niederwertiges
                Byte der
                Speicheradresse

Beispiel:

        LD A,(8832H)
        3A 32 88   ;Befehlscode in Hexadezimalschreibweise

        Man beachte, daß der Inhalt der Speicherzelle 8832H nur
        8 bit lang ist!

c) Transfer zwischen zwei Registern

Mnemonische Form: LD r,r'   ;Lade den Registerinhalt r'
                                             ;nach Register r

Aktivität: r ← r'

Binärform: 01←r→←r'→ r,r':   A = 111
                                            B = 000
                                            C = 001
                                            D = 010
                                                .
                                                .

Beispiel:

        LD B,A   ;Lade Register B mit Inhalt von Register A
        01000111 [2]
              47 [16]

d) Transfer zwischen Register und Ein-/Ausgabeeinheit

Mnemonische Form: IN r,(C)   ;Vom Eingabebaustein wird ein
                                            ;Wert gelesen, die Adresse des
                                            ;Bausteins steht in Register C
                                            ;(8 bit), der Zieloperand ist
                                            ;Register r

Aktivität: r←(C)

Binärform: 11101101   01←r→000

Beispiel:

        IN A,(C)
        11101101 01111000

Weitere Beispiele:

```
OUT (C),r        ;Ausgabe eines Wertes aus Register r an
                 ;die Ausgabeeinheit, deren Adresse in C
                 ;steht.

OTIR             ;Der Inhalt der Speicherzelle, deren
                 ;Adresse in Registerpaar HL steht, wird
                 ;auf den Ausgabebaustein geschrieben,
                 ;dessen Adresse in Register C steht.
                 ;Anschließend wird die Adresse in HL
                 ;inkrementiert und der Inhalt von
                 ;Register B dekrementiert. Der Vorgang
                 ;wird so lange wiederholt, bis Register
                 ;B zu Null wird (Blockausgabebefehl).
```

5.2.3 Datenbearbeitung

a) Arithmetische Befehle

```
Mnemonische Form:     ADD A,r        ;Addiere den Inhalt von
                                     ;Register r zum Inhalt von
                                     ;Register A


Aktivität:            A ← A + r


Binärform:            10000←r→
```

Bei diesem Befehl werden Flags im Statusregister gesetzt.

Statusregister F:

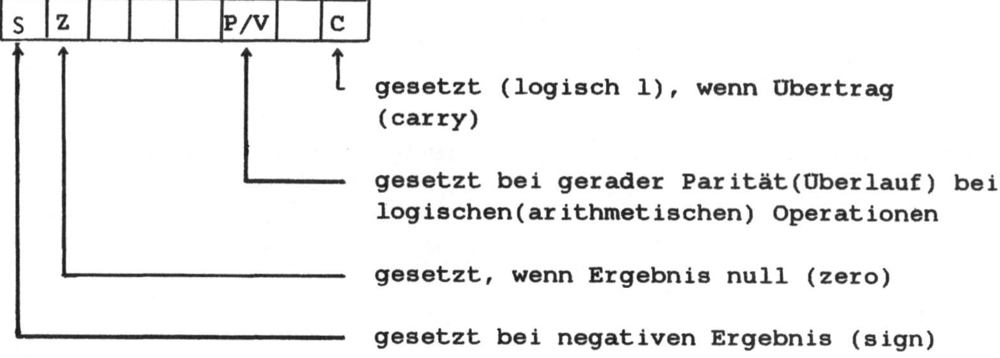

gesetzt (logisch 1), wenn Übertrag
(carry)

gesetzt bei gerader Parität(Überlauf) bei
logischen(arithmetischen) Operationen

gesetzt, wenn Ergebnis null (zero)

gesetzt bei negativen Ergebnis (sign)

Beispiel:

```
        ADD A,D          ;Inhalt von A: 10111001
        10000010 [2]     ;Inhalt von D: 01100101
                                        ─────────
                         ;Addition:     100011110
                                                ↑
                                                C


        Statusregister F:   |0|0|     |0| |1|
```

b) Logische Befehle

Mnemonische Form: AND r   ;Register A wird mit Regi-
                                           ;ster r Und-verknüpft

Aktivität: A ← A ∧ r

Binärform: 10100←r→

Beispiel:

             AND C   ;Inhalt von A: 10100000
             10100001   ;Inhalt von C: 00001111
                                ─────────────────────────
                                ; A ∧ C: 00000000

        Statusregister F: | 0 | 1 | | 1 | | 0 |

c) Schiebebefehle

Mnemonische Form: SLA r   ;Schiebe Registerinhalt r
                                           ;um eine Stelle nach links
                                           ;(shift left) und trage das
                                           ;herausgefallene Bit in das
                                           ;Statusregister ein

Aktivität: | C | ← | 7 ←——— 1 | ←—0

Binärform: 00100←r→

Beispiel:

             SLA A   ;Register A vor Befehlsführung:10101011
             00100111 B   ;Register A nach Befehlsführung:01010110

        Statusregister F: | 0 | 0 | | 1 | | 1 |

d) Einzelbitverarbeitung

Mnemonische Form: BIT b,r   ;Teste Bit b im Register r,
                                  ;wobei $0 \leqslant b \leqslant 7$.

Aktivität: $Z\text{-Flag} \longleftarrow r_b$

Das Zero-Flag enthält das Komplement des getesteten Bits.

Binärform: 11001011 01←b→←r→

Beispiel:

        BIT 7,B   ;Teste das höchstwertige Bit im
                          ;Register B
        11001011 01111000

        Der Inhalt von Register B sei 00101111

        Statusregister nach Befehlsausführung | X 1 X X X X X X |

                                            ↑
                                     Zero-Flag

Weitere Beispiele:

        SET b,(HL)   ;Setze das Bit b der Speicherzelle,
                          ;deren Adresse im Doppelregister HL
                          ;steht, zu eins.

        RES b,r   ;Setze das Bit b im Register r zurück
                          ;(auf Null).

5.2.4 Programmkontrolle

a) Unbedingter Sprung

Mnemonische Form: JP nn   ;Springe nach Speicherzelle nn

Aktivität: PC ← nn (Der Operand wird in den Befehlszähler
                            PC geladen und zeigt auf den nächsten
                            auszuführenden Befehl.)

Binärform: 11000011←—n —→←—n —→

Beispiel:

     JP 8833H   ;Nach Ausführung des Befehls arbeitet der
     C3 33 88 [16]   ;Prozessor an der Stelle 8833H weiter.
                       ;Flags werden nicht gesetzt.

b) Bedingter Sprung

Mnemonische Form: JP c,nn   ;Springe nach Speicherzelle nn,
                                            ;wenn Bedingung c (condition)
                                            ;erfüllt ist

Aktivität: PC ← nn, falls Bedingung c erfüllt ist

Binärform: 11←c→010 ←—n —→←—n —→

Bedingungen:	c	Code	Bedeutung
	NZ	000	ungleich Null (not zero)
	Z	001	Null (zero)
	NC	010	kein Übertrag (no carry)
	C	011	Übertrag (carry)
	PO	101	ungerade Parität (parity odd)
	PE	100	gerade Parität (parity even)
	P	110	positives Vorzeichen (plus)
	M	111	negatives Vorzeichen (minus)

Beispiel:

     JP NC,8833H
     11010010 00110011 10001000

c) Unterprogrammaufruf und Rücksprung

Beim Unterprogrammaufruf springt der Prozessor an eine im Aufruf
spezifizierte Adresse, um nach Abarbeitung des dort abgelegten
Programmteils wieder im ursprünglichen Programmteil sequentiell
weiterzuarbeiten.

Woher weiß der Prozessor nun, an welcher Stelle er vor dem
Unterprogrammaufruf war?

Dazu besitzt der Prozessor ein besonderes Hilfsmittel, den
Stackpointer (SP, Stapelzeiger), der im Stackregister enthalten
ist. Der Stack ist ein frei wählbarer Bereich des Speichers, in
dem Daten "gestapelt" werden können. Dabei zeigt der Stackpointer auf die zuletzt beschriebene Speicherzelle.

Unterprogrammaufruf:

Mnemonische Form: CALL nn   ;Unterprogrammaufruf nach
                                        ;Speicherzelle nn.
                                        ;In den Stack wird die
                                        ;Rücksprungadresse (Adresse
                                        ;des nächsten Befehls)
                                        ;eingetragen.

Aktivität: $(SP - 1) \leftarrow PC_H$ Höherwertiges Byte des PC

                     $(SP - 2) \leftarrow PC_L$ Niederwertiges Byte des PC

                     $SP \leftarrow SP - 2$
                     $PC \leftarrow nn$

Binärform: $11001101 \longleftarrow n \longrightarrow \longleftarrow n \longrightarrow$

Beispiel:

        CALL 1000
Der Call-Befehl sei in Speicherzelle 257 gespeichert. Der
Stackpointer zeige auf Adresse 3E4FH.

        257: 11001101
        258: 11101000   ;Niederwertiges Byte der Adresse
        259: 00000011   ;Höherwertiges Byte der Adresse
        260:   ...   ;Nächster Befehl nach Unterprogramm-
                         ;abarbeitung, Programmzeiger nach
                         ;Befehlsholphase steht hier

Registerinhalte

vor   nach

Befehlsausführung

PC: | 0104H | (260[10])   PC: | 03E8H | (1000[10])
SP: | 3E4FH | SP: | 3E4DH |
                               (SP): | 04H |
                             (SP+1): | 01H |

Unterprogrammrücksprung:

Der Rücksprungbefehl beendet das Unterprogramm .

Mnemonische Form: RET   ;Die Rücksprungadresse wird
                                      ;aus dem Stack in den PC
                                      ;geladen.

Aktivität: $PC_L \leftarrow (SP)$

                     $PC_H \leftarrow (SP+1)$

                     $SP \leftarrow SP+2$

Binärform: 11001001

Beispiel:

Der RET-Befehl sei in der Speicherzelle 1023D abgelegt.

Registerinhalte

vor   nach

Befehlsausführung

    PC: | 03FFH | (1023[10])   PC: | 0104H | (260[10])
    SP: | 3E4DH | SP: | 3E4FH |
  (SP): | 04H |
(SP+1): | 01H |

Der Mikroprozessor bearbeitet nun den nächsten Befehl nach dem
Unterprogramm.

5.2.5 Beispielprogramm in Z80-Assembler

Das Programm "MULTIPLY" multipliziert die unter den Speicherzellen "OPERAN" und "OPERAN+1" gespeicherten 8-Bit-Zahlen miteinander und legt das 16-Bit-Produkt unter "PROD" und "PROD+1" ab.

Registerbelegung

```
        C         8-Bit-Multiplikator
        DE        8-Bit-Multiplikand im 16-Bit-Register
        HL        16-Bit-Zwischensumme, Produkt
        IX        16-Bit-Indexregister


MULT:                       ;Programmbeginn
        LD      IX,OPERAN   ;Indexregister wird mit Adresse
                            ;geladen
        LD      C,(IX+1)    ;Multiplikator wird in Register C
                            ;geladen
        LD      D,0
        LD      E,(IX)
        LD      HL,0        ;Ergebnisspeicher löschen
LOOP:
        SRL     C           ;Multiplikator rechts schieben,
                            ;wenn C=0, wird Z gesetzt
        JR      NC,NOADD
        ADD     HL,DE       ;bei Carry Multiplikand zum
                            ;Ergebnisregister addieren (verändert
                            ;das Z-Flag nicht)
NOADD:
        JR      Z,GOON      ;wenn Register C null ist, Abbruch der
                            ;Multiplikation
        SLA     E           ;links schieben Register E
                            ;(Multiplikation*2)
        RL      D           ;Eintrag des Carry in Register D
        JR      LOOP        ;Rücksprung zum Anfang der Schleife
GOON:
        LD      (PROD),HL   ;Ablegen des Ergebnisses in PROD und
                            ;PROD+1
        RET                 ;Rücksprung ins Betriebssystem


Datenbereich:
OPERAN: DEFB    15H         ;1. Operand: Multiplikand
        DEFB    0A0H        ;2. Operand: Multiplikator
PROD:   DEFW    000H        ;Produkt
```

5.3 Der Befehlssatz des MC68000

5.3.1 Wichtige Eigenschaften des MC 68000

Wie beim Zilog Z80 wollen wir an dieser Stelle Befehle für
Datenverarbeitung, Datentransfer und Programmkontrolle behandeln. Die Systemkontrolle bedarf einer ausführlichen Erklärung
und wird deshalb gesondert dargestellt.

Der MC68000 ist einer der leistungsfähigsten 16-Bit-Mikroprozes-
soren, die zur Zeit (Frühjahr '85) auf dem Markt sind.

- 16-Bit-Mikroprozessor (16 Datenleitungen) mit weitgehender
  32-Bit-Verarbeitung
- Regelmäßige Struktur des Registersatzes, des Befehlssatzes
  und der Adressierungsarten (Alle Datenregister und Speicheradressen für alle Operationen sind sowohl als Quelle
  als auch als Ziel verwendbar)

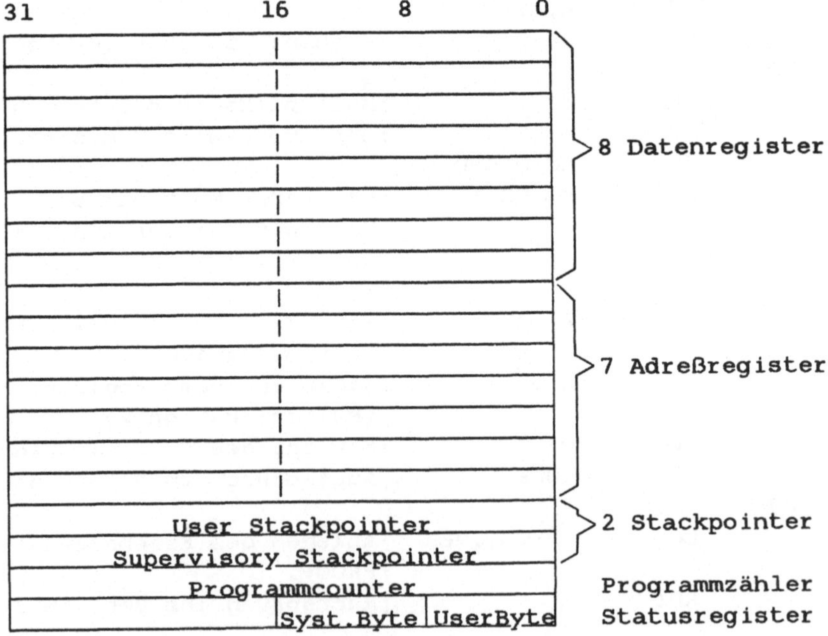

- Byte-,Wort-,Doppelwort (32-Bit)-Adressierung

- 16 Mbyte direkt adressierbar mit 23 Adreßleitungen und den
  Steuerleitungen UDS und LDS

$$(16M \triangleq 2^{24} = 16.777.216)$$

Der vollständige Befehlssatz ist im Anhang aufgeführt.

5.3.2 Datentransfer

Mnemonische Form: MOVE.s EA, EA   ;Transportierte Daten unter
                                           ;Quelladesse EA nach
                      Quelle ┘   │   ;Zieladresse EA
                      Ziel ──────────┘   ;(EA = Effective Address)

        s (size):   B   Byte (8 bit)
                      W   Word (Wort, 16 bit)
                      L   Longword (Doppelwort, 32 bit)

Aktivität: (Quelle) → (Ziel)

Beispiel:

        MOVE.L D1,D3   ;Transportiere ein 32-Bit-Doppelwort von
                         ;Register D1 nach Register D3

Befehlsformat:

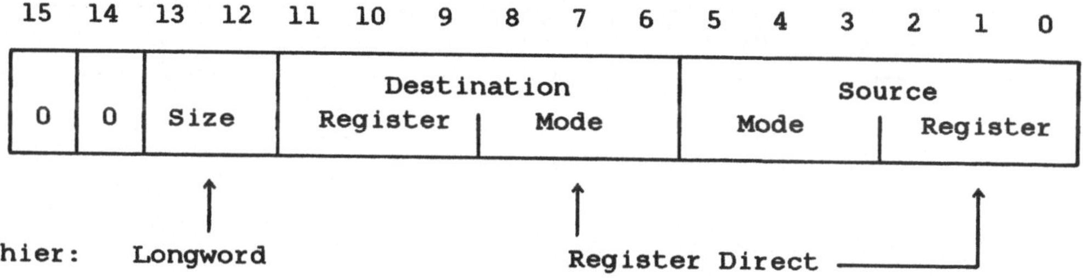

Ein weiteres Beispiel:

```
MOVEP.s Dx, d(Ay)    ;Transportiere periphere Daten
                     ;von Register Dx nach der Adresse im
                     ;Adreßregister Ay bzw. umgekehrt,
                     ;inkrementiere den Inhalt vom Adreß-
                     ;register Ay um 2 (Move peripheral
                     ;data).
```

Bei gerader Adresse werden die Daten nur auf der höherwertigen
Hälfte des Datenbusses transportiert, bei ungerader Adresse auf
der niederwertigen Hälfte des Datenbusses. Die Daten werden also
8-Bit-weise(!) zu oder von Ein-/Ausgabeeinheiten transportiert.
Im Beispiel wird die Byteorganisation im Speicher (niederwertige
Adresse oben) dargestellt:

Longword-Transfer von gerader Adresse

15	14	13	12	11	10	9	8	7	6	5	4	3	2	1	0
hi-order																
mid-upper																
mid-lower																
low-order																

Word-Transfer von ungerader Adresse

15	14	13	12	11	10	9	8	7	6	5	4	3	2	1	0
								hi-order								
								low-order								

5.3.3 Datenbearbeitung

a) Arithmetische Befehle

```
Mnemonische Form:      ADD.s Dn, EA        ;Addiere den Inhalt von
                                           ;Register Dn zum Inhalt von
                                           ;EA
```

```
Aktivität:             (EA) + (Dn) → (EA)
```

Beispiel:

```
ADD.W D2,2000D ;Addiere die niederwertigen 16 bit des
               ;Registers D2 zum Inhalt der Speicherzel-
               ;len 2000 und 2001 (2*8 bit).
               ;(Dabei wird das höherwertige Byte in
               ;Speicherzelle 2000 und das niederwertige
               ;Byte in Speicherzelle 2001 abgelegt.)
```

Statusregister:

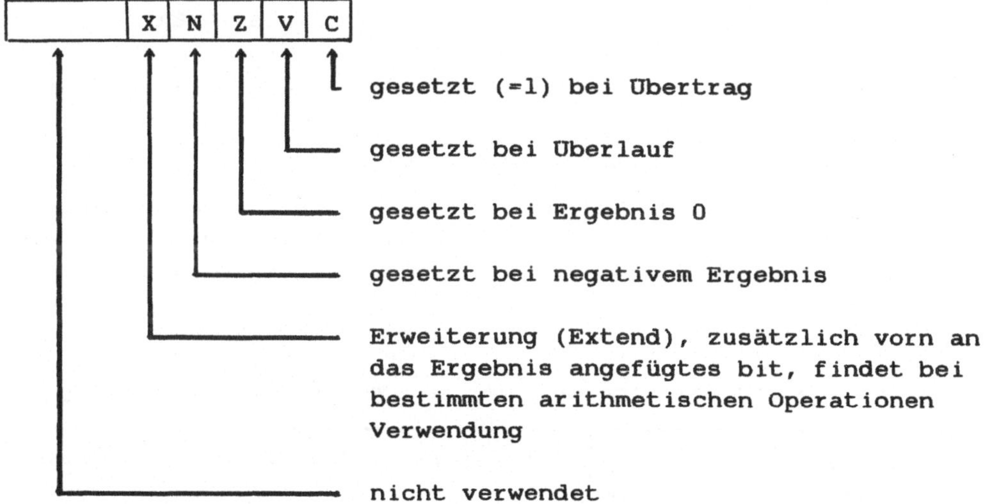

Befehlsformat:

15	14	13	12	11	10	9	8	7	6	5	4	3	2	1	0
1	1	0	1	Register			Op-Mode								

Feld zeigt an, wie die effektive
Adresse zu ermitteln ist

Weitere Befehle:

      ADDI.s #data, EA   ;Addiere unmittelbar (immediate) Daten
                               ;zum Inhalt von EA

      DIVS EA, Dn   ;Dividiere Dn durch Inhalt von EA und
                               ;lege das Ergebnis in Dn ab

Dn, EA: Jeweils vorzeichenbehaftete Operanden (signed)
           Dn: 32 bit, EA: 16 bit

Ergebnis: 32-Bit-Operand, der in den niederwertigen 16 Bits den
           Quotienten enthält und in den höherwertigen 16 Bits
           den ganzzahligen Rest der Division

b) Logische Befehle

Mnemonische Form: ANDI.s #data,EA   ;Logische UND-Verknüpfung
                                 ;zwischen data und EA mit
                                 ;Ergebnis in EA

Aktivität: (EA) $\wedge$ data $\rightarrow$ (EA)

Beispiel:

      ANDI.L #0000FFFFH, D4   ;In Register D4 werden die
                                 ;höherwertigen 16 Bits zu Null
                                 ;gesetzt (ausgeblendet)

Befehlsformat:

15	14	13	12	11	10	9	8	7	6	5	4	3	2	1	0
0	0	0	0	0	0	1	0	Size		Effective Address					
Word Data (16 Bits)								Byte Data (8 Bits)							
Long Data (32 Bits, including previous word)															

c) Einzelbitverarbeitung

Mnemonische Form: BTST.s #data, EA ;Unter der Speicheradresse
                                         ;EA wird das durch data
                                         ;spezifizierte bit unter-
                                         ;sucht und das Komplement
                                         ;in das Zero-Flag gebracht

             Formate: s = W   0 $\leq$ data $\leq$ 15
                      s = L   0 $\leq$ data $\leq$ 31

Aktivität: $Z \leftarrow \overline{EA}_{data}$

Binärform:

0	0	0	0	1	0	0	0	0	0	Effective Address
bit number										

Beispiel:

    BTST.W #0, 3C60H
    Inhalt von Speicherzelle 3C60: 0001111000100111
    Inhalt Statusregister nach
    Befehlsausführung:

                                    | X X 0 X X |
                                      X N Z V C

Das Extend-Statusbit bedarf noch einer Erklärung.
Dieses Statusbit wird in der Regel wie das Carry-Bit behandelt,
jedoch nur bei einer Untermenge von Operationen, die das Carry-
Bit verändern.
Damit wird eine leistungsfähige Addition oder Subtraktion mit
den Befehlen ADDX.s und SUBX.s (Addiere/Subtrahiere mit
Erweiterung) bei Operanden mit einer Wortlänge größer als 32 bit
ermöglicht.
Da der Übertrag im X-Bit erhalten bleibt, können z.B. Transfer
von Operanden, Vergleiche oder logische Befehle während der
Berechnung durchgeführt werden.

5.3.4 Programmkontrolle

a) Unbedingter Sprung

Mnemonische Form: BRA.s label   ;Unbedingter Sprung
                                         ;s = B,W

Aktivität: (PC) + d → (PC)   ;Auf den Stand des
                                         ;Befehlszählers PC
                                         ;nach Befehlsdecodierung
                                         ;wird die Distanz d
                                         ;aufaddiert, die durch
                                         ;die Marke (label)
Beispiel: ;gegeben ist

       BRA.s MARKE1   ;Springe nach MARKE1

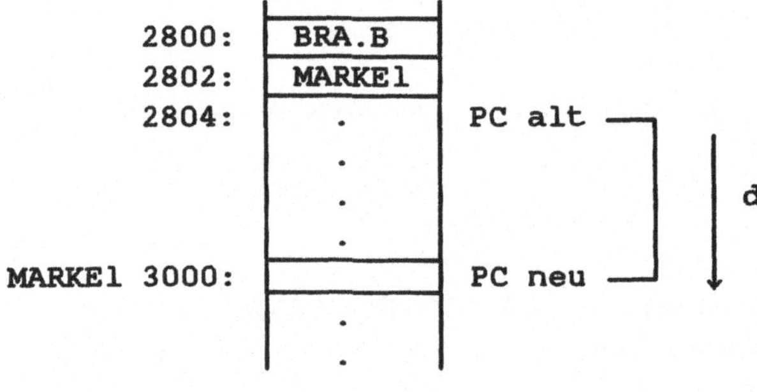

Befehlsformat:

15	14	13	12	11	10	9	8	7	6	5	4	3	2	1	0
0	1	1	0	0	0	0	0	8-Bit Displacement							
16-Bit Displacement if 8-Bit Displacement = 0															

Es ist also ein maximaler Sprungbereich von 64 Kbyte möglich.

b) Bedingter Sprung

Mnemonische Form: Bcc label   ;Springe nach label, wenn
                                           ;Bedingung cc erfüllt

Bedingung cc: CC - carry clear   LS - low or same
                  CS - carry set   LT - less
                  EQ - equal   MI - minus
                  GE - greater or equal NE - not equal
                  GT - greater   PL - plus
                  HI - high   VC - no overflow
                  LE - less or equal   VS - overflow

Aktivität: PC → PC + d

Beispiel:

        BVS MARKE   ;Springe nach Marke, wenn Überlauf

Befehlsformat:

15	14	13	12	11	10	9	8	7	6	5	4	3	2	1	0
0	1	1	0	Condition				8-Bit Displacement							
16-Bit Displacement if 8-Bit Displacement = 0															

Condition: CC - 0100   LS - 0011
                  CS - 0101   LT - 1101
                  EQ - 0111   MI - 1011
                  GE - 1100   NE - 0110
                  GT - 1110   PL - 1010
                  HI - 0010   VC - 1000
                  LE - 1111   VS - 1001

c) Unterprogrammaufruf und Rücksprung

Aufruf: BSR.s label   ;(Branch to Subroutine)

Rücksprung: RTS   ;(Return from Subroutine)

Beispiel:

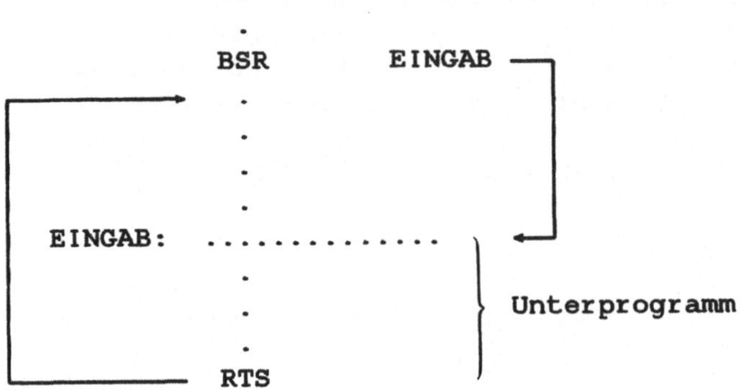

Überlegen Sie sich, was der Prozessor bei der Ausführung des
Unterprogrammaufrufs tun muß, um später das Programm an der
alten Stelle weiterzuführen!

5.3.5 Beispielprogramm in MC 68000-Assembler

```
Aufgabe: Größter gemeinsamer Teiler (GGT) zweier ganzzahliger
         Operanden M und N (Euklid'scher Algorithmus)


GGT:      LEA      EINGAB1,A6        ;Lade den Text in EINGAB1 ins
                                     ;Adreßregister A6
          BSR      TEXTAUS           ;Text an Bildschirm ausgeben
          BSR      OPEIN             ;M einlesen
          MOVE     D6,D0             ;M nach Register D0
          LEA      EINGAB2,A6
          BSR      TEXTAUS
          BSR      OPEIN             ;N einlesen
          MOVE     D6,D1             ;N nach Register D1
          BSR      GGTEIL            ;UP-Aufruf größter gemeinsamer
                                     ;Teiler

          MOVE     D0,D6
          LEA      AUSGABE,A6
          BSR      TEXTAUS
          BSR      GGTAUS            ;GGT-Ausgabe
          RTS                        ;UP-Rücksprung


GGTEIL:   AND.L    #0000FFFF,D0      ;Begrenzung auf 16-Bit-Format
          AND.L    #0000FFFF,D1
          CMP.L    #00000000,D1      ;Abbruch, wenn N=0
          BEQ      ENDE


ANFANG:   DIVS     D1,D0             ;M/N → M
          SWAP     D0                ;Registerinhalte vertauschen
                                     ;(Quotient ←→ Quotientenrest)
          EXG      D0,D1             ;D0 und D1 vertauschen
          AND.L    #0000FFFF,D1      ;Maske zum Abschneiden des
                                     ;Quotienten
          CMP.L    #00000000,D1
          BNZ      ANFANG


ENDE:     RTS
```

```
Datenbereich:
EINGAB1:       DC.W      'M EINGEBEN'
               DC.W      0
EINGAB2:       DC.W      'N EINGEBEN'
               DC.W      0
AUSGABE:       DC.W      'GROESSTER GEMEINSAMER TEILER'
               DC.W      0
```

Wir wollen die ersten Schritte nach Aufruf von GGTEIL anhand
zweier Beispielszahlen M=27 und N=6 näher untersuchen.

```
                    D0              D1

                  ←32 Bit →      ←32 Bit →

Schritt 0      [        27]     [         6]      BSR GGTEIL

       1 u.2   [    |   27]     [     |   6]      AND.L...

       3       [    |   27]     [     |   6]      CMP.L


       REST M/N   Quotient M/N

       4       [   3 |   4]     [     |   6]      DIVS D1, D0

       5       [   4 |   3]     [     |   6]      SWAP D0

       6       [     |   6]     [   4 |   3]      EXG D0, D1

       7       [     |   6]     [     |   3]      AND.L...
```

Versuchen Sie, die Aufgabe bis zum Ende durchzuführen!

6 Programmiertechnik I: Programmkontrolle

6.1 Unterprogrammtechnik

Die Unterprogrammtechnik zählt zu den wichtigsten Methoden
strukturierter Programmierung.

6.1.1 Darstellung

Unterprogramme sind durch Namen aufrufbare Programmsegmente, die
durch den Unterprogrammaufruf und -rücksprung festgelegt sind.
Das mehrfache Vorkommen gleicher Befehlsfolgen in einem Programm
war einer der Gründe zur Einführung von Unterprogrammen. Dabei
wird die Reihe gleicher Befehlsfolgen durch das Unterprogramm
auf eine einzige Befehlsfolge reduziert (Schreib- und Speicher-
platzersparnis). Zur Realisierung muß das Unterprogramm mit
einem Namen aufgerufen werden und mit einem Rücksprung hinter
die Aufrufstelle enden. Dies sei durch folgende Abbildung
veranschaulicht.

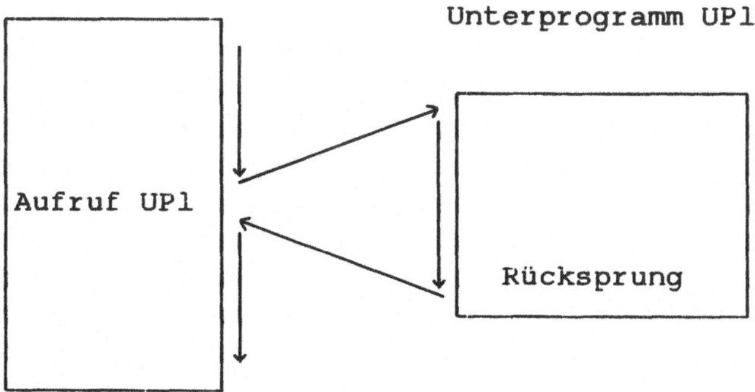

6.1.2 Unterprogramm-Mechanismus

Die Operationen, die bei Aufruf eines Unterprogramms durchgeführt werden müssen, wurden schon kurz im Abschnitt 5.2.4
beschrieben:

1. Der Befehlszähler (PC) wird mit der Anfangsadresse des
   Unterprogramms geladen. Damit besitzt der Unterprogramm-
   aufrufbefehl Wesenszüge eines Sprungbefehls zur Unterbrechung der sequentiellen Abarbeitung eines Programms.

2. Es muß die Rücksprungadresse zu dem Nachfolgebefehl des
   Unterprogrammaufrufbefehls bereitgehalten werden. Zur
   Aufbewahrung dieser Rücksprungadresse wird der Stack
   benutzt; durch den Rücksprungbefehl am Ende des Unterprogramms wird die Rücksprungadresse wieder dem Stack
   entnommen.

Dabei ermöglicht der Stack eine chronologische Zwischenspeiche-
rung von Daten und Adressen, ohne systemspezifische Adressen zu
verwenden. Die Informationen werden beim Stack "gestapelt"
(Stapelstruktur) und bei Wiederabruf von rückwärts nach vorwärts
"abgehoben". Deshalb spricht man auch vom Last-In/First-Out-
Speicher (LIFO-Speicher).

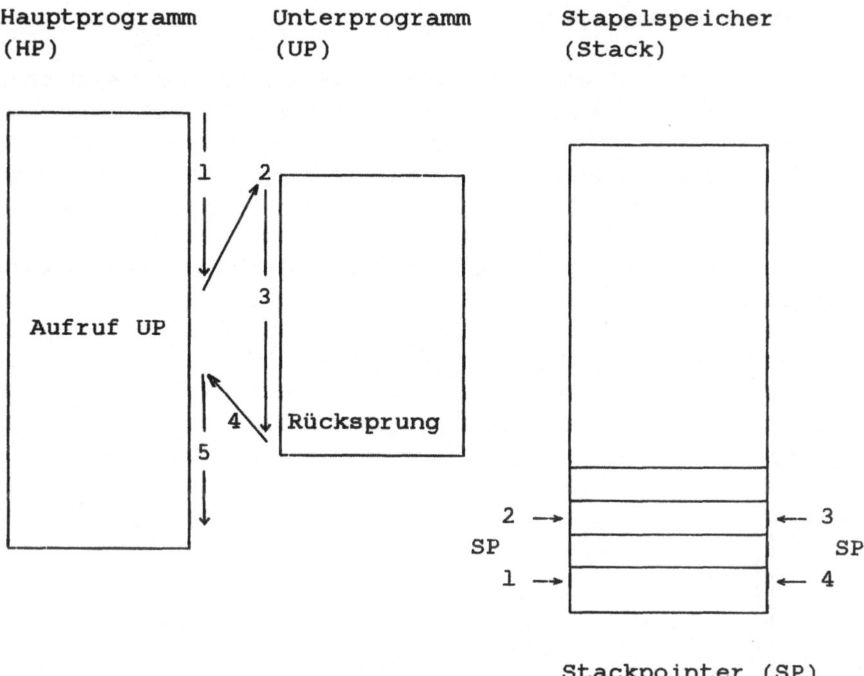

Befehlszähler: 1 Sequentiell im Hauptprogramm
                2 Sprung zum Unterprogramm (Adresse des
                   Unterprogramms)
                3 Sequentiell im Unterprogramm
                4 Rücksprung zum Hauptprogramm (Rück-
                   sprungadresse des Hauptprogrammes)
                5 Sequentiell im Hauptprogramm

Abb.6.1 Veranschaulichung des Unterprogramm-Mechanismus für
         16-Bit-Adressen bei einer 8-Bit-Darstellung

6.1.3 Geschachtelte Unterprogramme

Die Verwendung der Stack-Technik bei den Unterprogrammen erlaubt
auch den Aufruf eines weiteren Unterprogramms von einem
Unterprogramm aus. Allgemein können beliebig viele "verschachtelte" Unterprogrammaufrufe programmiert werden, die lediglich
durch die Größe des Stack-Speicherbereiches begrenzt sind.

Es wird in folgender Abbildung für drei Unterprogramme
veranschaulicht:

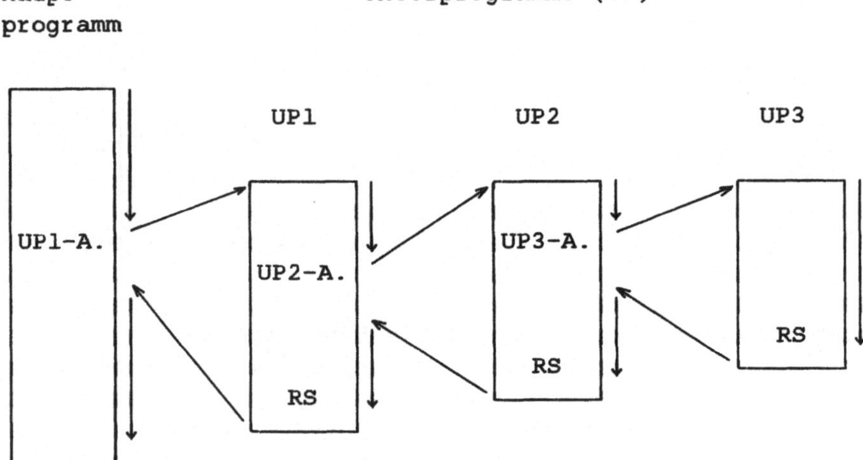

Abb.6.2 Verschachtelte Unterprogramme

Erklärungen: UP1-A.: Aufruf des 1. Unterprogrammes, usw.
             RS: Rücksprung

6.1.4 Realisierung beim Z80

Für den Mikroprozessor Z80 werden zwei geschachtelte Unterprogrammaufrufe und deren Rücksprung-Adreßverwaltung im Stapel-
speicher an vorgegebenen Adressen veranschaulicht.

<u>Hinweise:</u> Der Programmaufruf CALL nn benötigt 3 Bytes;
         der Rücksprung RET ein Byte.
         Das Hauptprogramm endet mit RST 38H (Hardware reset).

Adresse Hauptprogramm   Unterprogramm 1   Unterprogramm 2

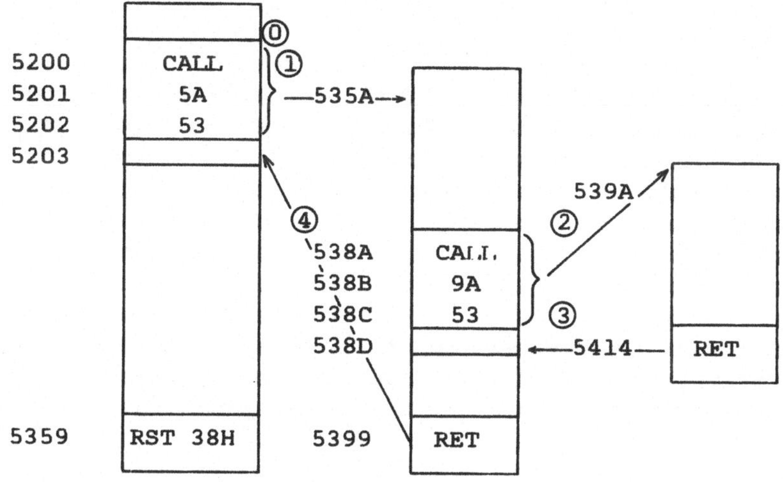

Abb.6.3 Beispiel für Unterprogrammaufrufe beim Z80

Abb.6.4 Rücksprung-Adreßverwaltung im Stack

6.1.5 Rekursive Unterprogramme

Durch die Stack-Technik können sich Unterprogramme selbst
aufrufen, und deshalb nennt man sie rekursive Unterprogramme.
Wegen ihrer fundamentalen Bedeutung wird die Rekursion gesondert
im nächsten Abschnitt 6.4 besprochen.

6.1.6 Parameterübergabe

Zur Übergabe von Parametern bei Unterprogrammaufrufen stehen
folgende 3 Methoden zur Verfügung:

1. Über die Register

Diese speicherunabhängige Methode ist sehr bequem, jedoch
durch die meist sehr beschränkte Anzahl von Registern bei
größeren Datenmengen nicht anwendbar. Bei Verwendung in
anderen Programmen ist stets auf die Verfügbarkeit dieser
Register zu achten.

2. Über den Speicher

Bei größeren Datenmengen ist die Verwendung des Speichers
zur Parameterübergabe fast zwingend vorgegeben. Hierfür
empfiehlt sich die blockweise Datenübergabe.

3. Über den Stapel

Die Parameterübergabe im Stapel (Stack) ist ebenfalls
unabhängig vom Speicher, aber zur Vermeidung von Störungen
in der Adreßverwaltung der Unterprogramme nur mit
besonderen Vorsichtsmaßnahmen zu gebrauchen.

6.1.7 Unterprogrammbibliothek

Einer der wichtigsten Vorzüge der Unterprogramme besteht in
deren "biliotheksmäßiger" Benutzung, dabei können die Unterprogramme außer vom Autor selbst auch von Außenstehenden verfaßt
sein. Eine solche Bibliothek von Unterprogrammen kann zu einer
drastischen Verkürzung von Programmierzeiten führen, da ja viele
Problemstellungen häufig vergleichbare Strukturen oder Unterpro-
bleme aufweisen. So sind z.B. in den Naturwissenschaften und
technischen Disziplinen Programme zur Lösung linearer oder
algebraischer Gleichungssysteme in vielen Problemstellungen
einsetzbar.

6.1.8 Zusammenfassung

Die wesentlichen Vorzüge der Unterprogrammtechnik seien ab-
schließend kurz zusammengestellt:

1. Unterprogramme eignen sich vorzüglich zur Zerlegung von
Algorithmen in Unteralgorithmen. Die Struktur eines
Programms wird um so deutlicher erkennbar, je mehr
Unterprogramme zur Lösung von Unteraufgaben vorhanden
sind.

2. Durch sinnvolle Verwendung von Unterprogrammen werden
Flußdiagramme bzw. Struktogramme wesentlich übersichtli-
cher und überschaubarer.

3. Die Unterprogrammtechnik unterstützt die Methode der
schrittweisen Verfeinerung als "Top-down"-Methode. Nicht
wenige Programme sind vorwiegend Netzwerke von Unterprogrammaufrufen.

4. Bei wiederholtem Aufruf gleicher Befehlsfolgen führt
die Unterprogrammtechnik auf erhebliche Speicherplatzein-
sparungen.

5. Einmal erstellte Unterprogramme können auch bei anderen
Aufgaben wiederverwendet werden.

6. Es können ganze Bibliotheken von eigenen und fremden
Unterprogrammen aufgestellt oder benutzt werden, wodurch
sich die Programmierarbeiten wesentlich vereinfachen.

7. Die einzelnen Unterprogramme können einzeln ausgetestet
werden, wodurch die Betriebssicherheit wesentlich erhöht
und die Testzeit verringert wird.

8. Schließlich zeigen Rekursionen die Notwendigkeit der
Unterprogrammtechnik, für die in voller Allgemeingültig-
keit keine weitere Programmiermethode bekannt ist.

6.2 Verzweigungen

Verzweigungen bieten den Vorteil, bestimmte Programmteile in der
sequentiellen Abarbeitung zu berücksichtigen oder auszublenden,
ohne den komplizierten und zeitlich aufwendigen Mechanismus des
UP-Aufrufs zu verwenden. Meistens werden die Sprünge mit einer
Entscheidung verknüpft. Bei der strukturierten Programmierung
dürfen Verzweigungen nur vorwärts gerichtet sein (Rückwärts-
sprünge sind der iterativen Programmierung vorbehalten).

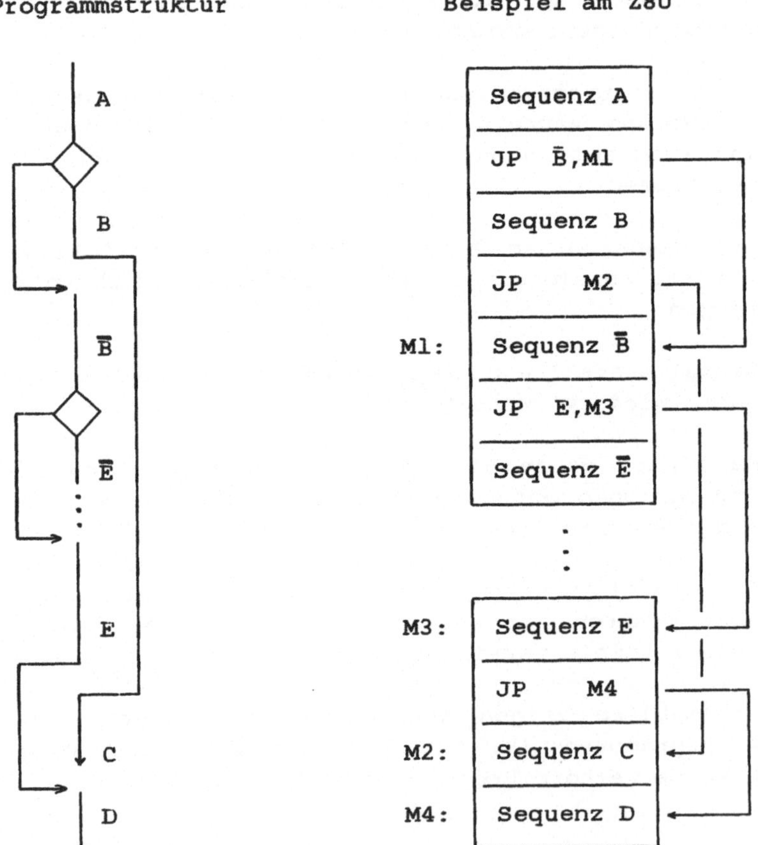

Abb.6.5 Verzweigungen

6.3 Iteration

In der Programmierpraxis sind 3 iterative Schleifen üblich: zwei
Entscheidungsschleifen und eine Zählschleife. Dabei versteht man
unter einer Schleife iterative Wiederholungen von Anweisungen,
wie sie bei zahlreichen Algorithmen auftreten. Während bei einer
Zählschleife die Anzahl der Wiederholungen bekannt ist, hängt
sie bei der einen Entscheidungsschleife von Bedingungen ab. Bei
der anderen Art der Entscheidungsschleife kann von vornherein
eine Bearbeitung durch Prüfen einer Testbedingung abgewiesen
werden (Abweisschleife).

Für das Assembler-Programmieren fassen wir die 3 Schleifentypen
in folgenden 2 optimalen Strukturen zusammen:

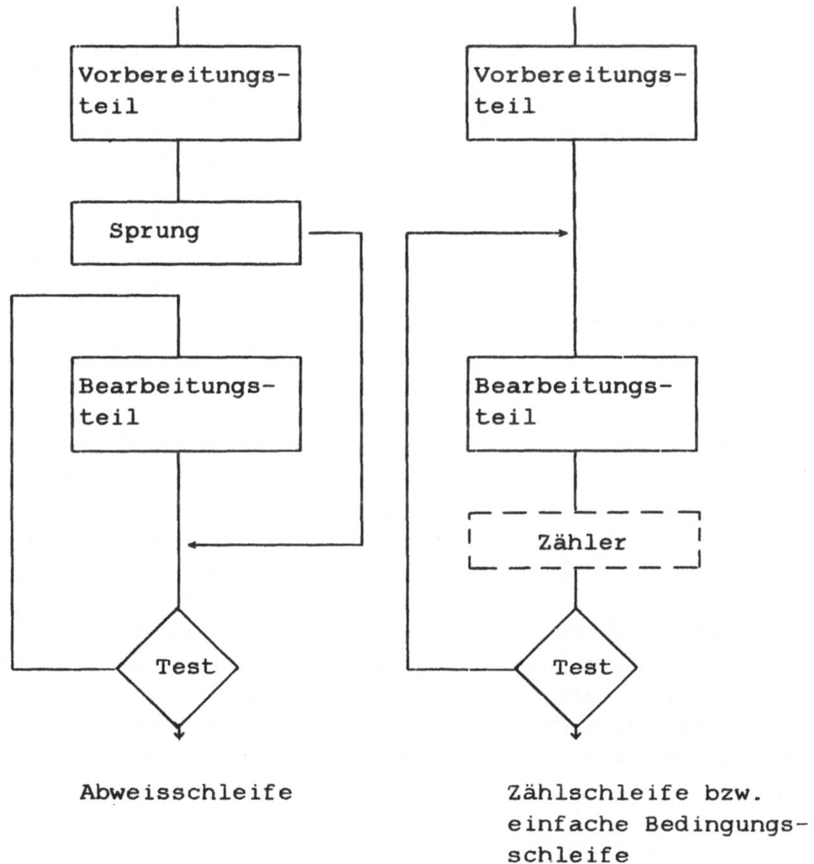

Abb.6.6 Verschiedene Schleifentypen

Die 3 iterativen Schleifen nehmen nach der Z80-Mikroprozessor-
Programmierung folgende Gestalt an, wobei vor dem jeweiligen
bedingten Sprungbefehl zum Schleifenaufbau arithmetische
Befehle, logische Befehle, Vergleichsbefehle und Bit-Testbefehle
verwendet werden.

a) Zählschleife

Zum Aufbau der Zählschleife ist der Befehl DJNZ e geschaffen
worden, der den Inhalt des Registers B dekrementiert und, falls
nicht Null erreicht ist, um die Distanz e springt. Damit setzt
er die Eingabe der Anzahl der Schleifendurchgänge N in das
Register B voraus. Die Zählschleife sieht dann wie folgt aus:

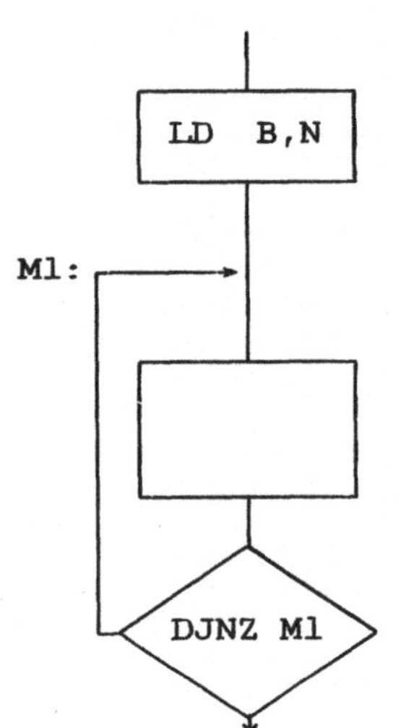

;Einladen von N (Anzahl der Schleifen-
;durchgänge) ins Register B.

;M1 ist die Sprungmarke.

;Der Bearbeitungsteil ergibt sich aus
;der jeweiligen Aufgabenstellung.

;Test: Der Inhalt des Registers B wird
;um eins erniedrigt. Wenn B≠0 ist, wird
;nach M1 gesprungen (d.h., bei B=0
;sequentieller Weitergang).

DJNZ ist ein relativer Sprungbefehl, d.h. der Sprung findet mit
dem Offset $-128 < e < 127$ (1 byte) statt. Wird bei Verwendung
der Assemblersprache eine Marke eingegeben, so kann ein
komfortables System daraus die relativen Sprungwerte errechnen,
die dem Befehlszähler aufaddiert wird. Da immer der Befehlszähler nach Befehlscodierung verwendet wird, entsteht ein effekti-
ver Offset von $-126 < e < 129$ (der Befehl DJNZ umfaßt 2 Speicherzellen). Reicht für eine Sprungweite obiger Bereich nicht aus, so
kann

```
DJNZ M1 durch        DEC B
                     JP  NZ,M1
```

ersetzt werden.
"JP c,label" ist ein absoluter Sprungbefehl, d.h. der Befehlszähler wird mit einer festen Speicheradresse (16 bit) geladen.

Für eine Reihe von Anwendungen benötigt man auch Zählschleifen
für bis zu 64 K Durchgänge. Im folgenden wird eine Zählschleife
vorgestellt, die diese Forderung mit sehr geringem Programmier-
aufwand erfüllt.

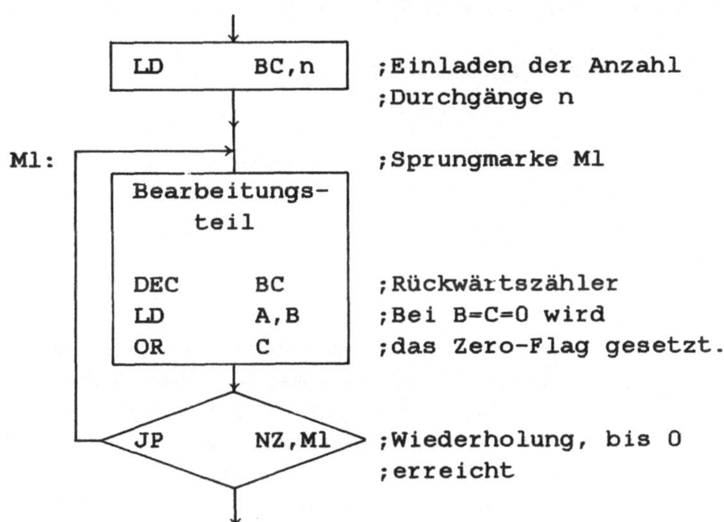

b) Bedingte Wiederholungsschleife

Bedingte Wiederholungsschleifen (bedingte Iterationsschleifen)
führen je nach Aufgabenstellung zu verschiedenen Schleifenauf-
bauarten. Wir bringen hier die beiden bewährten Fälle mit dem
Vergleichsbefehl CP und dem logischen Befehl XOR (exklusives
Oder), wobei wir als Beispiel das Prüfen auf ein Zeichen wählen.

Beispiel: Prüfen auf das Zeichen @ (ASCII: 40H)

Das zu prüfende Zeichen stehe im Register C.

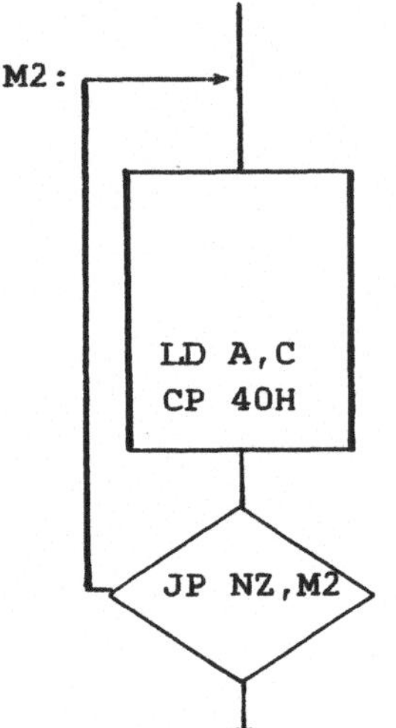

;M2 ist die Sprungmarke

;Zum Vergleich muß Register C in Re-
;gister A geladen werden. Der Akkuin-
;halt wird mit dem Wert @ verglichen,
;wodurch im F-Register bei Gleichheit
;das Flag Z gesetzt wird.
;Sprung bei Nichtnull (NZ) nach der
;Marke M2. Bei Null (Z-Flag gesetzt)
;sequentieller Weitergang (d.h. Ver-
;lassen der Iterationsschleife)

Der 2.Fall ergibt sich durch Ersetzen von CP durch den logischen
Befehl XOR ohne weitere Änderungen.

c) Abweisschleife

Die Abweisschleife kann ähnlich wie die bedingte Wiederholungsschleife aufgebaut werden. Ein weiteres Beispiel zeigt die
Verwendung eines Bit-Test-Befehl.

1.Beispiel: Prüfen auf Null

Die häufig vorkommende Aufgabe soll mit dem logischen Befehl AND
gelöst werden, wobei wieder die zu prüfende Zahl im Register C
stehen soll. Bei diesem Befehl vergleicht das Rechenwerk den
Inhalt des Akkumulators bitweise mit Register C.

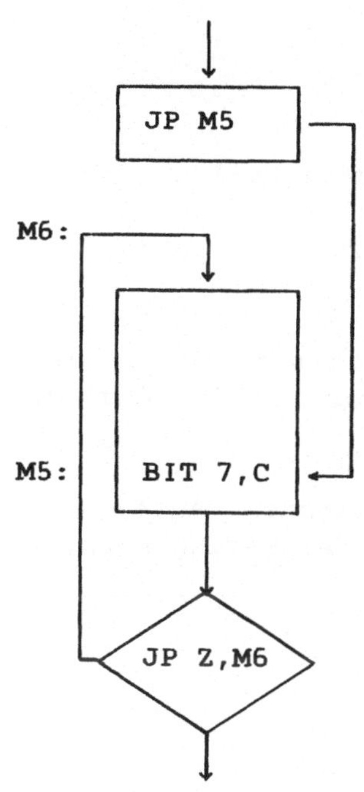

;Sprung zur Marke M5.

;Rücksprungmarke M6 zum Schleifenauf-
;bau.

;Marke M5; - Test des Vorzeichenbits
;von Register C.

;Sprung bei positivem Vorzeichen zur
;Marke M6. Bei negativem Vorzeichen
;sequentieller Weitergang.

d) Abschließende Bemerkungen

I Aufbau einer Wiederholung

Jede Wiederholung besteht aus folgenden drei Teilen:

1. Basis   Sie besteht aus Anweisungen zur Initialisierung
   der Wiederholung.

2. Test   Er entscheidet über den Abbruch der Wiederholung
   und wird vor oder nach jeder Ausführung des
   Rumpfes durchgeführt.

3. Rumpf   Hier stehen die zu wiederholenden Anweisungen
   gegebenenfalls mit Veränderung der Bedingungen.

II Verwendung der Schleifen

Anwendungsbeispiele:

1. Generator (Zähler):   Es werden die Elemente einer Folge
   aufgezählt.

2. Filter: Aus den Elementen einer Folge wird
   eine Untermenge gebildet.

3. Akkumulator: Es wird eine Funktion über den Elementen der Untermenge akkumuliert.

6.4 Rekursion

Die Stapel-Organisation (Stack-Technik) ermöglicht, daß sich Unterprogramme selbst aufrufen können. Eine solche Aufruforganisation nennt man Rekursion. Ihre Anwendung ist vor allem bei rekursiven Algorithmen geboten.

Ein Beispiel sei die Berechnung der Fakultät n!

$$n! = n * (n-1) * (n-2)\ldots\ldots\ldots\ldots5 * 4 * 3 * \underbrace{2 * 1}$$

$$\underbrace{\sum_{i=1}^{2} 1}$$

$$\underbrace{\sum_{i=1}^{3} \sum_{i=1}^{2} 1}$$

$$\sum_{i=1}^{4} \sum_{i=1}^{3} \sum_{i=1}^{2} 1$$

$$\vdots$$

$$\underbrace{\qquad\qquad\qquad\qquad\qquad\qquad\qquad}$$

$$\sum_{i=1}^{n} \quad \sum_{i=1}^{n-1} \qquad\qquad\qquad \sum_{i=1}^{3} \sum_{i=1}^{2} 1$$

Die Rekursionsstrukturen sind mächtiger als die Iterationsstrukturen, da die Iteration ein Spezialfall der Rekursion ist. (Bei ausgeprägt iterativem Charakter eines Algorithmus empfiehlt sich jedoch die Verwendung einer iterativen Schleifenstruktur, die hier gegenüber der rekursiven Struktur im Vorteil ist (u.a. einfachere Programmierung, geringerer Speicheraufwand). Für die praktischen Zwecke kann jedes rekursive Programm in ein iteratives Programm umgewandelt werden, da ja die Implementationen von rekursiven Prozeduren auf nichtrekursiven Rechnern durchgeführt werden.

Der Abbruch eines Rekursionsprogramms erfolgt durch eine Abbruchbedingung des jeweiligen Problems, wie dies analog auch bei den Iterationsstrukturen geschieht.

Zusammenfassend kann gesagt werden, daß sich die Unterprogrammtechnik als eine notwendige und hinreichende Darstellungsmög-
lichkeit rekursiver Programme erwiesen hat.

6.4.1 Realisierung einer Rekursion am Z80

Problem: Rekursive Berechnung der Summe

$$S(n) = \sum_{i=1}^{n} x = n+(n-1)+\ldots+3+2+1 \text{ aus } S(n) = n+S(n-1).$$

Dieses Beispiel dient nur dem Verständnis, praktisch würde man
natürlich andere Algorithmen verwenden.
Das nachfolgende Programm enthält nur die notwendigen Befehle
zur Herausstellung der wesentlichen Züge (Überlauf, Speicherret-
tung, Eingabe- und Ausgabeprogramme wären noch hinzuzufügen, der
Stackbereich sei entsprechend gewählt).

```
        ;Hauptprogramm: REKURSION.S

        LD    HL,0004H      ;Voreingabe von n=N=4H
        CALL  SUMME         ;normaler Unterprogrammaufruf
        RST   38H           ;dynamisches Ende des Programms


        ;UNTERPROGRAMM: SUMME

SUMME:  LD    A,00H         ;Aufbau der Abbruchbedingung:
        CP    H             ;Prüfen auf N=0 im Register H
        JR    NZ,M1         ;bei Nicht-Null Sprung auf Marke M1
        LD    A,01H         ;Eingabe von Eins für den Vergleich
        CP    L             ;Prüfen auf N=1 im Register L
        JR    Z,ENDE        ;bei N=1 Sprung auf Marke ENDE


M1:     PUSH  HL            ;Stack-Abspeicherung des laufenden N
        DEC   HL            ;Dekrementieren von N
        CALL  SUMME         ;rekursiver Unterprogrammaufruf: SUMME
        POP   BC            ;Auslesen der N-Werte aus dem Stack
        ADD   HL,BC         ;Summenbildung im Doppelregister HL


ENDE:   RET                 ;Rückkehr: (N-1)-mal nach POP BC
                            ;(Unterprogramm) und zuletzt nach
                            ;RST 38H (Hauptprogramm).
                            ;Im Doppelregister HL ist das Ergebnis
                            ;der Summe abgelegt: S(N)=AH (=10).
                            ;Für N>1 ist N im Doppelregister BC
                            ;abzulesen: N=4H (=4).
```

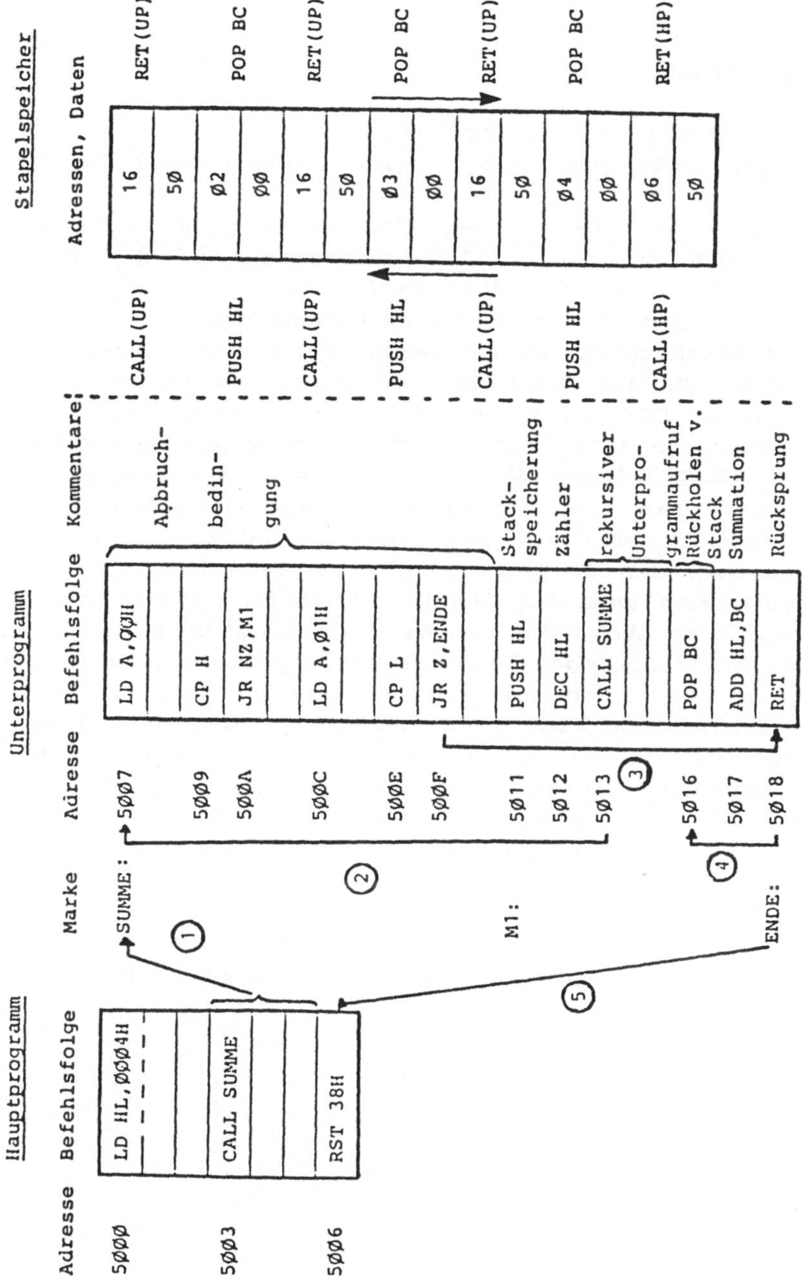

Abb. 6.7 Veranschaulichung des Beispielprogramms Summenberechnung mit dem Z80

<u>Erläuterungen:</u>

Die Abkürzungen bedeuten:

CALL (HP) = CALL SUMME (vom Hauptprogramm),
CALL (UP) = CALL SUMME (vom Unterprogramm). Entsprechend für RET.

Nach der Vorgabe von 4H in das Registerpaar HL wird vom
Hauptprogramm SUMME mit CALL SUMME aufgerufen und der Rücksprungbefehl im Stack mit der Adresse 5006 abgelegt. Dann wird
im Unterprogramm zunächst die Abbruchbedingung auf N=1 (Adresse
5007 bis 5010) durchlaufen. Da sie wegen N=4 nicht erfüllt ist,
wird durch PUSH HL die Zahl N=4 im Stack gespeichert und
anschließend durch DEC HL N um eins auf 3 erniedrigt. Nun
erfolgt der rekursive Aufruf des Unterprogramms mit dem Sprung
auf die Marke SUMME und mit der Übergabe der Rücksprungadresse
5016 im Stack. Bis zur Erreichung der Abbruchbedingung
wiederholt sich entsprechend dieser Teil des Unterprogramms und
baut wie angegeben den Stapelbereich auf. Beim Erreichen der
Abbruchbedingung wird dann auf den Rückkehrbefehl RET gesprung-
en, der den analogen Abbau des Stacks bewirkt: Zunächst wird zu
dem Befehl POP BC im Speicher 5016 mit RET(UP) zurückgekehrt und
mit POP BC die Zahl 2 in das Registerpaar BC geholt. Da im
Registerpaar HL noch die Eins gemäß der Abbruchbedingung steht,
ergibt der nächste Befehl ADD HL,BC die Summe 2+1=3 in HL.
Entsprechend wird mit den weiteren Rücksprungbefehlen für das
Unterprogramm RET(UP) verfahren, bis der Befehl für das
Hauptprogramm RET(HP) mit dem Rücksprung auf das dynamische Ende
RST 38H im Speicher 5006 erreicht ist.

In der Abbildung veranschaulichen die in Kreise gesetzten Zahlen
1 bis 5 die zeitliche Aufeinanderfolge der Programmabarbeitung.

7 Programmiertechnik II: Systemkontrolle

7.1 Problemstellung

Bis jetzt haben wir noch nicht den Anschluß von Peripherie an
den Mikrorechner berücksichtigt. Wie aus Abb.4.1 hervorgeht,
sind dafür Eingabe- bzw. Ausgabebausteine vorgesehen, die die
Verbindung zur "Außenwelt" herstellen.
Im nächsten Kapitel werden wir deswegen spezielle Ein-/Ausgabe-
bausteine vorstellen.
Doch zuerst muß geklärt werden, wie die Zusammenarbeit zwischen
CPU und Ein-/Ausgabe erfolgt.
Die Ausgabe ist einfach: Will die CPU Daten an die Peripherie
ausgeben, so geschieht dies durch einen Ausgabebefehl (vergl.
Kap.5).
Bei der Eingabe in das System könnte man prinzipiell genauso
vorgehen, jedoch weiß die CPU zunächst einmal nicht, ob
überhaupt Daten bereitliegen.

7.2 Polling (Programmgesteuerte Ein-/Ausgabe)

Um diesen Mißstand zu beseitigen, führen wir Register ein, die
unser Baustein enthalten muß. Das sind:

1 Datenpufferregister, in dem die ankommenden oder zu sendenden
  Daten vorübergehend abgespeichert werden können,
1 Statusregister, das angibt, ob ein Datenwort im Datenpufferregister bereitliegt bzw. schon gesendet worden ist.

Nun kann die CPU durch Lesen des Statusregisters in bestimmten
zeitlichen Abständen feststellen, ob Daten bereitliegen. Diese
zyklische Abfrage nennt man Polling.
Dieses Vorgehen hat zwei große Nachteile:

- programmiertechnisch: In die Befehlsfolge des Hauptprogramms
  müssen Abfrageroutinen eingebaut werden, die zu möglichst
  äquidistanten Zeitpunkten den Status des Ein-/Ausgabe-Bau-
  steins lesen.
- von der Rechenzeit: Die Abfrage sollte so oft stattfinden,
  daß kein Datenwort "verloren" geht, d.h. es tritt ein
  Zeitverlust ein, der für andere Belange von der CPU besser
  genutzt werden könnte.
Abhilfe schafft hier die Ein-/Ausgabe durch Unterbrechung.

7.3 Interrupt (Systemgesteuerte Ein-/Ausgabe)

Wir stellen an unseren Baustein eine weitere Anforderung: Er
soll die Fähigkeit besitzen, einen Interrupt auszulösen, d.h.
die momentane Aktivität der CPU zu unterbrechen und mitzuteilen,
daß der Baustein zur Übergabe bzw. Übernahme von Daten bereit
ist.

Da die CPU den Systembus für ihre gegenwärtige Aktivität
benötigt, sind zwei Steuersignale erforderlich:

- Anforderung einer Unterbrechung (Interrupt Request, IREQ)
- Bestätigung (Quittierung) einer Unterbrechung (Interrupt
  Acknowledge, INTACK)

Nach der Unterbrechung erfolgt ein Sprung zu einem Dienstunter-
programm (Serviceroutine), um die Information zu übernehmen oder
abzugeben, anschließend der Rücksprung in die vorhergehende
Hauptaktivität.

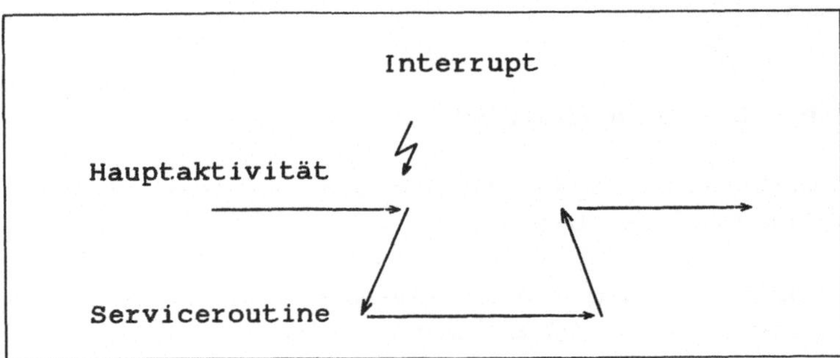

Abb.7.1 Unterbrechung eines Programms

Im Gegensatz zur programmgesteuerten Ein-/Ausgabe ist dieser
Ablauf nicht vorhersagbar. Er wird extern durch die E/A-
Schnittstelle ausgelöst, die zur Übernahme bzw. Abgabe von Daten
bereit ist. Damit ergeben sich für die CPU folgende Probleme:

1. Registerinhalte und Status des laufenden Programms müssen
   gerettet werden.
2. Falls mehrere E/A-Schnittstellen zur Auswahl stehen, muß der
   CPU die Anfangsadresse der erforderlichen Serviceroutine
   mitgeteilt werden.

Zu 1: Das Retten der gegenwärtigen Registerinhalte sowie die
      anschließende Wiederherstellung sind Bestandteile der
      Interrupt-Serviceroutine.

Zu 2: Die unterbrechende Einheit muß die Startadresse der
      Serviceroutine oder einen Unterbrechungsvektor (Inter-
      rupt-Vektor) an die CPU liefern, aus dem die CPU dann die
      unterbrechende Einheit erkennen kann. Daher kommt die
      Bezeichnung Vektor-Interrupt.

Der Unterbrechungsvektor wird auf jeden Fall von der peripheren
Einheit bereitgestellt. Dies geschieht in der Regel über den
Datenbus. Stehen mehrere Peripherie-Geräte mit Unterbrechungsanforderung zur Auswahl, so müssen bei einer Unterbrechung
folgende Schritte ablaufen:

1. Die periphere Einheit fordert bei der CPU eine Unterbrechung
   an.

   Interrupt Request ⟶ CPU

2. Die CPU quittiert die Unterbrechungsanforderung.

   Interrupt Acknowledge ⟶ E/A-Baustein

3. Die periphere Einheit schickt den Interrupt-Vektor über den
   Datenbus an die CPU.

4. Ausführung der speziell zu der Peripherie-Einheit gehörigen
   Serviceroutine.

Im nächsten Abschnitt stellen wir die Systemkontrolle anhand des
Z80-Mikroprozessors vor.

7.4 CPU-Steuerbefehle für die Systemkontrolle

Die Kontrolle über das System soll die CPU innehaben. Dafür
existieren zunächst zwei wichtige Befehle:

```
DI          ;Interrupt sperren (Disable interrupt)
EI          ;Interrupt erlauben (Enable interrupt)
```

Diese beiden Befehle bestimmen, ob sich die CPU vom E/A-Baustein
überhaupt unterbrechen läßt. Deshalb nennt man diese Unterbre-
chungssteuerung auch maskierbar (maskable interrupt).

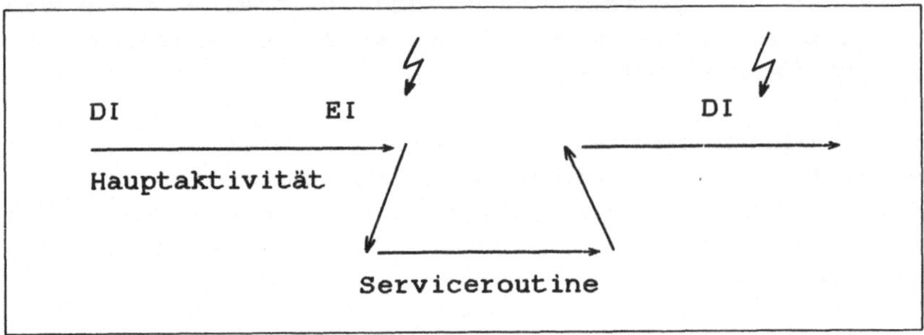

Abb.7.2 Wirkung der Befehle EI und DI

Die Z80-CPU kennt mehrere Arten der Unterbrechung. Wir stellen
hier nur eine Möglichkeit dar:

```
IM    2     ;Unterbrechungsart: Vektor-Interrupt (Interrupt Mode 2)

HALT        ;Anhalten des Prozessors und Warten auf Interrupt
```

Aus dem Haltezustand kann der Prozessor nur durch Reset oder
Interrupt gelöscht werden. Anders als bei Bildung einer
Warteschleife greift der Prozessor nicht zyklisch auf den
Systembus zu (außer zur Auffrischung vom dynamischen Speicher).

7.4.1 Vektor-Interrupt (IM 2) beim Z80

In dieser Betriebsart müssen die Adressen sämtlicher Interrupt-
Serviceroutinen (ISR) in einer Tabelle, der sog. Sprungtabelle,
im Speicher abgelegt sein (siehe Abb.7.3). Diese Tabelle kann
überall im Speicher liegen.
Nach Annahme eines Interrupts muß ein 16-Bit-Zeiger auf die
Sprungtabelle gebildet werden, um die Startadresse der gewünsch-
ten ISR aus der Tabelle auszulesen. Die oberen 8 Bits dieses
Interrupt-Serviceroutinen-Zeigers (ISR-Zeiger) werden von dem
Inhalt des I-Registers der Z80-CPU gebildet. Das I-Register muß
daher vor dem erstmöglichen Auftreten einer Unterbrechung mit
dem gewünschten Wert geladen werden. Die unteren 8 Bits des ISR-
Zeigers müssen von der unterbrechenden E/A-Einheit geliefert
werden. Hierbei ist zu beachten, daß das niederwertigste Bit
(Bit 0) immer Null sein muß, da die komplette 16-Bit-Startadres-
se der ISR aus zwei benachbarten Bytes gebildet wird und die
Adressen immer in geraden Speicherplätzen beginnen müssen.

Sprungtabelle:

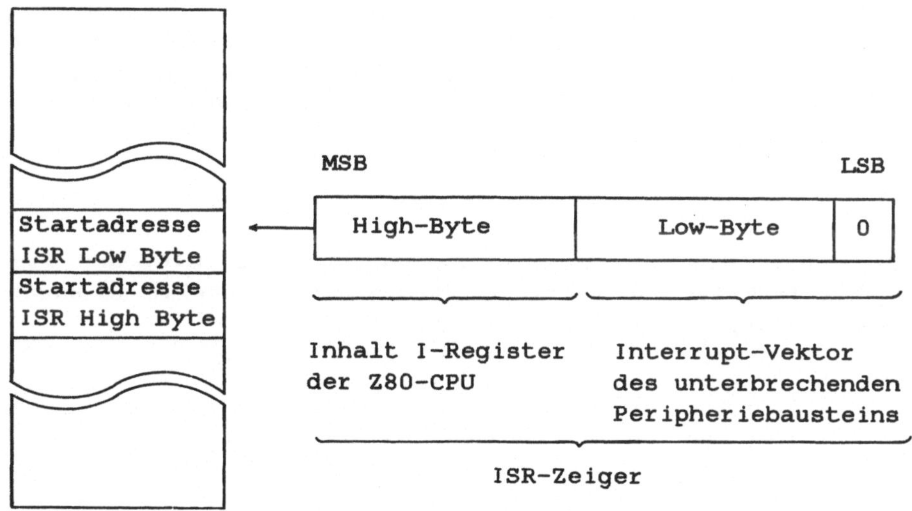

Abb.7.3 Bildung des Zeigers für die Interrupt-Serviceroutine

Der Inhalt der Sprungtabelle muß vor dem erstmöglichen Auftreten
einer Interruptanforderung per Programm definiert werden.

7.4.2 Abarbeitung der Interrupt-Service-Routine

Angenommen, Interrupt sei erlaubt (EI) und ein Ein-/Ausgabe-
baustein meldet eine Unterbrechung. Um nach Abarbeitung der
Serviceroutine im Hauptprogramm ohne Störung fortfahren zu
können, müssen wir den Zustand vor der Unterbrechung "konservie-
ren". Dazu existieren bestimmte Befehle.

```
PUSH qq       ;Lege den Inhalt des Doppelregister qq im Stack ab.
POP  qq       ;Hole den Inhalt des Doppelregisters qq vom Stack.


        qq:   BC
              DE
              HL
              AF  (F: Flagregister)
              .

              .

              .
```

Da die Unterbrechung zu jedem beliebigen Zeitpunkt geschehen
kann, ist insbesondere auf die Rettung der Flags zu achten.
Zu Beginn der Interruptroutine legt die CPU, wie beim normalen
Unterprogrammaufruf, die Rücksprungadresse zum Hauptprogramm auf
den Stack; das bedeutet, die Serviceroutine muß durch ein Return
abgeschlossen werden:

```
RETI          ;Rücksprung vom Interrupt (Return from Interrupt)
```

Dabei teilt die CPU dem Ein-/Ausgabe-Baustein mit, daß die ISR
abgearbeitet ist und kehrt zur Unterbrechungsstelle im Hauptprogramm zurück.

7.4.3 Ein Assemblerprogramm zur Initialisierung des Vektor-Interrupt

<u>Vorbereitung</u>

Wir legen fest: Die Sprungtabelle beginne mit der Adresse E000H.
                Die Interrupt-Serviceroutine beginne mit Adres-
                se 5040H (ISR1)

<u>Ausführung</u>

```
PREFIX:                     ;Festlegen des Interrupt-Vektors
        DI                  ;Interrupt sperren
        IM    2             ;Interrupt Mode 2 auswählen

        LD    A,0E0H        ;I-Register mit High-Byte laden
        LD    H,A
        LD    I,A           ;ISR-Zeiger laden

        LD    A,00H         ;Ausgabe des Interrupt-Vektors
        LD    L,A
        LD    C,konadr      ;an die Kontrollwortadresse (konadr)

        OUT   (C),A         ;des E/A-Bausteins

        LD    (HL),40H      ;Eintragen der Anfangsadresse
        INC   HL            ;von ISR1 in der Sprungtabelle
        LD    (HL),50H

        EI                  ;Interrupt erlaubt

MAIN:                       ;Beginn des Hauptprogramms
        .
        .
        .
```

```
ISR1:                        ;Beginn der Interrupt-Serviceroutine
        PUSH AF              ;Retten der Registerinhalte
        PUSH BC
        PUSH DE
        PUSH HL

          .

          .

          .

        POP HL               ;Rückgewinnung der Registerinhalte
        POP DE
        POP BC
        POP AF


        EI                   ;nächster Interrupt erlaubt
        RETI                 ;Rückkehr vom Interrupt
```

Die Interrupt-Behandlung bei mehreren E/A-Bausteinen zeigt der
nächste Abschnitt.

7.4.4 Priorisierter Vektor-Interrupt

a) Interrupt-Konfliktbehandlung

Sind in einem Mikrorechnersystem mehrere periphere Einheiten mit Unterbrechungsanforderungen vorhanden, so kann es zu Unterbrechungskonflikten kommen, die wie folgt gelöst werden können:

1. Die CPU kann mehrere Unterbrechungsanforderungen bearbeiten,
2. eine Interrupt-Prioritäts-Steuerung bearbeitet die Reihenfolge der Unterbrechungen, so daß die CPU stets nur einen Interrupt erhält.

In beiden Lösungen muß ein Abarbeitungsschema und damit eine Einteilung der Prioritäten in verschiedene Prioritätsebenen festgelegt werden.

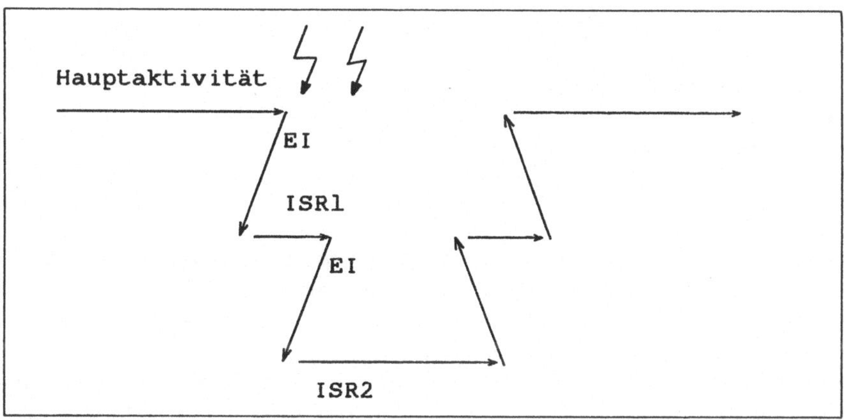

Abb.7.4 Ablaufschema für Fall 1

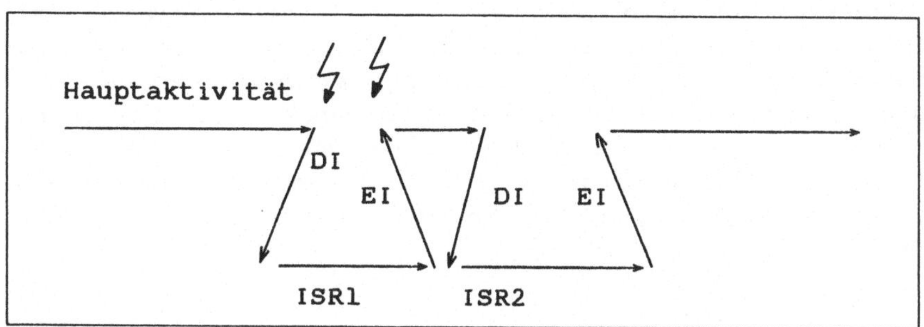

Abb.7.5 Ablaufschema für Fall 2

b) Unterbrechungsverkettung

Ist nur eine Interrupt-Anforderungsleitung zur CPU vorhanden, so
verwendet man in der Regel eine Unterbrechungsverkettung (Daisy
Chain), deren Mechanismus in Abb.7.6 dargestellt ist.

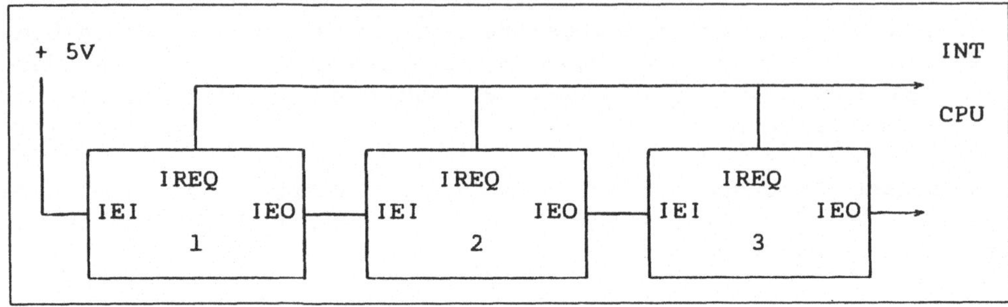

Abb.7.6 Unterbrechungsverkettung (Daisy Chain)

IEI: Interrupt Enable In
IEO: Interrupt Enable Out
IREQ: Interrupt Request

Die Peripherie-Bausteine der Z80-Mikroprozessor-Familie besitzen
selbst eine Hardware-Prioritätscodierung, so daß eine Interrupt-
Priorisierung durch einfache Kaskadierung der Bausteine (ohne
zusätzlichen Hardware-Aufwand) möglich ist.
Alle Bausteine sind parallel an die Interrupt-Anforderungslei-
tung INT angeschlossen. Jeder Baustein besitzt zusätzlich zwei
Interrupt-Steuerleitungen IEI (Interrupt Enable In) und IEO
(Interrupt Enable Out) zur Priorisierung der Interrupt-Anforde-
rungen. Der IEI-Eingang des Bausteins mit höchster Priorität
(Abb.7.7 Baustein 1) wird fest auf "High"-Pegel gelegt. Sein
Ausgang IEO wird mit dem Eingang IEI des Bausteins mit der
zweithöchsten Priorität (Abb.7.7 Baustein 2) verbunden usw. bis
alle Bausteine gemäß ihrer Priorität miteinander verkettet sind.
Die einzelnen Bausteine in der Kette können so lange einen
Interrupt bei der CPU anfordern, wie an ihrem IEI-Eingang eine
logische "1" anliegt. Eine "0" an IEI sperrt die Interrupt-
Anforderung.

Die Prioritätscodierung funktioniert wie folgt:

1. Bei Baustein i liegt keine Interrupt-Anforderung vor: der Ausgang IEO des Bausteins i liefert den Wert, der an seinem Eingang IEI anliegt, d.h.

   IEO = "1", falls IEI = "1" und
   IEO = "0", falls IEI = "0".

2. Bei Baustein i liegt eine Interrupt-Anforderung vor: der Ausgang IEO des Bausteins i liefert in diesem Fall eine "0" unabhängig von seinem Wert, der an seinem Eingang IEI anliegt. Die Kette ist an dieser Stelle unterbrochen und alle Bausteine mit niederer Priorität können keine Interrupts mehr anfordern. Der Ausgang IEO des Bausteins i bleibt so lange "low", bis die zugehörige Interrupt-Serviceroutine abgearbeitet ist. Das ist dann der Fall, wenn der Baustein i auf dem Datenbus den RETI-Befehl dekodiert (Opcode: ED4DH).

Die Notwendigkeit der Wiederfreigabe der Daisy-Chain nach einer Interrupt-Behandlung ist auch der Grund dafür, daß die Rückkehr von einer Interrupt-Serviceroutine mit dem speziellen Rücksprungbefehl RETI erfolgen muß. Ansonsten ist die Wirkung dieses Befehls identisch zum RET-Befehl. Um sicher zu gehen, daß es sich bei der Kombination ED4DH auf dem Datenbus auch tatsächlich um den RETI-Befehl und nicht um ein Datum handelt, muß zur Decodierung noch das CPU-Steuersignal M1 herangezogen werden.
Die Bausteine in der Kette oberhalb des Bausteins i können weiterhin bei der CPU Interrupts anfordern. In diesem Fall wird die Bearbeitung der zu i gehörigen Serviceroutine unterbrochen, vorausgesetzt, daß die Unterbrechbarkeit freigegeben ist, um zunächst die Interrupt-Anforderung mit der höheren Priorität zu behandeln.

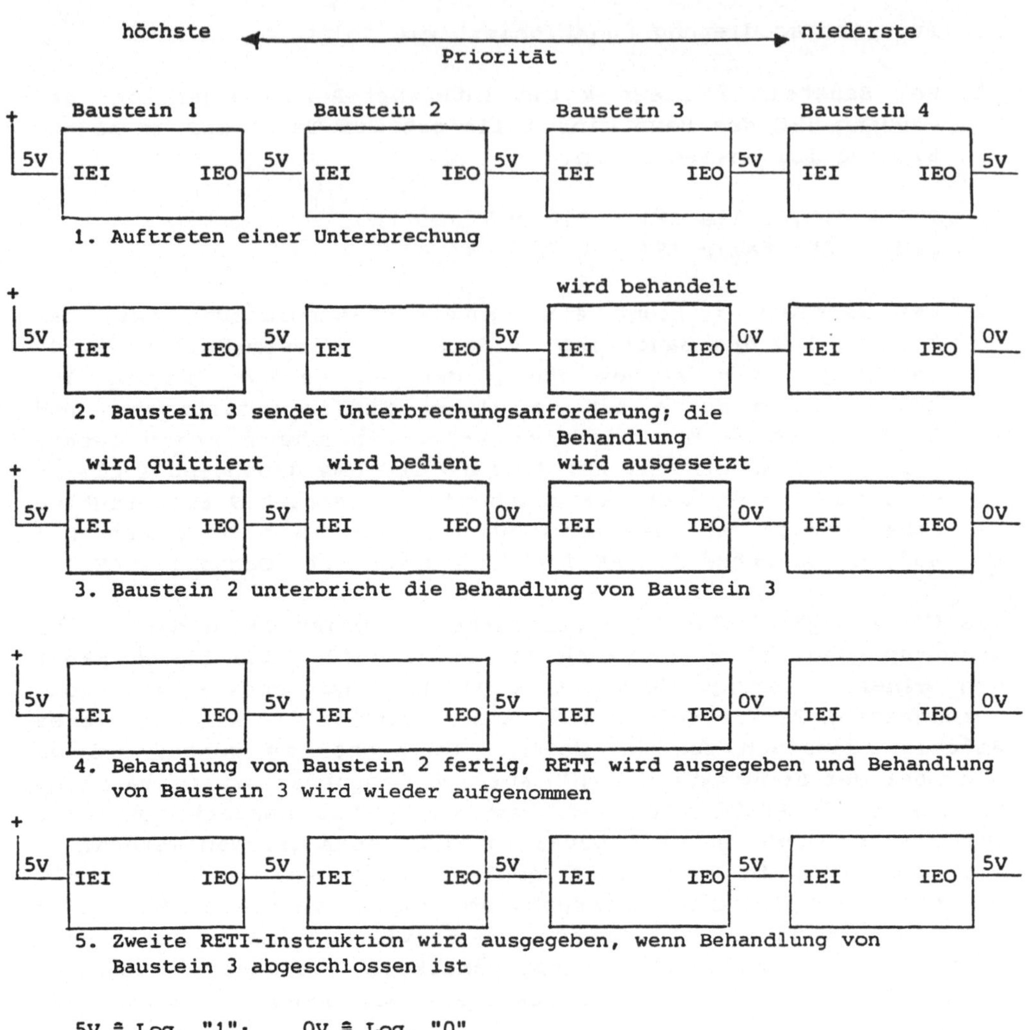

Abb.7.7 Beispiel für eine Interrupt-Priorisierung

7.4.5 Nichtmaskierbarer Interrupt

Neben der maskierbaren Interrupt-Steuerung findet man bei der Z80-CPU auch noch eine nicht abschaltbare oder nichtmaskierbare (non-maskable interrupt), der die höchste Priorität zukommt. Hierfür ist eine eigene Steuerleitung vorgesehen: der Interrupt-Eingang NMI.
Der nichtmaskierbare Interrupt (NMI) wird von der CPU zu jedem Zeitpunkt angenommen. Die CPU ignoriert die nächste Anweisung und führt statt dessen einen Restart (RST) zu Adresse 0066H aus. Außerdem wird das Interrupt-Flipflop rückgesetzt, d.h. die maskierbaren Interrupts werden automatisch gesperrt. Das ist der Grund dafür, daß der Rücksprung aus der NMI-Serviceroutine mit Hilfe eines speziellen Rücksprungbefehls, der RETN-Anweisung erfolgen muß. Die Wirkung dieses Befehls ist identisch zum RET-Befehl. Zusätzlich wird der Inhalt des Interrupt-Flipflops vor dem nichtmaskierbaren Interrupt rückkopiert, so daß die Bearbeitung maskierbarer Interrupt-Anforderungen unmittelbar nach Ausführung der RETN-Anweisung freigegeben ist, sofern sie bereits vor Auftreten der NMI-Anforderung freigegeben war.

7.4.6 Reset

Die Reset-Funktion erzwingt eine klar definierte Ausgangsstellung. Dies kann hardwaremäßig über einen Reset-Anschluß geschehen oder, bei E/A-Bausteinen, auch durch Einschreiben eines bestimmten Bitmusters in ein Steuerregister. In der Regel wird dabei der Baustein in einen inaktiven Zustand versetzt und muß von der CPU neu initialisiert werden. Ein Reset bei der CPU bedeutet Löschen des Programmzähler und damit Start der Programmausführung ab Speicherzelle 0.

7.4.7 Restart-Befehle

Restart-Befehle sind durch spezielle Assemblerbefehle ausgelöste Unterbrechungen.
Beim Z80 lautet der entsprechende Befehl

$$\text{RST} \quad p \quad\quad p = 0...7 \quad\quad \text{(Restart)}$$

und verursacht einen Unterprogrammaufruf zur Adresse p*8. Da nur 8 Bytes bis zur nächsten Einsprungadresse vorhanden sind, steht dort in der Regel ein Sprungbefehl auf die Unterbrechungsroutine, die mit RET abgeschlossen sein muß.

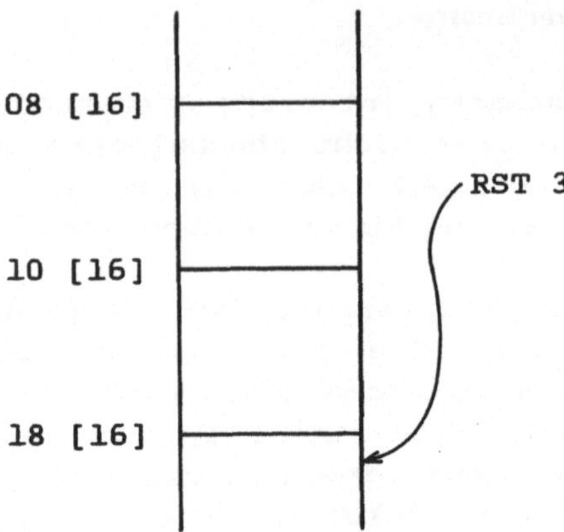

Restart-Befehle lassen sich genaugenommen vollwertig durch
andere Befehle ersetzen (z.B. beim Z80 durch CALL).
Sie vereinfachen jedoch die Programmierung bei Verwendung von
Systemroutinen, wie z.B. Ausgabe auf den Bildschirm oder Eingabe
von der Tastatur, da deren Adressen bei Einsprungmöglichkeit
über den RST-Befehl nicht bekannt sein müssen.

8 Spezielle Ein-/Ausgabe-Bausteine

8.1 E/A-Operationen zwischen Mikroprozessor und Baustein

8.1.1 Auswahl des Bausteins durch die CPU

Einige Signale wurden schon erwähnt:

Zur Definition der Richtung des Datenflusses das Signal RW (Read/Write): Beim Z80 ist dieses Signal durch eine RD- und eine WR-Steuerleitung ersetzt.

Das Chip-Select-Signal (CS): Dieses Signal wird, da die CPU keine CS-Ausgänge hat, durch Decodierung der Adresse des Bausteins über einen Adreßdecoder gebildet. Da die entsprechende Adreßkombination aber ebenfalls bei Ansprechen einer Speicherzelle auftreten kann, wird zur Bildung des Chip-Select das IORQ-Signal (I/O-Request) herangezogen, so daß sich der folgende Aufbau ergibt:

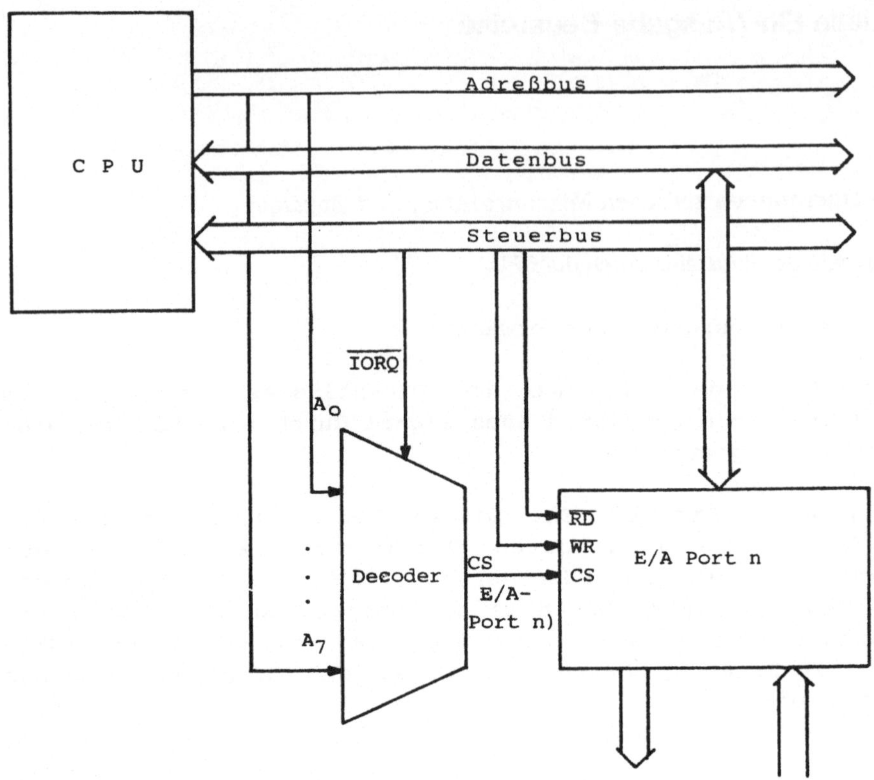

Abb.8.1 E/A-Schnittstelle

8.1.2 E/A-Operationen beim Z80

In diesem Abschnitt werden aus dem Z80-Befehlssatz exemplarisch
zwei E/A-Befehle ausgewählt und näher erläutert. Für die übrigen
E/A-Befehle sei auf das Z80-Assembler-Handbuch verwiesen.

Eingabeoperation

Der Eingabebefehl   IN A,(n)

wickelt den Datentransfer zwischen der E/A-Schnittstelle mit der
Portadresse n und dem Register A (Akkumulator) der CPU ab. Der
Operand stellt eine 8-Bit-Adresse für die Eingabe dar. Er belegt
während der Befehlsausführung die untere Hälfte des Adreßbusses
(A_0 bis A_7) und wählt eine E/A-Schnittstelle mit der Adresse n
aus (vergl. Abb.8.1).

Mit dem Takt T_2 werden die Steuerleitungen IORQ und RD aktiviert. IORQ und RD sind "low" aktiv. IORQ = aktiv bedeutet, daß
auf der unteren Adreßbushälfte eine Adresse zur Ein-/Ausgabe
ansteht, RD = aktiv stellt eine Aufforderung an die E/A-
Schnittstelle dar, ihre Daten auf den Datenbus zu legen. Mit dem
Takt T_3 werden die Daten in den Akkumulator übernommen. Zwischen
T_2 und T_3 wird während der Eingabe-Operation automatisch ein
Wartezyklus T_w eingefügt, um der E/A-Schnittstelle genügend Zeit
zur Adreßdecodierung zu geben (vergl. Eingabezyklus in Abb.8.2).

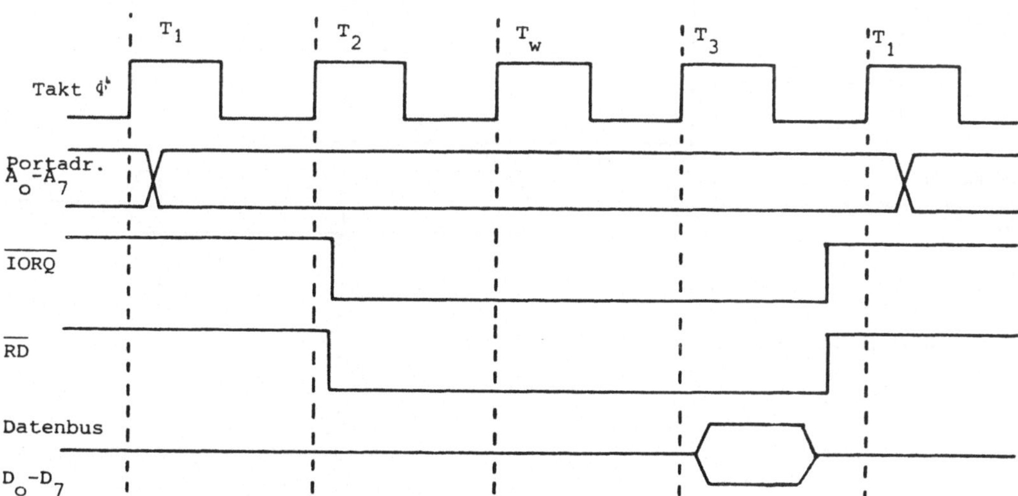

Abb.8.2 Signalverlauf beim Eingabezyklus

Ausgabeoperation

Der Ausgabebefehl

$$\text{OUT} \quad (n), A$$

wickelt den Datentransfer zwischen dem Register A der CPU und
der E/A-Schnittstelle mit der Port-Adresse n ab. Der Operator n,
der eine 8-Bit-Adresse für die Ausgabe darstellt, wird bei der
Befehlsausführung auf die untere Hälfte des Adreßbusses (A_0
bis A_7) gelegt. Anschließend gelangt der Inhalt von A auf den
Datenbus und wird mittels des WR-Signals, das mit dem Takt T_2
aktiviert wird, über die E/A-Schnittstelle mit der Adresse n
ausgegeben. Darüberhinaus wird wieder analog zur Eingabeoperation die E/A-Anforderungsleitung IORQ aktiviert. Ebenso soll der
Wartezyklus T_W der E/A-Schnittstelle wieder genügend Zeit zur
Adreßbusdecodierung geben.

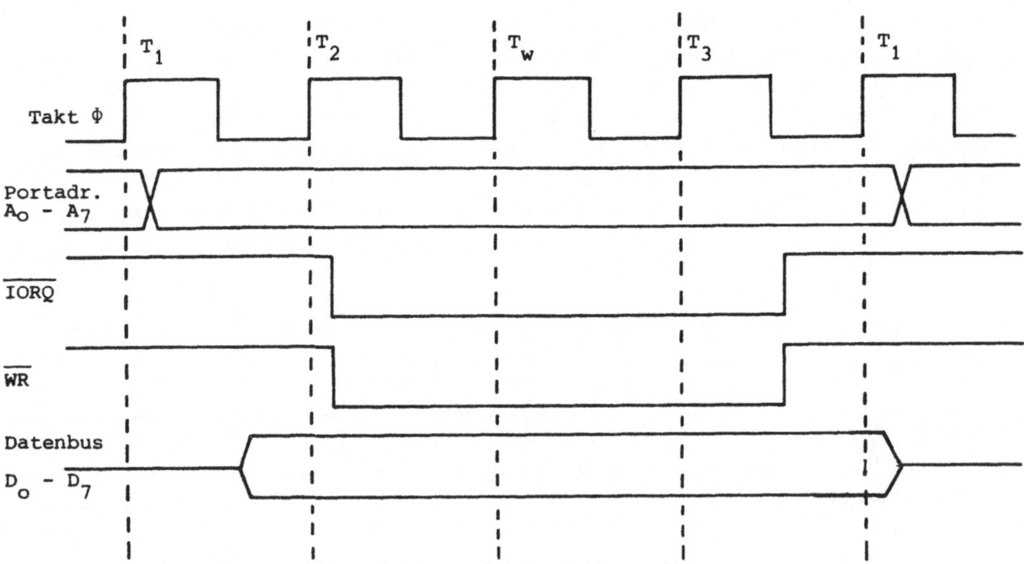

Abb.8.3 Signalverlauf beim Ausgabezyklus

8.2 Programmierbare Schnittstellenbausteine (Interface-Bausteine)

8.2.1 Grundsätzliche Eigenschaften eines programmierbaren Bausteins

Um Peripheriegeräte an einen Mikroprozessor-Baustein anschließen bzw. Informationen zwischen Mikroprozessor und Peripherie austauschen zu können, sind spezielle Schnittstellenbausteine erforderlich. Die Mikroprozessor-Hersteller liefern daher eine Vielzahl von hochintegrierten E/A-Bausteinen, die auf den CPU-Typ abgestimmt sind. Sie sind in der Regel durch die CPU programmierbar, d.h. sie lassen sich durch Laden interner Register (Steuerregister) an die verschiedensten Aufgaben anpassen. Der Anwender muß somit nicht für jede Aufgabe jeweils eine neue Schaltung entwerfen. Damit der Baustein unterscheiden kann, ob ein eingeschriebenes Wort ein Datenwort oder ein Steuerwort ist, besitzt er in der Regel außer dem CS-Eingang noch andere Anschlüsse zur Decodierung der Eigenschaft des eingeschriebenen Bitmusters. Gewöhnlich wird die Codierung der Wahlmöglichkeit unter Verwendung der niederwertigsten Bits der Ausgangsadresse durchgeführt.

Deutlich wird dies durch ein Beispiel:

Gegeben sei ein Baustein, der 4 Kanäle (Baugruppen auf einen Baustein) mit jeweils einem Daten- und einem Steuerregister besitzt. Zur Unterscheidung der Kanäle seien 2 Anschlüsse herausgeführt. Außerdem ein Anschluß zur Decodierung Daten/Steuerwort.

Eigenschaften:

CHSEL1	CHSEL2	(channel select)
0	0	Kanal 1
0	1	" 2
1	0	" 3
1	1	" 4

C/D	
1	Control
0	Data

Für die Codierung werden die Adreßleitungen A_3 - A_7 verwendet,
diese oberen 5 Bits bilden die sogenannte Basisadresse. Den
Aufbau einer solchen Schaltung zeigt Abb.8.4.

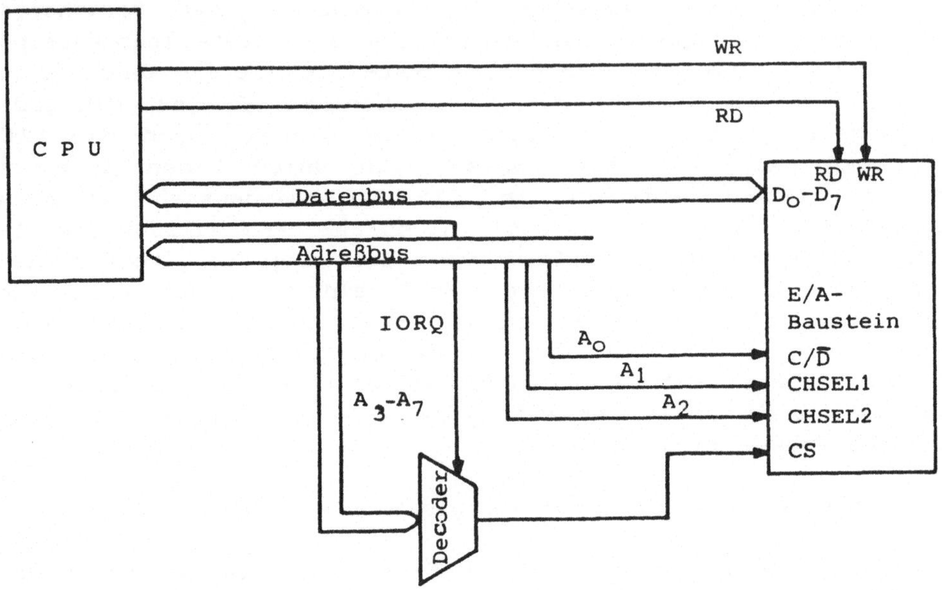

Abb. 8.4 Schaltung zur Auswahl verschiedener Funktionen eines
         Bausteins

Damit hat das Adreßmuster folgende Bedeutung:

Basisadresse	CHSEL	C/D		
A_7 A_6 A_5 A_4 A_3	A_2	A_1	A_0	Eigenschaft
	0	0	0	Kanal 1, Datenwort
	0	0	1	" 1, Steuerwort
	0	1	0	Kanal 2, Datenwort
	0	1	1	" 2, Steuerwort
	1	0	0	Kanal 3, Datenwort
			.	.
			.	.
			.	.

Die Datenübergabe zwischen CPU und Baustein findet immer parallel statt. Bei der Datenübergabe zwischen Baustein und Peripherie ist das nicht immer so:

Hier unterscheidet man prinzipiell bezüglich des E/A-Verfahrens zwischen

- parallelen und
- seriellen E/A-Bausteinen.

Hierzu werden in den folgenden Abschnitten Beispiele angegeben.

8.2.2 Ein paralleler Ein-/Ausgabe-Baustein: Z80-PIO

8.2.2.1 PIO-Architektur

Der Interface-Baustein Z80-PIO (Parallel Input/Output) ist ein
software-programmierbarer paralleler Ein-/Ausgabe-Baustein. Der
Datenverkehr zwischen dem Mikroprozessor und der Peripherie wird
über zwei TTL-kompatible Ports abgewickelt.

Die Abb.8.5 zeigt die Struktur der Z80-PIO:

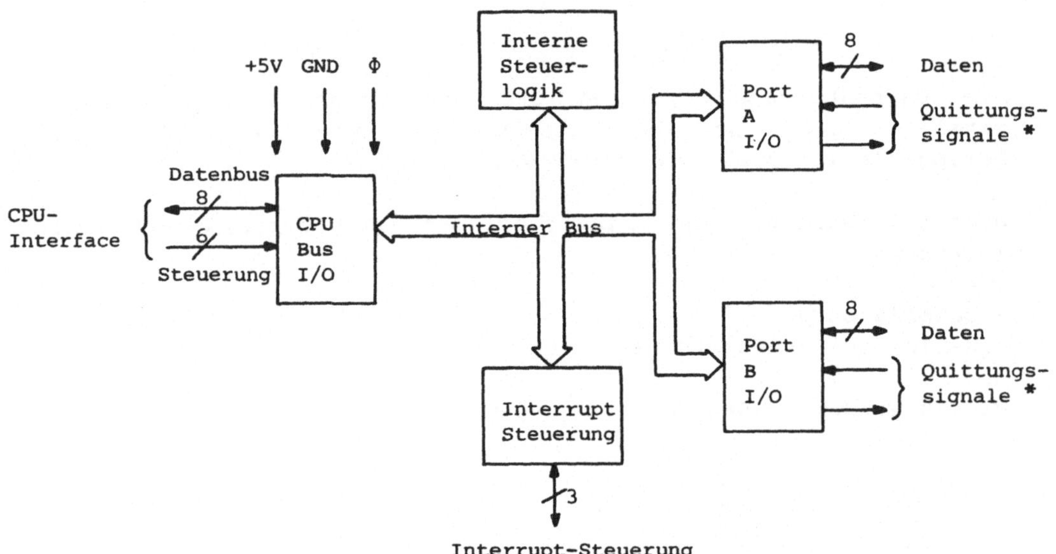

Abb.8.5 Blockschaltbild Z80-PIO

Der Baustein umfaßt folgende Komponenten:

- Interface zur CPU-Anschaltung,
- interne Steuerlogik,
- Logik für I/O-Port A,
- Logik für I/O-Port B,
- Interrupt-Steuerlogik.

Die CPU-Interface-Logik erlaubt es, die PIO ohne zusätzliche externe Logik direkt an die Z80-CPU anzuschließen. Jedoch werden in größeren Systemen Adreßdecoder und/oder Leitungstreiber benötigt. Abb.8.6 zeigt ein Beispiel für den Anschluß eines Z80-PIO-Bausteins an die CPU. Die interne Steuerlogik synchronisiert den CPU-Datenbus mit den I/O-Ports A und B. A und B sind zwei unabhängige bidirektionale 8-Bit-Ports mit Einrichtungen für den Quittierungsbetrieb (Handshaking). Jeder Port kann in einer der folgenden vier Betriebsarten arbeiten:

- Byte-Ausgabe (Mode 0),
- Byte-Eingabe (Mode 1),
- Byte-Ein-/Ausgabe (Bidirektionaler Betrieb, nur bei Port A; Mode 2),
- Bit-Ein-/Ausgabe (Bit Control Mode, Quittierungssignale werden nicht benutzt; Mode 3).

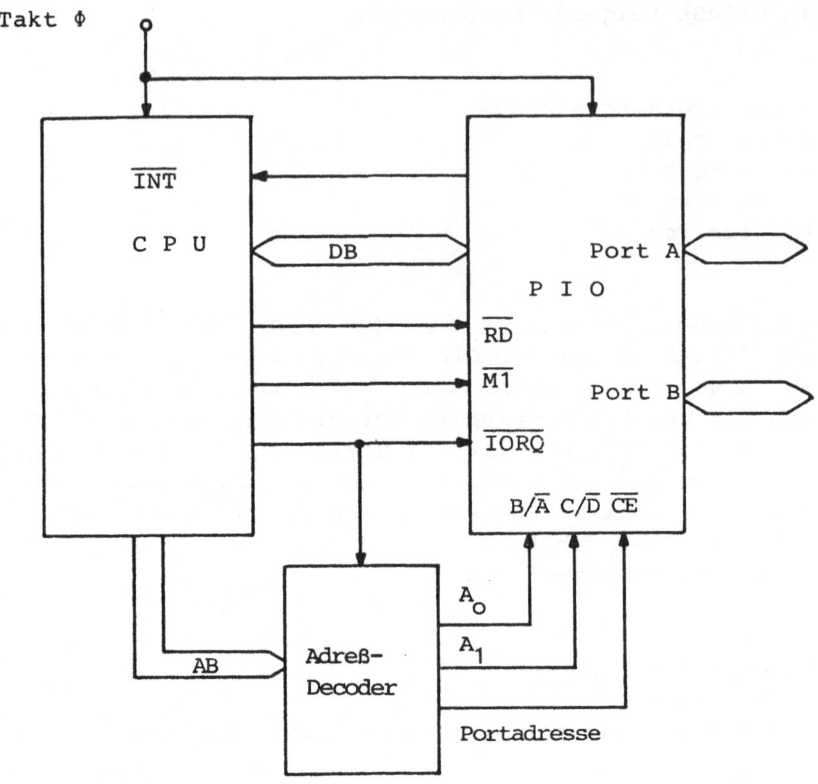

Abb.8.6 Anschluß einer Z80-PIO an die CPU

Das Blockschaltbild eines I/O-Ports ist in Abb.8.7 dargestellt.
Die I/O-Port-Logik selbst besteht aus sechs Registern und der
Steuerlogik für den Quittierungsbetrieb:

- 2-Bit-Betriebsarten-Register,
- 8-Bit-Ausgabe-Register,
- 8-Bit-Eingabe-Register,
- 2-Bit-Register zur Maskierungs-Steuerung,
- 8-Bit-Maskierungs-Register,
- 8-Bit-Ein-/Ausgabe-Wahl-Register.

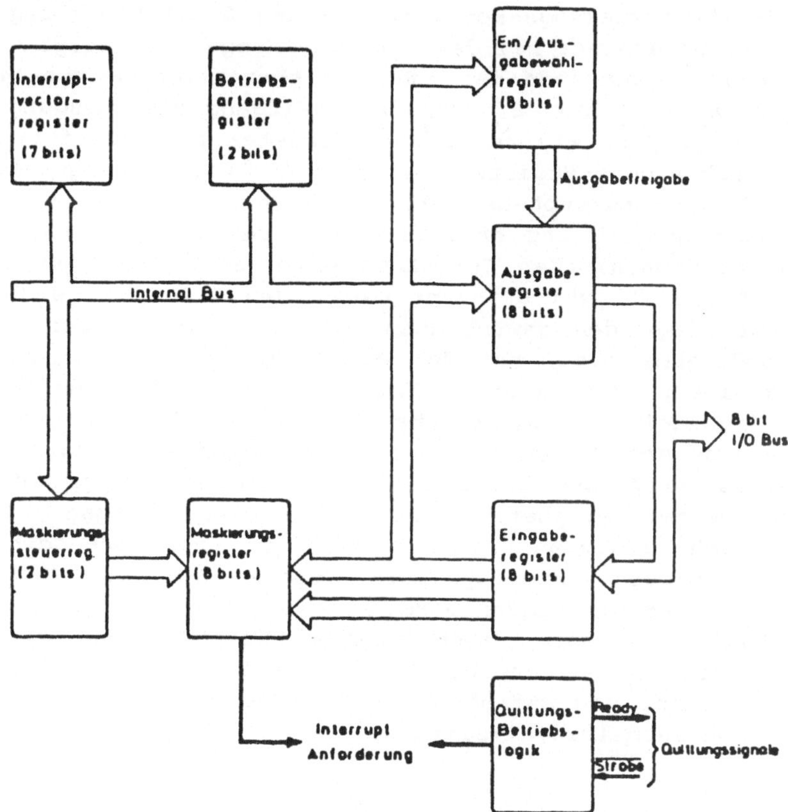

Abb.8.7 Blockschaltbild eines I/O-Ports

Das 2-Bit-Betriebsartenregister wird von der CPU geladen, um die gewünschte Betriebsart (Byte-Ausgabe, Byte-Eingabe, Byte-Ein-/Ausgabe, Bit-Ein-/Ausgabe) auszuwählen.
Der Datentransfer zwischen CPU und Peripherie wird über die 8-Bit-Ein-/Ausgabe-Register abgewickelt. Hierbei können die Daten zu jedem Zeitpunkt von der CPU in das Ausgabe-Register geschrieben oder aus dem Eingabe-Register in die CPU eingelesen werden. Die Handshake-Signale steuern den Datentransfer zwischen der PIO und dem Peripherie-Gerät.

Das 8-Bit-Maskierungs-Register und das 8-Bit-Ein-/Ausgabe-Wahl-Register werden nur bei der Bit-Ein-/Ausgabe benötigt. In dieser Betriebsart kann jede der acht peripheren Daten- und Steuerleitungen (A_0 - A_7 bzw. B_0 - B_7) als Eingang oder Ausgang programmiert werden, so wie es im Wahl-Register festgelegt worden ist. Das Maskierungs-Register wird im Zusammenhang mit einer speziellen Interrupt-Behandlung verwendet. Hierbei wird eine Interrupt-Anforderung erzeugt, wenn irgendwelche (OR) oder alle (AND) nichtmaskierten Port-Anschlüsse einen bestimmten Zustand ("High" oder "Low") erreicht haben. Das Maskierungs-Steuerungs-Register legt den gewünschten Zustand ("High" oder "Low") und die Bedingung fest, bei der ein Interrupt erzeugt werden soll (wenn alle nichtmaskierten Pins aktiv sind (UND-Bedingung) oder wenn irgendein nichtmaskierter Pin aktiv ist (ODER-Bedingung)). Diese von speziellen peripheren Zustandsbedingungen abhängige Interrupt-Erzeugung befreit die CPU von unnötigem Abfragen des Zustandes der peripheren Daten- und Steuerleitungen.
Zusätzlich zu diesen Registern verfügt jeder Port noch über ein 8-Bit-Interrupt-Vektorregister, welches von der CPU mit dem Interrupt-Vektor geladen wird.
Mit Hilfe der oben beschriebenen Register kann die CPU die Arbeit der PIO im gewünschten Sinne steuern. Dazu werden die Register über den Datenbus von der CPU geladen. Diesen Vorgang nennt man auch Initialisierung.

8.2.2.2 Programmierung der PIO

Die Programmierung der PIO erfolgt durch Laden der Steuerregister der Ports nach festen Regeln. Vorher sollte jedoch sichergestellt werden, daß sich die PIO in einem definierten Anfangszustand, dem sog. "Reset-Zustand" befindet, in dem sie so lange bleibt, bis sie von der CPU das erste Steuerwort empfängt.

Reset

Beim Einschalten der Versorgungsspannung geht die PIO automatisch in den Reset-Zustand ("Power-On-Reset"). Zusätzlich kann die PIO noch durch ein M1-Signal ohne RD und IORQ-Signale rückgesetzt werden (d.h. durch M1 = "low", RD = IORQ = "high").

Der Reset-Zustand bewirkt folgende Funktionen:

1) Beide 8-Bit-Maskierungs-Register werden rückgesetzt.
2) Die Datenleitungen der I/O-Ports (A_0 - A_7 und B_0 - B_7) gehen in den hochohmigen Zustand ("off") und die Ready-Quittierungssignale (ARDY und BRDY) in den inaktiven Zustand ("low").
3) Die Vektor-Adreß-Register werden nicht rückgesetzt.
4) Beide Interrupt-Enable-Flipflops werden rückgesetzt.
5) Beide Port-Ausgabe-Register werden rückgesetzt.

Interrupt-Vektor laden

Das Steuerwort für den Interrupt hat die Gestalt

P_7	P_6	P_5	P_4	P_3	P_2	P_1	P_0

P_0 = 0 identifiziert das Steuerwort als Interrupt-Vektor. Es dient sozusagen als "Flag-Bit", welches, wenn es rückgesetzt ist, dafür sorgt, daß P_1 bis P_7 in das Interrupt-Vektor-Register geladen wird.

Betriebsart wählen

Port A der PIO kann in jeder der vier Betriebsarten arbeiten
(Mode 0, 1, 2 und 3); Port B kann in allen diesen Betriebsarten
außer in Mode 2 betrieben werden.

Das Steuerwort für die Betriebsartenauswahl hat die Gestalt

| M1 | M0 | X | X | 1 | 1 | 1 | 1 |

| Betriebsart | nicht genutzt | identifiziert das Steuerwort als Betriebsartenauswahlwort |

Bits D_0 - D_3 identifizieren das Steuerwort als Betriebsartenaus-
wahlwort, D_4 und D_5 werden nicht genutzt, D_6 und D_7 bilden den
Binärcode für die gewünschte Betriebsart gemäß der Tabelle:

D_7	D_6	Betriebsart (Mode)
0	0	0: Byte-Ausgabe
0	1	1: Byte-Eingabe
1	0	2: Byte-Ein-/Ausgabe
1	1	3: Bit-Ein-/Ausgabe

Betriebsart 0:

Bei der Ausführung eines Ausgabebefehls durch die CPU veranlaßt
die fallende Flanke des Signals WR die Übernahme der Daten von
der CPU über den Datenbus in das betreffende Ausgabe-Register.
Der WRITE-Impuls setzt nach der fallenden Flanke des Taktes Φ
das READY-Bit auf "High", wodurch der Peripherie angezeigt wird,
daß Daten im Ausgaberegister bereitstehen. Das READY-Bit bleibt
so lange aktiv, bis die Übernahme der Daten durch die periphere
Einheit quittiert wird (positive Flanke des STROBE-Signals).
Falls das Interrupt-Freigabe-Flipflop gesetzt und IEI="High"
ist, erzeugt die steigende Flanke von STROBE ein Unterbrechungs-
anforderungs-Signal (INT).

Betriebsart 1:

Mit der fallenden Flanke des STROBE-Signals werden die Daten des betreffenden Ports in das Eingabe-Register gebracht. Die steigende Flanke von STROBE erzeugt ein INT-Signal, falls das Interrupt-Freigabe-Flipflop gesetzt und IEI="High" ist. Die folgende fallende Flanke des Taktes Φ bringt READY in den inaktiven Zustand als Zeichen dafür, daß im Eingabe-Register Daten anstehen und keine weiteren Daten eingegeben werden dürfen, bis der Eingabe-Puffer von der CPU gelesen ist.
Nach dem Lesen des Eingabe-Puffers bewirkt die steigende Flanke von RD, daß das READY-Bit mit der nächsten fallenden Flanke von Φ gesetzt wird. Jetzt kann die PIO wieder neue Daten von der Peripherie-Einheit empfangen.

Betriebsart 2:

Mode 2 ist eine bidirektionale Betriebsart, welche alle vier Handshake-Leitungen (ARDY, BRDY, ASTB, BSTB) benötigt. Daher kann nur Port A für diese Betriebsart eingesetzt werden. ARDY und ASTB werden für die Ausgabesteuerung und BRDY und BSTB für die Eingabesteuerung verwendet. Folglich müssen ARDY und BRDY gleichzeitig aktiv sein. Der einzige Unterschied zwischen Betriebsart 0 und der Ausgabe der Betriebsart 2 ist, daß eine Datenausgabe an Port A nur während ASTB="Low" erfolgen darf. Die steigende Flanke von ASTB kann zur Übergabe der Daten an die periphere Schaltung benutzt werden.

Betriebsart 3:

Betriebsart 3 findet hauptsächlich in der (Prozeß)-Steuerung Anwendung. Hier wird ohne Handshake-Signale gearbeitet, d.h. eine Ein- oder Ausgabe von Daten kann zu jedem Zeitpunkt erfolgen.
Falls Mode 3 gewählt wurde, muß als nächstes Steuerwort nach der Betriebsartenauswahl das Steuerwort zur Ein-/Ausgabe-Definition an den betreffenden Port gesendet werden. Dieses definiert, welche der Port-Datenleitungen Eingänge und welche Ausgänge sind.

Das Steuerwort zur Ein-/Ausgabedefinition bei Bit-Ein-/Ausgabe
hat die Gestalt:

I/O_7	I/O_6	I/O_5	I/O_4	I/O_3	I/O_2	I/O_1	I/O_0

Eingabeleitungen werden durch Einsen, Ausgabeleitungen durch
Nullen in den entsprechenden Bits des Ein-/Ausgabe-Wahl-Regi-
sters definiert.

Interrupt-Steuerwort setzen

Das Interrupt-Steuerwort hat die Gestalt

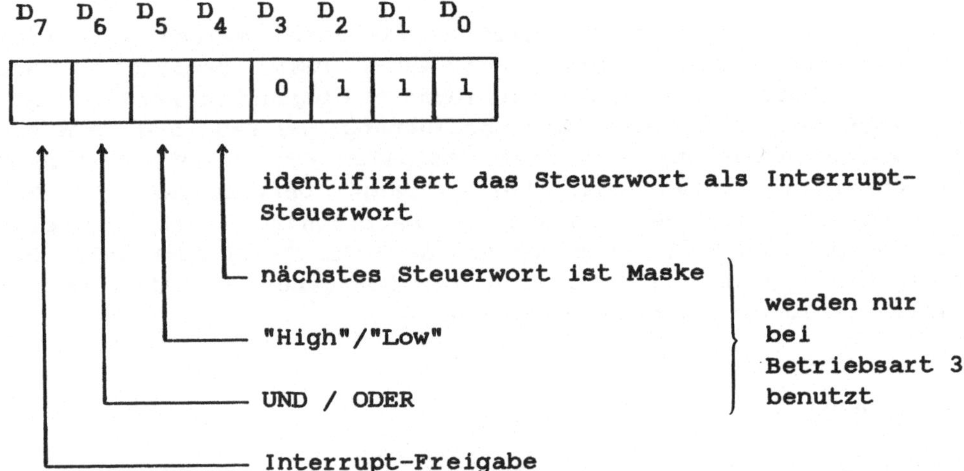

Falls Bit $D_7 = 1$, dann wird das Interrupt-Freigabe-Flipflop des entsprechenden Ports gesetzt, und der Port kann ein Interrupt auslösen. Ist Bit $D_7 = 0$, dann wird das Interrupt-Freigabe-Flipflop rückgesetzt, und der Port kann keinen Interrupt bei der CPU anfordern. Bits D_6, D_5 und D_4 werden nur in der Betriebsart 3 benutzt. Diese drei Bits gestatten die Anforderung eines Interrupts, wenn irgendeine Gruppe der Ein-/Ausgabeleitungen in einen bestimmten definierten Zustand übergehen. Bit D_6 (UND/ODER) definiert die logische Verknüpfung zwischen "nichtmaskierten", d.h. für die Interrupt-Generierung relevanten I/O-Leitungen. Mit $D_6 = 1$ wird eine UND- und mit $D_6 = 0$ eine ODER-Verknüpfung spezifiziert.

Mit anderen Worten: Wurde eine UND-Funktion programmiert, dann wird ein Interrupt erst erzeugt, wenn sich alle relevanten I/O-Leitungen in einem mittels D_5 ("High"/"Low") spezifizierten aktiven Zustand befinden. Bei der ODER-Funktion genügt es, wenn irgendein relevantes Bit in den aktiven Zustand übergeht.

Bit D_5 definiert den aktiven Zustand der relevanten Datenleitungen. Mit $D_5 = 1$ ist der aktive Zustand "High", und es wird ein Interrupt ausgelöst, wenn alle AND bzw. ein OR I/O-Bit "High" ist. Umgekehrt wird mit $D_5 = 0$ ein Interrupt erzeugt, wenn die relevanten I/O-Bits "Low" sind.

Ist Bit $D_4 = 1$, dann wird das nächste Steuerwort, welches der Port von der CPU empfängt, als Maske interpretiert:

D_7	D_6	D_5	D_4	D_3	D_2	D_1	D_0
MB_7	MB_6	MB_5	MB_4	MB_3	MB_2	MB_1	MB_0

Es sind nur diejenigen Datenleitungen für die Interrupt-Generierung relevant, deren zugehöriges Masken-Bit MB_i Null ist.

Darüberhinaus läßt sich das Interrupt-Freigabe-Flipflop mit
folgendem Steuerwort setzen bzw. rücksetzen, ohne daß der Rest
des Interrupt-Steuerwortes verändert wird:

INT	X	X	X	0	1	1	1

Interrupt- Freigabe	nicht benutzt	identifiziert das Steuerwort als Interrupt-Steuerwort

Zusammenfassung:

Die Programmierung der PIO erfolgt in einer festen Reihenfolge,
die in folgendem Flußdiagramm dargestellt ist:

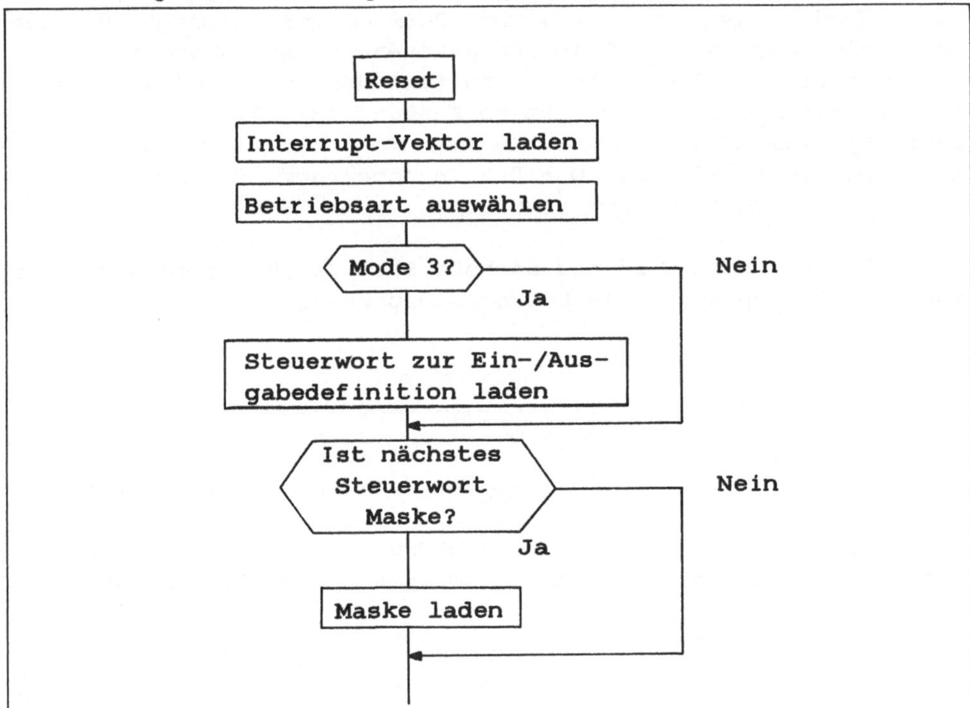

Abb.8.8 Programmierung der PIO

8.2.2.3 Beispielprogramm

Dieses Beispielprogramm erfüllt folgende Funktion:
Nach Start des Programms läuft ein Lauflicht, angesteuert durch
die PIO (Bit 0...6). Bei Schalterdruck (Ansteuerung über Bit 7)
wird nach Aufleuchten der 7.Lampe das Blinklicht zum Leuchten
gebracht; nach einem weiteren Schalterdruck erscheint wieder das
Lauflicht usw..
Es werden die Unterprogramme Lauflicht (Laufl) und Blinklicht
(Blinkl) verwendet (nicht aufgelistet).

<u>Initialisierung</u>

```
        DI                  ;Interrupt-Sperre
1       IM    2             ;Interrupt-Betriebsart-Einstellung
1a      LD    A,3CH         ;Interrupt-Register I laden
        LD    I,A
        LD    H,3CH         ;Startadresse der Service-Routine in
2       LD    L,OC8H        ;die Interrupt-Tabelle eintragen
        LD    (HL),OC2H
        INC   HL
        LD    (HL),3CH
1b      LD    A,OC8H        ;Interrupt-Vektor in PIO-Baustein
3       OUT   (OAH),A       ;bringen
4       LD    A,OFFH        ;Betriebsart Bit-Ein-/Ausgabe
        OUT   (OAH),A
        LD    A,80H         ;Eingabe Bit 7: Schalter
5       OUT   (OAH),A       ;Ausgabe Bit 6 bis Bit 0: 7 Leuchtdioden
6       LD    A,OB7H        ;Interrupt-Kontrollwort: 10110111
        OUT   (OAH),A
7       LD    A,7FH         ;Interrupt-Maskierung: 01111111
        OUT   (OAH),A       ;0=Interrupt-Freigabe, d.h. nur Bit 7
                            ;kann zur Interrupt-Anforderung heran-
                            ;gezogen werden
        EI                  ;Interrupt-Sperre aufheben
```

Arbeitsteil

```
M0    LD      D,00        ;Register D mit Null laden
M1    CALL    LAUF1       ;Unterprogrammaufruf: Lauflicht
      BIT     7,D         ;Ist Bit 7 in Register D gesetzt?
      JR      Z,M1        ;Sprung, wenn Register D=0, nach M1
                          ;sequentieller Weitergang, wenn D≠0 ist
      LD      D,00        ;Register D mit Null laden
M2    CALL    Blinkl      ;Unterprogramm Blinklicht kommt in
                          ;Tätigkeit
      BIT     7,D         ;Bit 7 in Register D testen
      JR      Z,M2        ;Sprung nach M2 für Register D=0,
                          ;Weitergang für D≠0
      JR      M0          ;Sprung nach Beginn des Arbeitsteils
```

Interrupt-Service-Routine

```
2     SET     7,D         ;In Register D wird Bit 7 gesetzt
      EI                  ;Interrupt-Sperre aufgehoben
      RETI                ;Rückkehr in die nächste Stelle nach
                          ;der Aussprungstelle des Hauptprogramms
```

Vektor-Tabelle

```
1     3C C8:  C2          ;Startadresse der
      3C C9:  3C          ;Service-Routine 3CC2 !
```

Anmerkung zur PIO-Programmierung

1	Adresse der hier gewählten Vektor-Tabelle: 3C C8
1a	Laden des Interrupt-Registers I: 3C $\longrightarrow$ I
1b	Interrupt-Vektor in PIO-Baustein bringen: C8$\rightarrow$(OA)(s. 3)
2	Gewählte Adresse der Service-Routine: 3CC2. Sie wird in die Vektor-Tabelle eingetragen.
3	Adresse von Port A der PIO: Control: OA(H), verwendet bei 3, 4, 5, 6 und 7.
4	Betriebsart: Bit-Ein-/Ausgabe der PIO

$$1 \quad 1 \;|\; 1 \quad 1 \;|\; 1 \quad 1 \quad 1 \quad 1 \;=\; FF[16]$$

Bit-Ein-/Ausgabe	frei wähl-bar	identifiziert das Steuerwort als Be-triebsauswahlwort

5   PIO: Ein-/Ausgabe-Definition
     Eingabe über Schalter: Bit 7 $\longrightarrow$ 10000000 = 80[16]
     Ausgabe der Leuchtdioden: Bit 0 bis 6

6   PIO: Interrupt-Kontrollwort (Interrupt-Steuerwort)

$$1 \;|\; 0 \;|\; 1 \;|\; 1 \;|\; 0 \quad 1 \quad 1 \quad 1 \;=\; B7[16]$$

Inter-rupt-frei-gabe	ODER	High	Maske	identifiziert das Steuerwort als Interrupt-Kontrollwort

7   PIO: Interrupt-Maskierung
     Die 0 entspricht der Interrupt-Anforderung. Da nur der
     Schalter (Bit 7) zur Interrupt-Anforderung herangezogen
     werden soll und die Lampen außer Betracht bleiben,
     ergibt sich einfach

$$0 \;|\; 1 \quad 1 \quad 1 \quad 1 \quad 1 \quad 1 \quad 1 \;=\; 7F[16].$$

Schalter	Leuchtdioden

8.2.3 Ein serieller Ein-/Ausgabebaustein: Intel USART 8251

In den ersten ("klassischen") Mikrocomputersystemen erfolgte der
Datenaustausch hauptsächlich über parallele Schnittstellen –
serielle Schnittstellen wurden höchstens als Interface zum
Terminal verwendet. Inzwischen haben die seriellen Schnittstel-
len enorm an Bedeutung gewonnen. Heute werden Massenspeicher,
Drucker, Terminals, Prozeß-Peripherie und sogar andere CPUs in
Multiprozessorsystemen über serielle Schnittstellen bedient.
Viele Mikroprozessor-Hersteller bieten heute eigene, speziell
für einen CPU-Typ entwickelte serielle Schnittstellen-Bausteine
an. Die meisten dieser Interface-ICs sind sehr komplex und
eignen sich häufig sowohl für synchrone als auch für asynchrone
Übertragungsverfahren. Daher kommt auch die Bezeichnung USART:
Universal Synchronous and Asynchronous Receiver and Transmitter.
Für die Mikroprozessor-Familie 8080 der Firma Intel wurde der
USART 8251 entwickelt. Hierbei handelt es sich um einen
software-programmierbaren Baustein, der sowohl synchron als auch
asynchron betrieben werden kann.

8.2.3.1 Grundbegriffe zur seriellen Ein-/Ausgabe

Um den Kontext nicht zu zerreißen, gehen wir an dieser Stelle
nur auf grundsätzliche Kenntnisse ein, die wir für das Verständnis dieses Abschnitts benötigen.

Da der Bereich der Datenkommunikation zukünftig ein starkes
Gewicht bekommen wird und der Trend zur Verlagerung software-
mäßig implementierter, einfacher Funktionen oder Prozeduren in
die Hardware sichtbar ist, wollen wir im nächsten Abschnitt
8.2.4 ein paar Grundkenntnisse aus der Datenkommunikation
vermitteln.

a) Schrittgeschwindigkeit, Übertragungsgeschwindigkeit

Die Schrittgeschwindigkeit gibt die Anzahl der pro Zeiteinheit
übertragenen Signalelemente an. Die Einheit ist 1/s = Bd (Baud,
nach dem französischen Ingenieur Baudot).
Die Übertragungsgeschwindigkeit Φ ist die pro Zeiteinheit über-
tragene Information. Die Einheit wird in bit/s angegeben. Bei
amplituden- und zeitdiskreter Übertragung gilt:

$$\Phi \ [\text{bit/s}] = \text{ld } N \ [\text{bit}] \quad v \ [1/\text{s}]$$

$$N = \text{Anzahl der Kennzustände}$$

Beispiel:

Signal mit 3 Kennzuständen (N=3), v = 1000 Bd, $\Phi \approx$ 1585 bit/s,

Binärsignal (N=2)   , v = 1000 Bd, Φ = 1000 bit/s.

Bei Binärsignalen stimmen Schrittgeschwindigkeit und Übertragungsgeschwindigkeit miteinander überein, weswegen diese Begriffe fälschlicherweise oft gleichgesetzt werden.

b) Synchronisation

Bei der Übertragung muß im Empfänger sowohl eine Bit- als auch eine Rahmensynchronisation ermöglicht werden, um einen korrekten Empfang zu gewährleisten.
Bit-Synchronisation ist die Synchronisation des Abtasttaktes auf die Bitmitte, Rahmensynchronisation die Synchronisation des Empfängers auf die Zeichengrenzen innerhalb eines Datenstromes.

Bei der seriellen Datenübertragung unterscheidet man prinzipiell zwei Übertragungsarten:

- synchrone Datenübertragung
- asynchrone Datenübertragung

Der wesentliche Unterschied zwischen den beiden Formaten besteht darin, daß bei der asynchronen Übertragung die Rahmensynchronisation für jedes Zeichen einzeln vorgenommen wird, während bei der synchronen Übertragung die Rahmensynchronisation für ganze Datenblöcke erfolgt.

Im Asynchronbetrieb geschieht die Übertragung in der Reihenfolge Startbit, Informationsbits, 1, 1 1/2 oder 2 Stopbits.

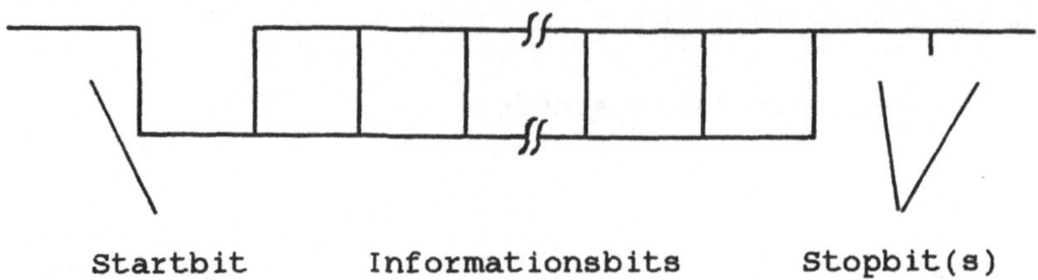

Abb.8.9 Asynchrone Übertragung

Beim Empfang markiert der Übergang von 1 auf 0 ein Startbit.
Beim Anliegen von mindestens einer halben Bitlänge wird dieses
Startbit als gültig betrachtet und die eintreffenden Datenbits
werden anhand des von einem Zeitgeber gelieferten Taktes so
lange zu ihrem mittleren Zeitpunkt abgetastet (Bit-Synchronisation), bis das vollständige Zeichen übernommen ist. Die Frequenz
des Abtasttaktes bleibt über die Dauer eines Zeichens konstant
und wird nicht nachgeregelt, daher der Ausdruck asynchron.
Die Anzahl der Informationsbits, begrenzt durch die Genauigkeit
von Sendetakt und Abtasttakt, ist auf maximal 8 Bits festgelegt.

Im Synchronbetrieb wird der Datenstrom durch Synchronisations-
worte (Flags) in Blöcke unterteilt, anhand dieser Synchronisa-
tionsworte legt der Empfänger die Rahmensynchronisation fest.
Zur Bit-Synchronisation muß der Abtasttakt des Empfängers
ständig anhand der Pegelübergänge im Datenstrom auf die Bitmitte
nachgeregelt werden.

Synchronisations- wort	Daten	Synchronisations- wort

Abb.8.10 Synchrone Übertragung

Die asynchrone Betriebsart ist in der Praxis einfacher, jedoch
langsamer. Sie ist vor allem zur Verbindung zwischen zwei
Stationen mit niedriger Übertragungsrate geeignet. Ein typischer
Fall ist die Übertragung zwischen einer Mikrocomputer-CPU und
einem Terminal. Die synchrone Betriebsart bedingt einen höheren
Aufwand und wird bei hohen Übertragungsgeschwindigkeiten und zum
Aufbau von seriellen Datenverarbeitungs-Netzwerken bevorzugt.

c) Bitorientierte, zeichenorientierte Übertragung

Für die Ablaufsteuerung bei der Datenübertragung sind Kontroll-
worte notwendig.

Es gibt im wesentlichen zwei Möglichkeiten zwischen Datenworten
und Steuerinformationen zu unterscheiden:
Bei zeichenorientierter Datenübertragung geschieht die Einteilung des Zeichenvorrats in Steuerzeichen und Nachrichtenzeichen,
d.h. die Übertragung ist codegebunden.

Beispiele für Steuerzeichen im ASCII-Code sind (vergl. Kap.-
2.3.2)

STX =   02 [16]   Start of Text
                   Beginn eines Telegramms,
ETX =   03 [16]   End of Text
                   Ende eines Telegramms,
ACK =   06 [16]   Acknowledge
                   Empfangsbestätigung.

Bei bitorientierter Übertragung sind Steuer- und Datenwörter
durch ihre Lage innerhalb der Nachricht gekennzeichnet.

Rahmen	Steuerblock	Datenblock	Rahmen

   ← Übertragungsrichtung

Es ist deshalb möglich, codeungebunden (code transparent) zu
übertragen, d.h. sowohl im Steuer- als auch im Datenfeld kann
der gesamte Code-Vorrat ausgeschöpft werden.

Will man bei codegebundener Übertragung Daten austauschen, die
nicht an das Format des jeweiligen Code angepaßt sind (z.B. ein
Programm oder digitalisierte Meßwerte, wobei beliebige Bitkombi-
nationen möglich sind), so muß man die Bedeutung der Steuerzeichen aufheben, bzw. die Steuerzeichen markieren. Dafür steht
z.B. im ASCII-Code folgendes Zeichen zur Verfügung:

DLE =   10 [16]   Data Link Escape,
                   Steuerzeichenumschaltung.

In der Regel werden die Steuerzeichen als solche gekennzeichnet,
also z.B. DLE STX anstatt STX. Tritt innerhalb des Datenstroms
ein Wort auf, das die gleiche Bitkombination wie DLE enthält,
wird vom Sender ein zusätzliches DLE eingefügt. Ansonsten würde
das der Bit-Kombination 10[16] folgende Datenwort als Steuerwort
interpretiert.

d) Punkt-zu-Punkt-Verbindung

Quelle oder Senke für eine Nachricht nennt man Datenendein-
richtung (DEE). Den Abschluß (die Schnittstelle) zur Übertra-
gungsstrecke bildet die Datenübertragungseinrichtung (DÜE). Es
sind mehrere Konfigurationen möglich. Ist der gleichzeitige
Datenaustausch in beide Richtungen zwischen zwei DEEs möglich,
so spricht man von einer Vollduplex-Übertragung. Halbduplex
bedeutet die alternierende Übertragung über eine Verbindung. Ist
der Informationsaustausch nur in eine Richtung möglich, so
spricht man von einer Simplex-Verbindung.

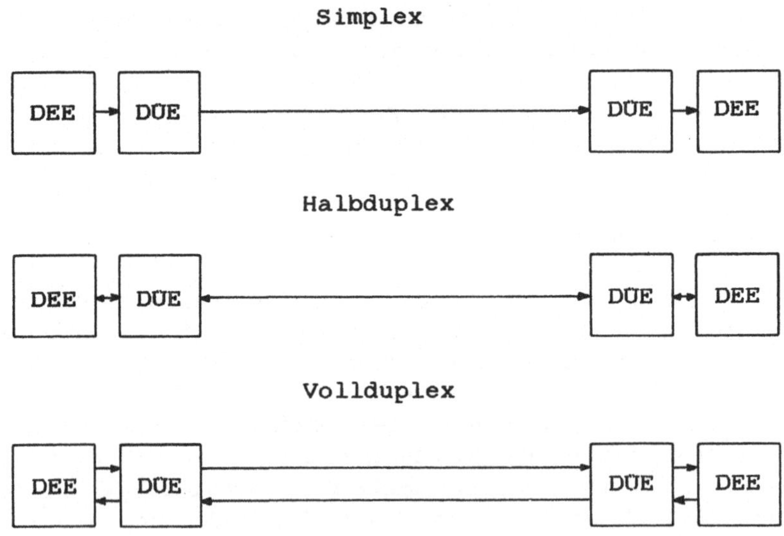

Sind nur zwei Stationen an der Übertragung beteiligt, so spricht
man von einer Punkt-zu-Punkt-Verbindung, bei mehr als zwei
Stationen von einer Mehrpunktverbindung oder einem Netzwerk.

8.2.4 Exkurs: Grundlagen der Datenkommunikation

Damit ein Datenaustausch überhaupt möglich ist, müssen zwischen
Sender und Empfänger Vereinbarungen über dessen Form und Ablauf
getroffen werden.
Diese Vereinbarungen betreffen verschiedene Bereiche, z.B. die
Beschreibung des Übertragungskanals, die Darstellung der
übertragenen Einzelzeichen, die Art und Weise, wie Einzelzeichen
zu Telegrammen zusammengefaßt sind, die Datensicherung, oder die
Angabe, wie Daten vom Empfänger zu verwenden sind.
Dieses Kapitel soll ohne Anspruch auf Vollständigkeit einige
Begriffe erläutern, die im Zusammenhang mit der Datenübertragung
immer wieder auftauchen.

8.2.4.1 Das Schichtenmodell der Datenübertragung

Verschiedene Gremien beschäftigen sich mit der Normung in der
Datenverarbeitung.
Einen Vorschlag für den Aufbau der Kommunikation zwischen
Teilnehmern in einem Kommunikationsnetz enthält das OSI-Schich-
tenmodell (OSI: Open Systems Interconnection) der ISO (Inter-
national Organisation for Standardization).
Dieses Modell ist in 7 Schichten oder Hierarchieebenen
eingeteilt, die aufeinander aufbauen.

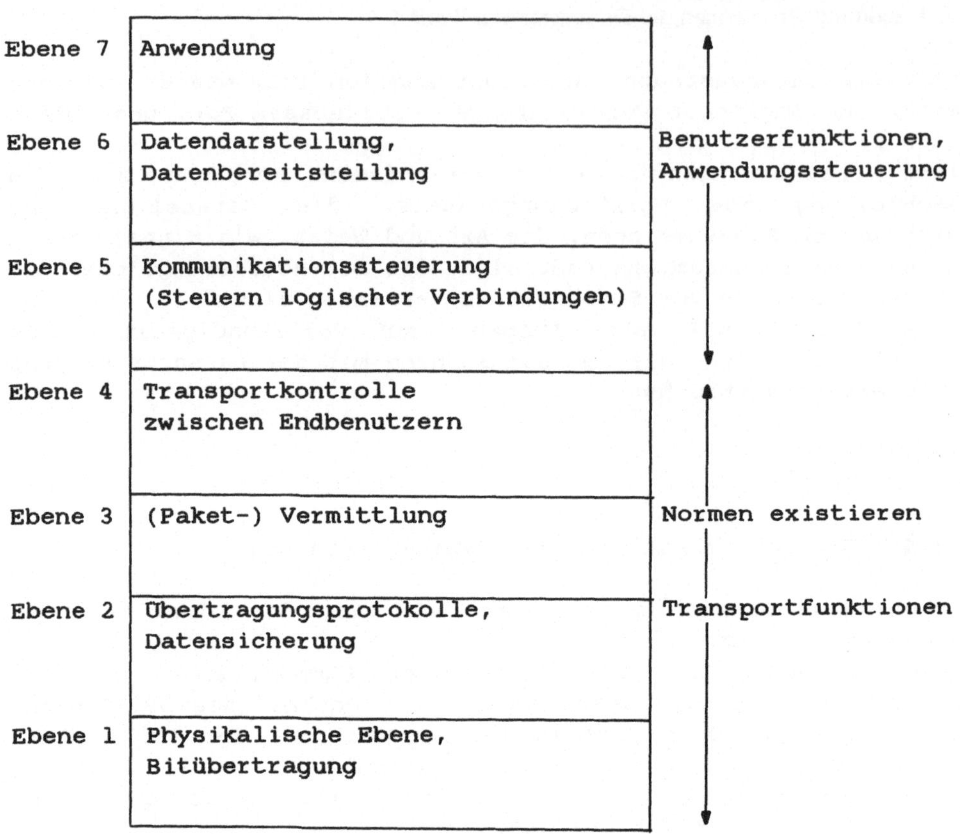

Abb. 8.11 OSI-Schichtenmodell der Datenkommunikation

Ebene 1 beschreibt elektrische, mechanische, funktionale und prozedurale Parameter für die Datenübertragung zwischen DEE und DÜE i, zum Beispiel legt sie die Übertragungsart fest.

Ebene 2 ermöglicht Synchronisierung, Fehlererkennung und -behandlung, stellt einen definierten Rahmen für die Nachricht bereit (markiert Beginn und Ende des Telegramms) und legt das Übertragungsprotokoll fest.

Die dritte Ebene sorgt für den Datentransport, z.B. Verbindungs- aufbau und -abbau zwischen Netzknoten, Flußkontrolle, Fehlerer- kennung- und Erholprozeduren, oder die Adressierung.

Wichtigste Aufgabe der vierten Ebene besteht in der Anpassung der Transportleistung an die zur Verfügung stehende Netz- leistung, beispielsweise in der Auswahl der optimalen Daten- mengen für die darunterliegenden Ebenen (Es wäre z.B. nicht günstig, bei einem Übertragungsmedium mit hoher Bitfehler- wahrscheinlichkeit sehr lange Telegramme zu übertragen, da sie im Fehlerfalle wiederholt werden müssen).

Ebene 5 koordiniert Aufnahme, Durchführung und Beendigung einer Sitzung durch den Benutzer. Beispiele für Aufgaben dieser Ebene sind die Regelung des Benutzerzugangs oder die Verrechnung von Gebühreneinheiten.

In der sechsten Ebene werden die Daten in geeigneter Form codiert oder decodiert, um z.B. die Datenmenge zu reduzieren oder um eine geeignete Darstellung auf dem Bildschirm zu erreichen.

Die Ebene 7 schließlich stellt die Schnittstelle zum Benutzer dar. Sie regelt u.a. Verbindungsanforderung für zu sendende Daten bzw. Verbindungsanzeige für empfangene Daten mit der Übergabe von Übertragungsparametern.

8.2.4.2 Schnittstellen

Unter einer Schnittstelle versteht man eine physikalische oder
logische Verbindung, über die ein Informationsaustausch statt-
findet. Diese Verbindung kann z.B. eine elektrische Leitung
sein, deren Spannungspegel eine Information beinhaltet, oder
bestimmte Speicherzellen, die Steueranweisungen oder Statusinformationen beinhalten und über welche bestimmte Programmodule
ihre Funktion untereinander koordinieren.

Bei Mikrorechnern wird unter "Schnittstelle" im allgemeinen die
Verbindung zwischen seriellen oder parallelen Ein-/Ausgabebau-
steinen und Peripheriegeräten verstanden, eine solche Schnittstelle ist die Verbindung zwischen DEE und DÜE (siehe Abschnitt
8.2.3.1).

Um nun unterschiedliche Geräte verschiedener Hersteller mitein-
ander verbinden zu können, existieren Normen.
Bei Mikrorechnern hat die serielle Schnittstellennorm V.24 bzw.
RS-232-C eine große Verbreitung gefunden.

Die CCITT V.24 (Comite Consultatif International Telegraphique
et Telephonique) bildet von der Normung her gesehen eine
Untermenge der amerikanischen Industrienorm EIA RS-232-C (Electronic Industries Association Recommended Standard).

Von den elektrischen Eigenschaften her gelten folgende Regeln:
Eine Spannung größer als 3V und kleiner 15V bedeutet eine
logische Null, eine negative Spannung zwischen 3V und 15V eine
logische Eins. Der Bereich dazwischen gilt als undefiniert.
Die mechanische Verbindung wird über einen 25-poligen Stecker
geführt, dessen Signale in der folgenden Abb.8.13 enthalten
sind. Oft sind nur die englischen Abkürzungen angegeben, weshalb
sie hier mitgeführt werden. Die Ziffern geben die Pinbelegung
des Steckers an.

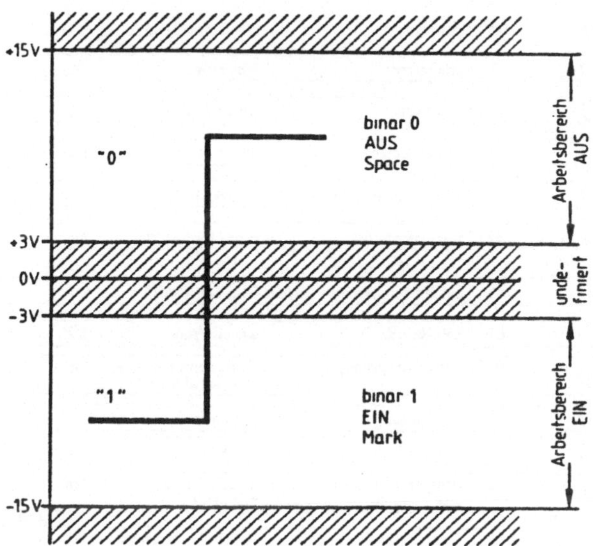

Abb. 8.12 Spannungsverlauf an der V.24-Schnittstelle

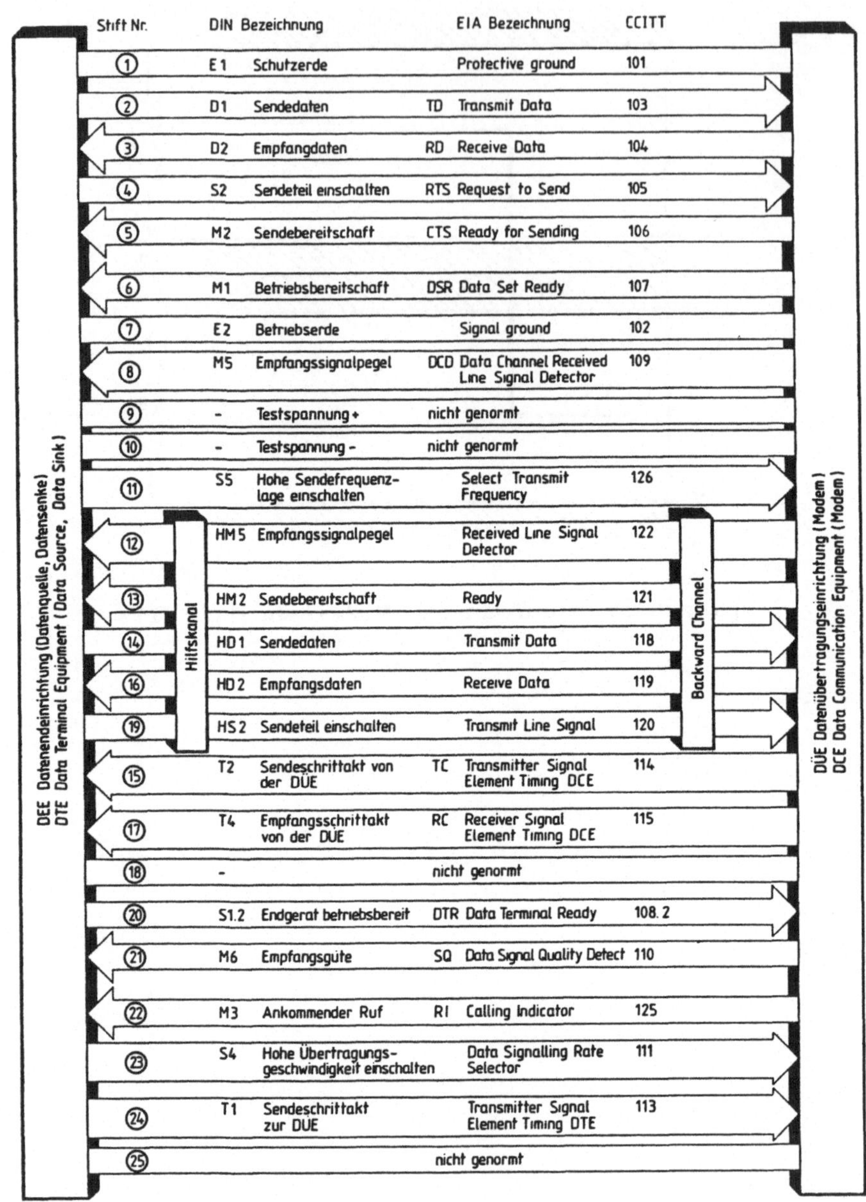

Abb. 8.13 Die Signale der V.24-Schnittstelle

DEE und DÜE geben einander die Betriebsbereitschaft über die
DTR- und DSR-Leitung bekannt. Für das Senden von Daten sind zwei
Handshake-Leitungen vorhanden: RTS und CTS. Der Empfang gültiger
Daten wird der DEE durch das DCD-Signal mitgeteilt.

Die Übertragung über diese Schnittstelle erfolgt asynchron. Als
höchste Übertragungsrate sind 19200 bit/s vorgesehen.

Es muß angefügt werden, daß die Zusammenschaltung zweier Geräte
über die V.24-Schnittstelle oft in modifizierter Form vorgenommen wird. Die Ready/Busy-Prozedur z.B. verwendet die Signal-
leitung DTR zum Signalisieren des Status empfangsbereit/nicht
empfangsbereit. Die XON/XOFF-Prozedur kommt gar mit nur zwei
Signalleitungen aus, der Sendeleitung und der Empfangsleitung.
Dazu werden die ASCII-Steuerzeichen DC1 und DC3 (DC=Datacontrol)
verwendet, um sich gegenseitig die Betriebsbereitschaft anzuzeigen.

8.2.4.3 Übertragungsprotokoll

Die unterste Ebene im OSI-Schichtenmodell sorgt für eine
physikalisch funktionierende Verbindung. Das reicht jedoch nicht
aus, damit die dadurch verbundenen Kommunikationspartner sich
auch gegenseitig "verstehen". Benötigt werden Regeln, nach denen
der Datenaustausch sich vollzieht.
Dies leisten die Datenübertragungsprotokolle.

Wir stellen nun ein Übertragungsprotokoll vor, das HDLC-
Protokoll (High Level Data Link Control) nach ISO 3309/1976.

Die Übertragung geschieht bei HDLC synchron.
Der Nachrichtenblock (der Frame) hat dieses Format:

Flag 01111110	Address 8 bit	Control 8 bit	Informations- field	FCS 16 Bit	Flag 01111110

Durch die Sendeadresse (address) wählt der Sender den richtigen
Empfänger aus. Das Kontrollfeld kann wahlweise nach Vereinbarung
eingefügt werden. Die maximale Länge des Datenfeldes wird
bestimmt durch die gewünschte Fehlerwahrscheinlichkeit. Z.B.

darf, um eine geforderte Blockfehlerwahrscheinlichkeit von 10^{-12} bei einer gegebenen Bitfehlerrate von 10^{-5} einzuhalten, ein Telegramm die Länge von 160 Bytes nicht überschreiten.

Die FCS (Frame Check Sequence) enthält Prüfinformation, welche prinzipiell durch das folgende Verfahren gewonnen wird:

An die Nutzinformation werden n Nullen angehängt und durch ein (n+1)stelliges sogenanntes Generatorpolynom in Modulo-2-Rechnung dividiert. Vom Rest, der sich bei der Division ergibt, wird subtrahiert. Wegen der Modulo-2-Rechnung sind höchstens die letzten n Stellen von der Subtraktion betroffen.
Eliminiert der Empfänger die letzten n Bits, so ist bei Fehlerfreiheit die ursprüngliche Nachricht wiedergewonnen.
Bei Datensicherungsverfahren unter Verwendung zyklischer Binärcodes sind allerdings zyklische Verschiebungen nicht erkennbar. Daher werden die ersten n Bits invertiert codiert, übertragen und im Empfänger wieder invertiert decodiert.
Zusätzlich wird die FCS invertiert gesendet. Als Folge davon ergibt die Division durch das Generatorpolynom nicht 0, sondern einen bestimmten Prüfrest.

Adreß- und Kontrollfeld werden in die Datensicherung mit einbezogen. Das Telegramm ist durch Flags eingeschlossen, die jedoch nicht in die Datensicherung mit einbezogen werden.
Das HDLC-Generatorpolynom lautet $x^{16} + x^{12} + x^{5} + 1$ und ergibt den Prüfrest $x^{12} + x^{11} + x^{10} + x^{8} + x^{3} + x^{2} + x^{1} + 1$ (n=16).

Zu Steuerzwecken (z.B. zur Quittierung eines empfangenen "Frames") kann ein Frame auch ohne Informationsfeld gesendet werden und hat dann folgendes Format:

Flag 01111110	Address 8 bit	Control 8 bit	FCS 16 bit	Flag 01111110

Im Ruhezustand (idle state) werden Flags gesendet.
Eine Bitfolge von mehr als 7 Einsen wird als BREAK erkannt (Abbruch der Übertragung).
Bei Auftreten eines Bitmusters, welches mehr als fünf aufeinanderfolgende logische Einsen enthält, wird vom Sender eine Null eingefügt, die der Empfänger wieder entfernt (zero insertion and deletion). Damit wird die Verwechslung mit einem Flag oder der Break-Bedingung vermieden.

Serielle E/A-Bausteine, die das HDLC-Protokoll beherrschen, bilden den Prüfrest über ein rückgekoppeltes Schieberegister.

Als Beispiel sei ein 9-stelliges Generatorpolynom $x^8 + x^6 + x^3 + 1$ verwendet.

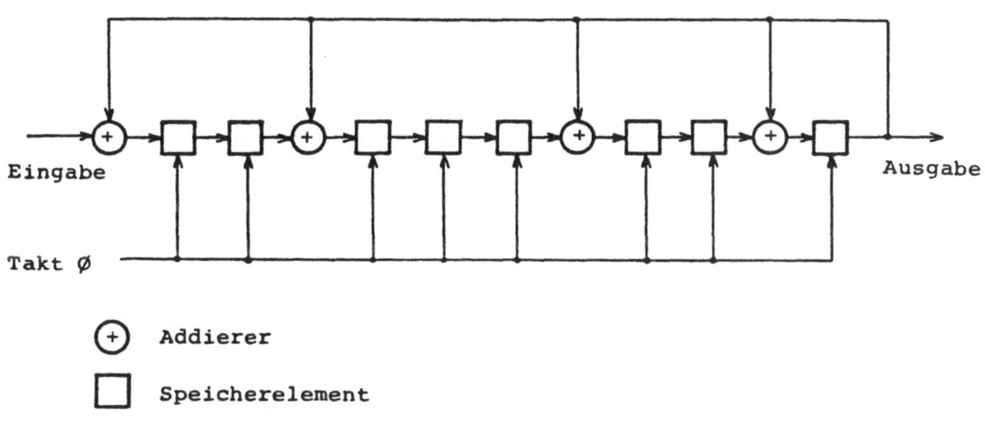

Abb. 8.14 Rückgekoppeltes Schieberegister zur
           Ermittlung des Prüfrests

Am Anfang werden alle Speicherelemente zu Null gesetzt. Die ersten 16 Taktschritte entstehen am Ausgang Nullen, die verworfen werden. Sind alle Datenbits durchgeschoben, enthält das Schieberegister den Rest der Division.
Nach der Art der Codierung nennt man die Decodierlogik im Empfänger CRC-Checker (CRC: Cyclic Redundancy Check). Man kann herleiten, daß mit diesen Verfahren alle Fehlerbündel kleiner n sicher erkannt werden.

Es sei noch ein Verfahren erwähnt, das die Detektion der Nachricht erleichert und somit zur Fehlersicherheit beiträgt.
Wie schon im vorigen Kapitel erwähnt, synchronisiert der Empfänger anhand der Phasenübergänge die Abtastung auf die Bitmitte. Bei Aussendung zahlreicher Einsen wird durch das "Zero-Insertion-and-Deletion"-Verfahren der Verlust der Synchronisation vermieden. Enthält die Nachricht jedoch viele Nullen hintereinander, so kann die Synchronisation trotzdem verloren gehen. Dies kann durch das NRZI-Verfahren vermieden werden

(NRZI: Non-Return-to-Zero-Inverted). Hier wird der Signalpegel
immer dann gewechselt, wenn das zu sendende Datenbit einer
logischen Null entspricht. Der Empfänger erkennt eine logische
Null am Pegelübergang.
Die Abbildung soll dies veranschaulichen.

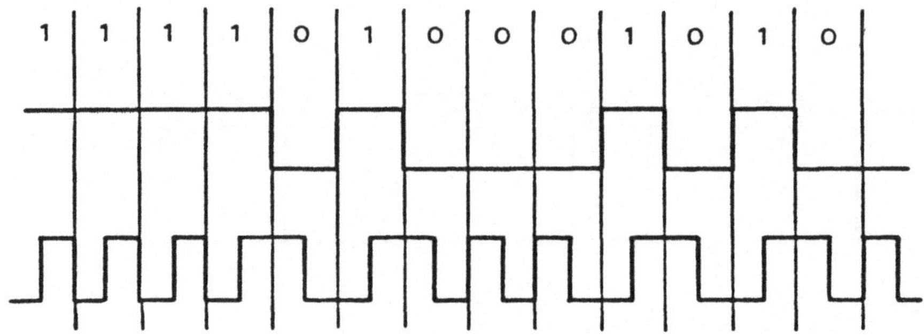

Abb. 8.15 Das NRZI-Verfahren zur Vermeidung des
          Synchronisationsverlustes

8.2.4.4 Datenvermittlung

Die Ebene 2 des OSI-Schichtenmodells ermöglicht Punkt-zu-Punkt-Verbindungen oder einfache Mehrpunktverbindungen. Man ist jedoch daran interessiert, leistungsfähigere Informationsverbunde aufzubauen.
Das hat wichtige Gründe: Ein Rechnerverbund erlaubt z.B. eine räumliche Verteilung der Rechnerleistung, in Sicherheitssystemen besteht die Möglichkeit der redundanten Verarbeitung und Kontrolle. Es kann auf örtlich verteilte, weit entfernte Datenbanken zugegriffen werden, oder Rechner mit verschiedenen Eigenschaften können gezielt bestimmte Teilaufgaben lösen. Je nach Anwendung spricht man deshalb von Leistungsverbund, Sicherheitsverbund, Datenverbund oder Funktionsverbund usw.

Man unterscheidet zwischen geschlossenen Systemen, die es z.B. erlauben, daß Rechner des gleichen Herstellers miteinander kommunizieren können, und offenen Systemen, die den Datenaustausch zwischen beliebigen Systemen zulassen.
Um offene Systeme zu ermöglichen, sind herstellerunabhängige Normen notwendig. Eine solche Norm, die auf HDLC aufbaut, ist das CCITT X.25-Protokoll.
Wichtige Eigenschaften sind Verbindungsaufbau ,-abbau und Fehlererholprozeduren, die bei Unterbrechung, Restarts usw. einen korrekten Betrieb gewährleisten. Informationspakete werden zur Übertragung in kleinere Einheiten (die Frames) zerlegt. Die Flußkontrolle ermöglicht eine zeitlich verschobene Quittierung für (nummerierte) Frames. Eine genauere Beschreibung der Eigenschaften würde den Rahmen dieses Kapitels bei weitem sprengen.

Eine einfachere Struktur haben lokale Netzwerke oder LANs (Local Area Network), die sich bei Mikrorechnern durchzusetzen beginnen und den geschlossenen Systemen zuzurechnen sind. Eine Anpassung an internationale Standards ist nicht unbedingt notwendig. Für die Kommunikation "nach draußen" reicht es, wenn einer der gekoppelten Rechner eine Anpassung vornehmen kann (Gateway function).
Zwei Grundstrukturen und deren Mischformen kommen vor:
Ringstruktur und Sternstruktur.

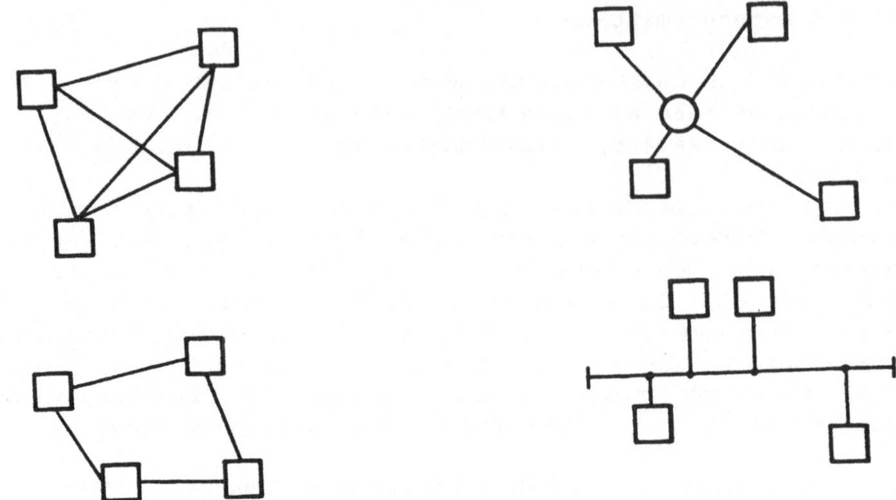

Abb.8.16 Grundstrukturen von lokalen Netzwerken

Um den ordnungsgemäßen Zugriff auf die Datenleitung zu gewährleisten, gibt es mehrere Methoden:

1. Eine der Teilnehmerstationen regelt den Zugriff durch Teilnahme der Sendeerlaubnis (Master/Slave).

2. Ein Kontrollframe (Token) wird von Station zu Station weitergereicht.

3. Es wird zeitgemultiplext, und jede Station erhält einen definierten Zeitrahmen für den Zugriff auf die Sendeleitung.

4. Bei sternförmiger Anordnung gibt es das CSMA/CD-Verfahren (Carrier Sense Multiple Access/Collision Detection).

Alle beteiligten Stationen horchen, ob die Leitung frei ist. In diesem Falle kann gesendet werden. Senden mehrere Stationen gleichzeitig, wird der Versuch abgebrochen, und jede Station wartet jeweils eine bestimmte Zeit, die durch einen Zufallsgenerator bestimmt wird.

Durch die verschiedenen Möglichkeiten (es wurden nicht alle aufgezählt) sind verschiedene Wartezeiten für den Zugriff gegeben. Bei der ersten Methode z.B. kann man keine Höchstwartezeit angeben. Methode 3 sichert zwar den Zugriff, aber durch den starken Synchronismus ist keine sinnvolle Auslastung des Netzes möglich.

8.2.4.5 Architektur des USART 8251

Der USART 8251 ist ein Software-programmierbarer Interface-
Baustein, den der Benutzer durch einige Befehle (Steuerworte) an
seine speziellen Anforderungen anpassen kann. Hierzu verfügt der
Baustein über interne Steuerregister (siehe Abb.8.18 usw.).
Die wichtigsten Merkmale dieses Bausteins seien einleitend kurz
zusammengefaßt:

- Übertragungsraten bis zu 64 kbit/s bei synchroner, bis zu
  19,2 kbit/s bei asynchroner Übertragung.

- Zeichenlänge zwischen 5 und 8 Bits für beide Betriebsarten.

- Im Synchron-Betrieb interne oder externe Zeichensynchronisa-
  tion und automatisches Einfügen des Synchronisationszeichens
  möglich.

- Im Asynchron-Betrieb kann die Taktrate beim 1-, 16- oder 64-
  fachen der Bitrate liegen; Break-Zeichen werden gesendet oder
  erkannt; 1, 1 1/2 oder 2 Stop-Bits sind wählbar; falsche
  Startbits werden erkannt.

- Fehler beim Parity-Bit, Überlauf oder Framing-Fehler werden
  erkannt.

- Das Statusregister kann von der CPU zu jedem Zeitpunkt
  ausgelesen werden.

- Getrennte Sende- und Empfangspuffer, dadurch ist Vollduplex-
  Betrieb möglich.

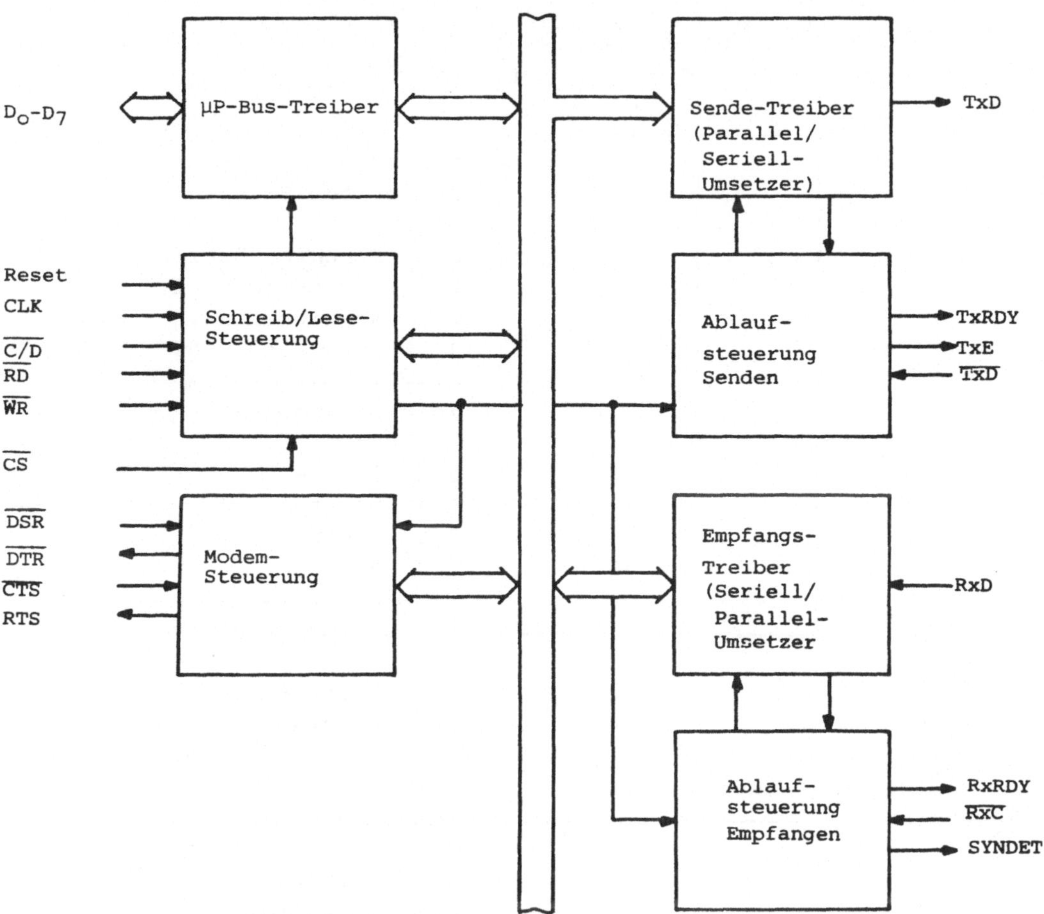

Abb.8.17 Blockschaltbild des USART 8251

8.2.4.6 Programmierung des USART

Die Programmierung des USART 8251 erfolgt in drei Schritten:

1. Zuerst muß der Baustein durch das RESET-Signal oder einen "Software-Reset" in den definierten Anfangszustand gebracht werden.

2. Anschließend erfolgt mit einer "mode instruction" die Festlegung der Betriebsart. Abb.8.18 enthält das Befehlsformat für die Festlegung der Betriebsart (mode instruction).

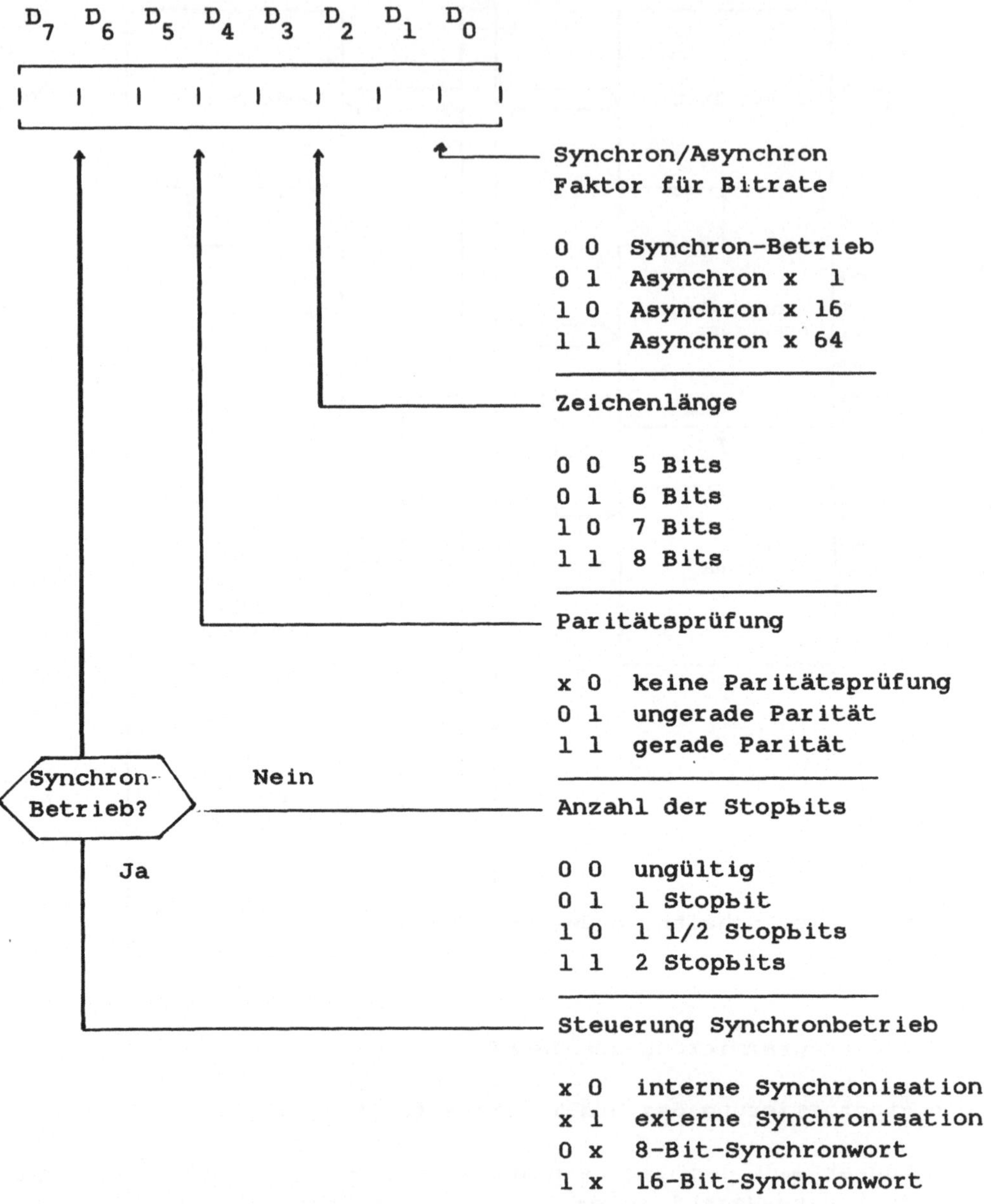

Abb.8.18 Befehlsformat für die Festlegung der Betriebsart

3. Mit einer Steueranweisung (command instruction) müssen dann
   weitere Angaben zur Abwicklung des Datentransportes zwischen
   CPU und Peripherie gegeben werden. Das Format der Steueranweisung ist aus Abb.8.19 ersichtlich.

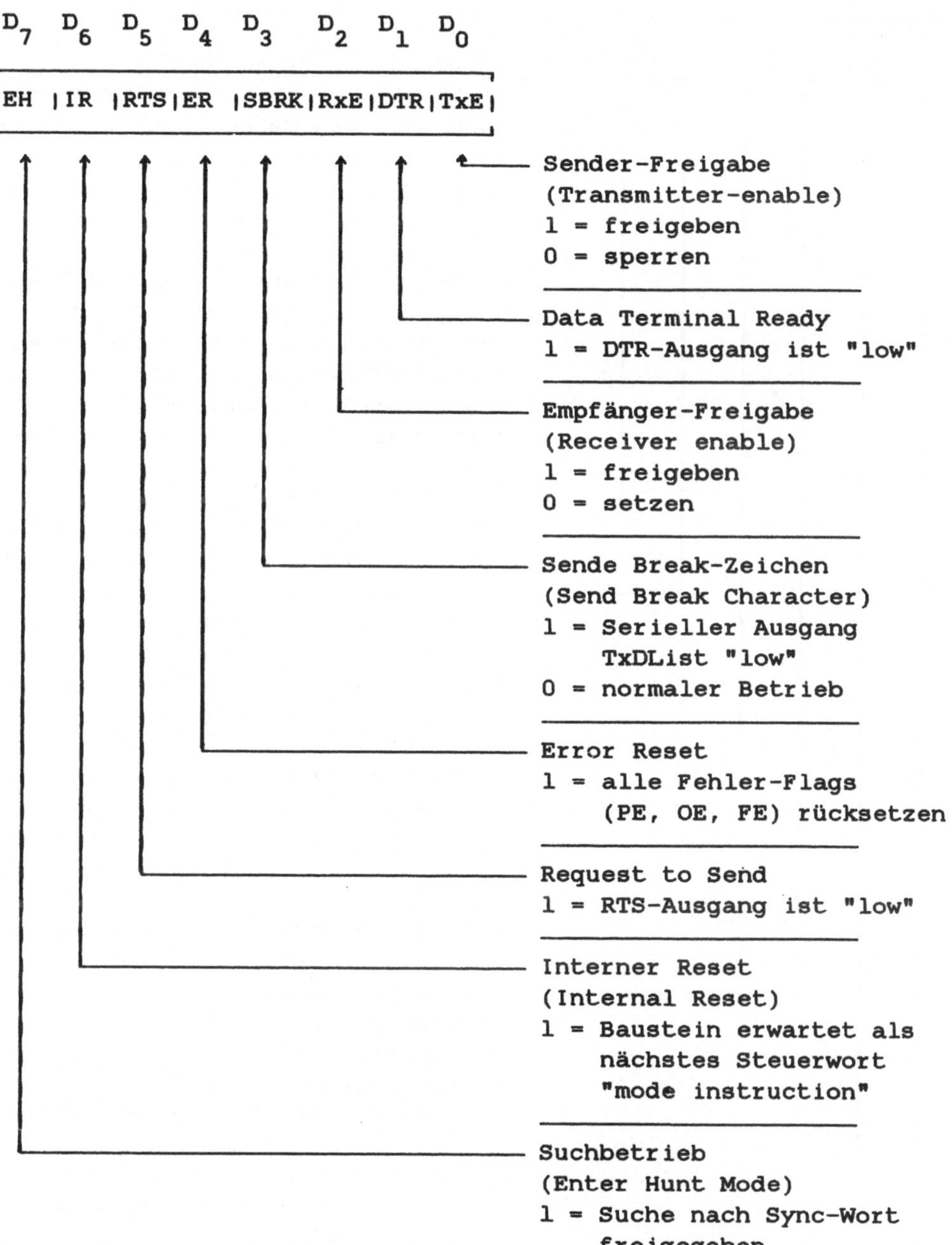

Abb.8.19 Format der Steueranweisung (command instruction)

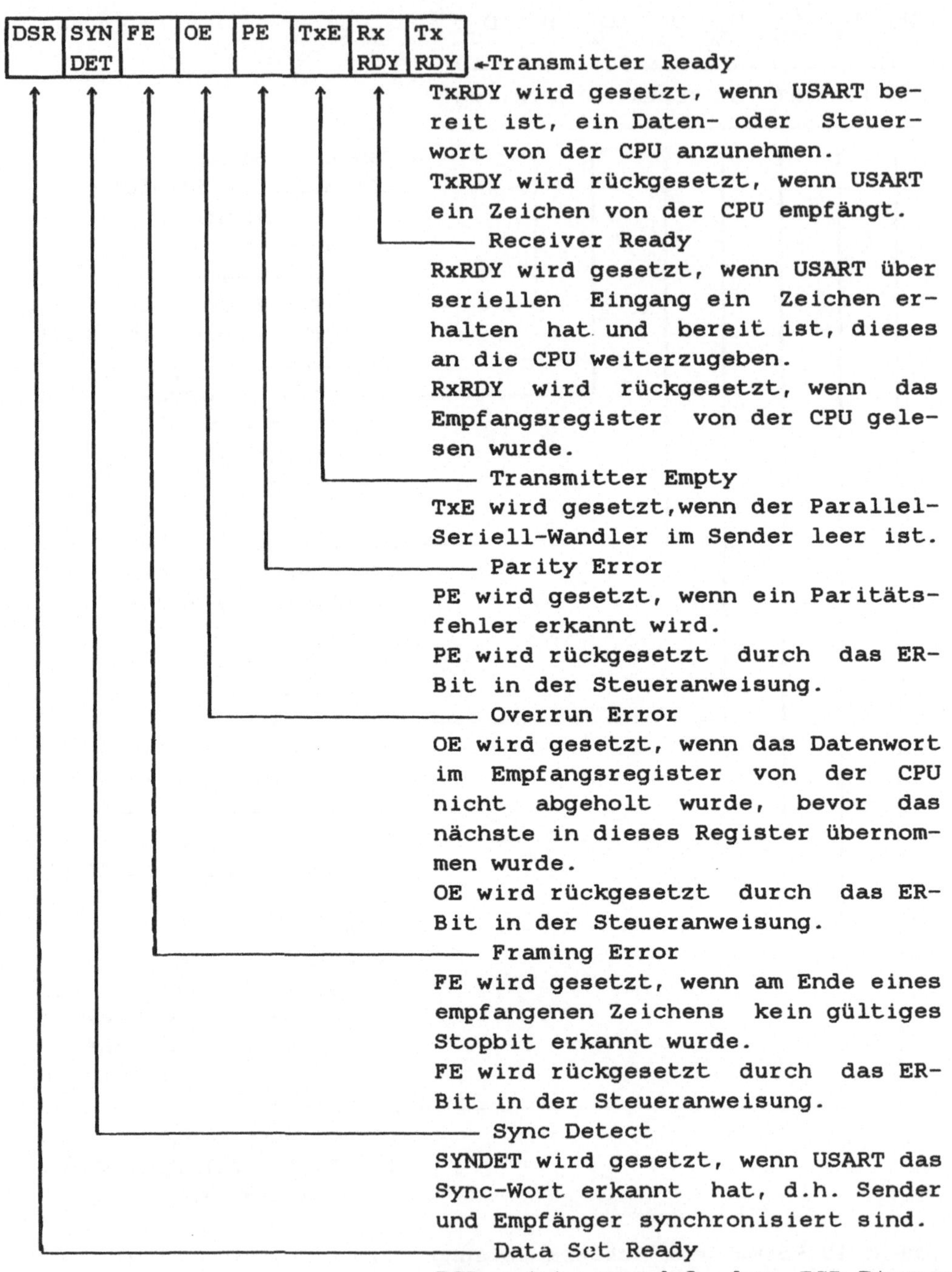

Abb.8.20 Format der Statusinformation

Abb.8.20 gibt Auskunft über Statusinformationen, die aus dem
Statusregister des Bausteins gelesen werden können. Anhand
dieser Statusinformation kann die CPU z.B. feststellen, ob

- der Baustein ein Zeichen über den seriellen Eingang empfangen
  hat und bereit ist, dieses an die CPU weiterzuleiten
  (Receiver Ready, RxRDY),

- der Baustein bereit ist, ein Daten- oder Steuerwort von der
  CPU zu übernehmen (Transmitter Ready, TxRDY) oder

- ein Übertragungsfehler aufgetreten ist (Parity Error, PE).

Mit Hilfe der Steuersignale C/D (Control or Data), RD (Read Data
or Control) und WR (Write Data or Control) wird unterschieden,
ob Daten- oder Steuerworte bzw. Statusinformationen übertragen
werden.

CS	C/D	RD	WR	Funktion
0	0	0	1	CPU liest Daten von USART
0	1	0	1	CPU liest Status von USART
0	0	1	0	CPU schreibt Daten an USART
0	1	1	0	CPU schreibt Anweisung an USART
1	x	x	x	USART-Datenbusleitungen hochohmig (Tri-State)

Beim synchronen Betrieb wird die Übertragungsgeschwindigkeit
durch die an TxC (Transmitter Clock) und RxC (Receiver Clock)
liegenden Takte bestimmt. Die seriellen Daten laufen über TxD
(Transmitter Data) und RxD (Receiver Data). Wenn der Sender
bereit ist, Daten von der CPU zu übernehmen, setzt er das Signal
TxRDY (Transmitter Ready), das als Interrupt-Anforderung oder
als Statussignal weiter verwendet werden kann, je nach
Verdrahtung.
TE (Transmitter Empty) zeigt an, daß der Parallel-Seriell-
Wandler im Sender leer ist. Das Signal kann der CPU das Ende
einer Übertragung signalisieren. Für den Empfänger gelten
ähnliche Signale. RxRDY signalisiert der CPU, daß der Empfänger
bereit ist, ein Zeichen an die CPU abzugeben. SYNDET (Sync
Detect) wird im Synchron-Betrieb dazu benutzt, das Erkennen
eines Sync-Wortes anzuzeigen. Bei externer Synchronisation dient
SYNDET als Eingang zur Synchronisation des Empfängers. BRKDET
(Break Detect) zeigt im Asynchron-Betrieb, daß ein Wort,
bestehend aus lauter Nullen (Break-Zeichen), gefunden wurde.

Die Signale zum Betrieb eines Modems (RTS, CTS, DTR und DSR)
werden hier nicht näher erklärt.

Abb.8.21 zeigt das Blockschaltbild für eine asynchrone Übertragung zu einem Terminal. Die Ein- und Ausgangssignale des USART
auf der Seite des externen Gerätes entsprechen den TTL-
Spezifikationen und müssen deshalb noch auf die für die
jeweilige Schnittstellenart festgelegten Pegelwerte umgesetzt
werden (EIA to TTL Convert).

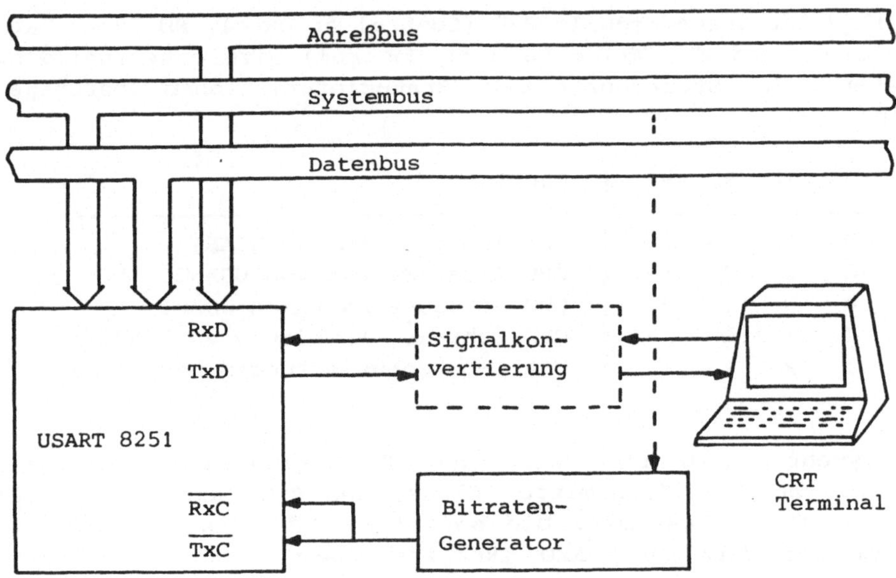

Abb.8.21 Asynchrone Übertragung zu einem Terminal

8.2.4.7 Beispielprogramm

Es werden zwei Beispiele für Ein- und Ausgabe von Daten vorgestellt:

Dabei werden folgende Adressen verwendet:

ODFH: Kontrolladresse des USART (für Statusregister)
ODEH: Datenadresse

Eingabe von Zeichen von der Tastatur

```
EINGAB: PUSH   AF              ;Retten der verwendeten Register
        PUSH   BC
        PUSH   IX
        LD     IX,TAB          ;Anfangsadresse der Tabelle laden
        LD     B,40H           ;Max. Anzahl der eingegebenen Zeichen
                               ;= 40H (= 64D)

SPR1:   IN     A,(ODFH)        ;Abfrage des Statusregisters
        BIT    1,A             ;(Bit 1 für Eingabe)
        JR     Z,SPR1
        IN     A,(ODEH)        ;Eingabe der Zeichen des USART
        RES    7,A             ;Ausblenden, da nur 7 Bits gebraucht:
        LD     (IX),A          ;Parität könnte sonst 1 sein und
        INC    IX              ;Störungen verursachen
        CP     ODH             ;Vergleich mit Wagenrücklauf
        JR     Z,SPR2          ;Verlassen des Unterprogramms, wenn
        DJNZ   SPR1            ;eine Zeile des Terminals gelesen

SPR2:   POP    IX
        POP    BC
        POP    AF
        RET

TAB:    DEFS   40H             ;64 Bytes Speicher für Tabelle (Define
                               ;Storage)
```

Ausgabe von Zeichen an den Bildschirm

```
AUSGAB: PUSH    AF              ;Retten der verwendeten Register
        PUSH    BC
        PUSH    IX
        LD      IX,TAB          ;Tabellenanfangsadresse laden
        LD      B,40H           ;Max.Anzahl der auszugebenden Zeichen


SPR3:   IN      A,(ODFH)        ;Abfrage des Statusbits (Ausgabe?)
        BIT     0,A             ;Bit 0 für Ausgabe
        JR      Z,SPR3
        LD      A,(IX)          ;Tabellenwert in Akku
        OUT     (ODEH),A        ;Tabellenwert in USART-Adresse
        INC     IX
        CP      ODH             ;Abbruch der Ausgabe bei Wagenrücklauf
        JR      Z,SPR4
        DJNZ    SPR3


SPR4:   POP IX
        POP BC
        POP AF
        RET


TAB:    DEFS 40H                ;Tabelle, mit ASCII-Zeichen gefüllt
```

8.2.5 Ein Zeitgeberbaustein: der CTC

8.2.5.1 Allgemeines

Periphere Bausteine sind entwickelt worden, um die CPU von der Durchführung von Routineaufgaben, die an der Schnittstelle zur Umgebung anfallen, zu entlasten. Der Baustein CTC (Counter/Timer Circuit) kann einen Takt erzeugen und Ereignisse zählen. Für diese beiden Funktionen gibt es eine Vielfalt von Anwendungen, z.B.:

a) Das Geiger-Müller-Zählrohr liefert als Antwort auf die Einwirkung radioaktiver Strahlung elektrische Impulse; der CTC kann diese Impulse zählen.

b) In der Medizin werden Nervenimpulse registriert; umgekehrt werden auch zur künstlichen Nervenreizung Pulsfolgen mit bestimmter Frequenz erzeugt. Zählung und Takterzeugung kann der CTC übernehmen.

Für den Einsatz der CTC läßt sich ein allgemeines Schema angeben:

als Zähler:

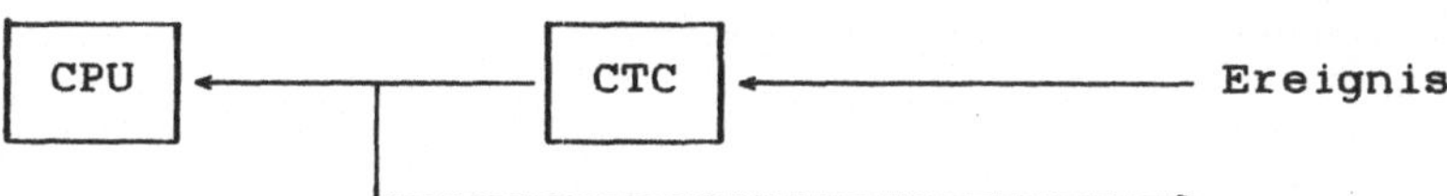

als Zeitgeber (Takterzeuger):

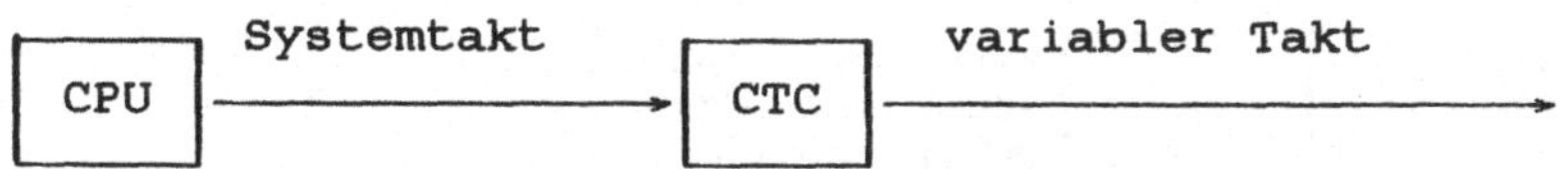

oder als Kombination dieser beiden Betriebsweisen.

Wie die meisten der peripheren Bausteine ist der CTC in seinen Eigenschaften standardisiert.

8.2.5.2 Architektur des Z80-CTC-Bausteins

Die Abbildung zeigt das Blockschaltbild des Z80-CTC.

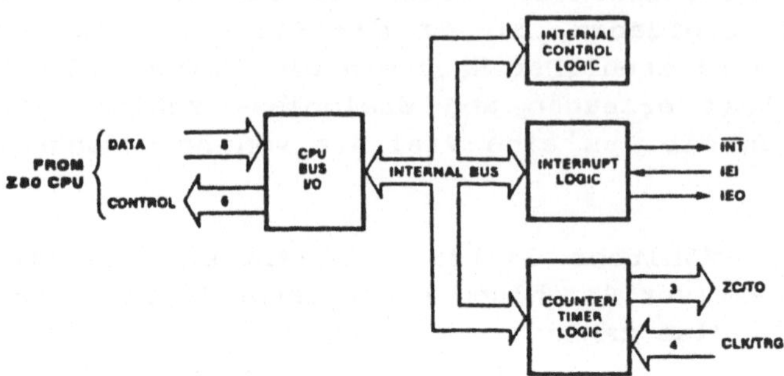

Abb.8.22 Blockschaltbild des CTC

Der Baustein enthält die zum Z80 kompatible Interrupt-Logik. Es
existieren 4 Zeitgeber-/Zähler-Kanäle mit folgender Struktur:

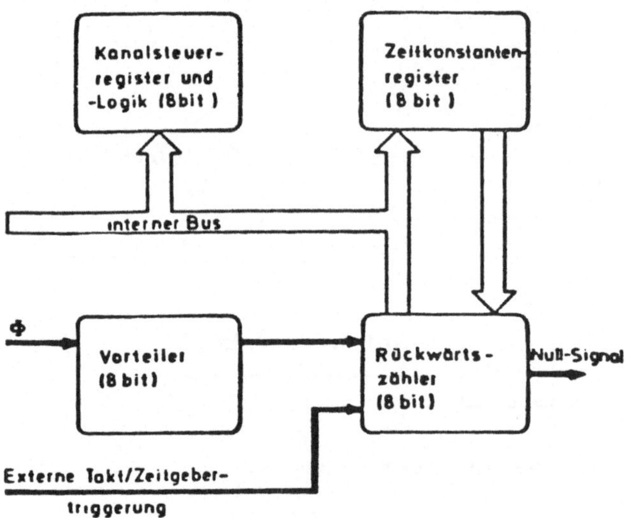

Abb.8.23 Blockschaltbild eines Zeitgeber-/Zähler-Kanals

Der Zähler kann entweder den CPU-Takt (Clock) oder einen
externen Takt (CLK/TRG: Clock/Trigger) verwenden. Die Ausgabe
eines Zeitwertes kann durch Abfrage oder Interrupt an die CPU
oder an die Peripherie (ZC/TO: Zero Counter/Timer Output)
geschehen.

8.2.5.3 Programmierung des CTC

Zur Funktionssteuerung sind verschiedene Register notwendig:

1. Obwohl der CTC vier Kanäle besitzt, enthält der Baustein nur
   ein Vektorregister. Die Identifikation des Kanals wird über
   Bit 1 und Bit 2 vorgenommen.

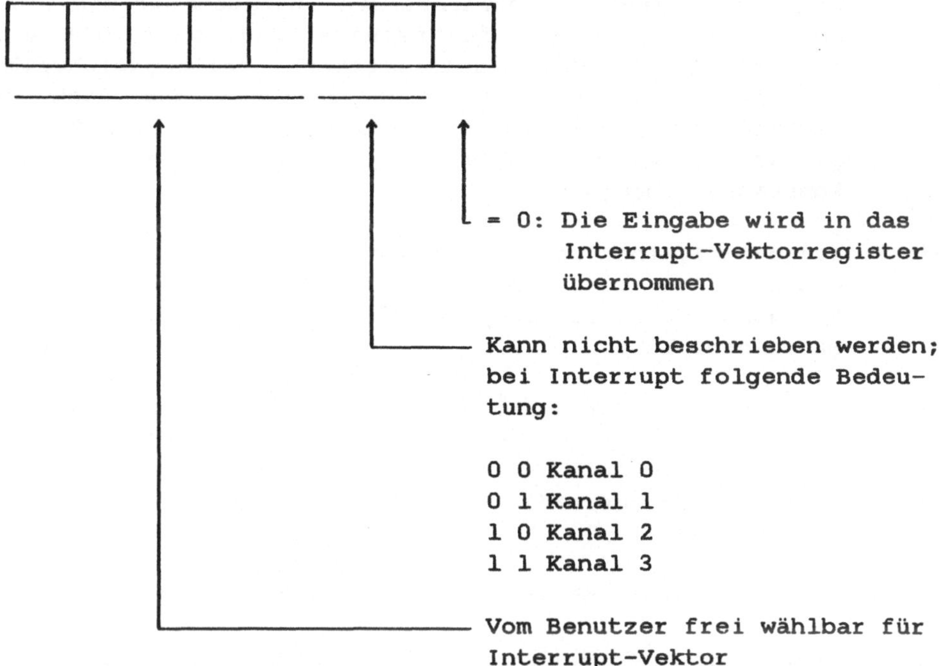

2. Für jeden Kanal gibt es - im Gegensatz zur Interrupt-
   Steuerung - eine gesonderte Kanalsteuerung. Dementsprechend
   muß auch für jeden Kanal, der initialisiert werden soll, ein
   Steuerwort übergeben werden.

Kurzbeschreibung der einzelnen Bits des Kanalsteuerregisters

Bit 0: Identifiziert das Byte als Steuerwort (Bit 0 = 1).

Bit 1: Reset-Bit; wenn gesetzt, wird ein Anhalten der laufenden
       Tätigkeit bewirkt und eine neue Zeitkonstante erwartet;
       rückgesetzt: keinen Einfluß auf laufende Tätigkeit.

Bit 2: Falls ein Wert als Zeitkonstante übergeben werden soll,
       muß es gesetzt sein, das nächste übergebene Byte wird
       dann als Zeitkonstante interpretiert; falls gleichzeitig
       Bit 1=0 ist, wird die neue Zeitkonstante nach dem
       nächsten Nulldurchgang des Rückwärtszählers ins Zählre-
       gister übernommen; falls Bit 1=1, Reset bis zur Zeit-
       konstanten-Übergabe.

Bit 3: Trigger-Bit (nur bei "Zeitgeber")
       Gesetzt: Dekrementierbeginn über CLK/TRG getriggert.
       Rückgesetzt: Triggerung automatisch mit dem nächsten
       Maschinenzyklus.

Bit 4: Positiv (1) oder negativ (0) flankengesteuerte Trigge-
       rung.

Bit 5: (Nur bei "Zeitgeber"); 1: Vorteiler = 256;
       0: Vorteiler = 16.

Bit 6: 1: Betriebsart Zähler; 0: Betriebsart Zeitgeber.

Bit 7: Sperren bzw. freigeben des Interrupts unabhängig von der
       Betriebsart;
       gesetzt: INT-Aktivierung bei jedem 1 → 0 Übergang des
       Rückwärtszählers; rückgesetzt: der Interrupt ist ge-
       sperrt.

3. Der Rückwärtszähler wird laufend dekrementiert. Die Triggerung übernimmt hierfür bei der Betriebsart "Zeitgeber" die
   CPU, sonst eine externe Ereignisfolge (CLK/TRG). Bei
   Triggerung durch den Systemtakt kann ein Vorteiler benutzt
   werden. Dafür steht ein Register zur Verfügung.

4. Laden des Zeitkonstanten-Registers:

Wenn beim Laden des Kanalsteuerwortes Bit 2 = 1 ist, wird das
nächste an die Kanaladresse übergebene Wort in das Zeit-
konstanten-Register übernommen, unabhängig vom zeitlichen und
programmablaufmäßigen Abstand Steuerwort-Zeitkonstante.
Das Zeitkonstantenregister wird als Gedächtnis für den
Rückwärtszähler verwendet.

8.2.5.4 Beispielprogramm

Aufgabenstellung: Kanal 2 des CTC sei als Zeitgeber zu
programmieren, der alle 20 ms einen Interrupt auslöst.

Vorgaben: Systemtakt: 2,56 MHz
            Interrupt-Tabelle soll ab 3C30H angelegt sein.
            Die Interrupt Serviceroutine beginne bei 0B00H.
            Der Kanal 0 besitze die Adresse 40H.


```
CTCINIT:   DI                  ;Interrupt sperren
           IM      2           ;Vektorisierter Interrupt
           LD      HL,3C34H    ;Zeiger auf Serviceroutine in
                               ;Interrupt-Tabelle laden
           LD      (HL),00     ;Lowbyte der Serviceroutine-Adresse
           INC     HL
           LD      (HL),0BH    ;Highbyte der Serviceroutine-Adresse
           LD      A,3CH       ;Laden des I-Registers der CPU
           LD      I,A
           LD      A,30H       ;Laden des Vektorregisters in CTC
           LD      C,40H
           OUT     (C),A
           LD      C,44H       ;Portadresse Kanal 2 laden
           LD   A,10110101B    ;Steuerwort; Vorteiler 256
                               ;Betriebsart "Zeitgeber"
                               ;nächstes Wort Zeitkonstante
           OUT     (C),A
           LD      A,200D      ;Zeitkonstante laden
           OUT     (C),A
           EI                  ;Interrupt erlaubt
           RET                 ;Ende Unterprogramm
```

8.3 Einige spezielle Bausteine

Wir wollen noch einige Bausteine vorstellen, die speziellen
Anforderungen genügen.
Eine ausführliche Darstellung würde jedoch den Rahmen dieses
Skriptums sprengen.
Dem interessierten Leser sei empfohlen, sich Literatur (Daten-
blätter) über die angegebenen Bausteine zu besorgen.

8.3.1 Ein-/Ausgabe von Floppy Disks

Floppy-Disk-Steuerungen werden heute in der Regel mit Hilfe von
speziellen, leistungsfähigen Steuerbausteinen aufgebaut, die
seit einigen Jahren auf dem Markt erhältlich sind. Diese
hochintegrierten Schaltungen (LSI) enthalten im wesentlichen
alle Funktionen, die zur Steuerung und Formatierung der
Disketten erforderlich sind und verringern daher sowohl den
Hardware- als auch den Software-Aufwand, der normalerweise mit
Floppy-Disk-Steuerungen verbunden ist, erheblich.

Beispiel: Siemens SAB 8271 (FDC-Floppy Disk Controller)

8.3.2 Ein-/Ausgabe von Analogsignalen

Bei der Verarbeitung von analogen Eingangssignalen in der Meß-,
Steuer- und Regeltechnik werden Analog-Digital-Wandler und
Digital-Analog-Wandler zur Kopplung an das Mikroprozessor-System
benutzt. Dabei werden die   Analogsignale normiert (z.B. 0 bis
10V, −5V bis +5V) und vom A/D-Wandler in 2^n Bereiche zerlegt
(bei n bit Auflösung). Bei D/A-Wandlern verläuft die Wandlung in
umgekehrter Richtung.

Beispiel: Analog Devices AD 574 Analog-Digital-Wandler
                         AD 567 Digital-Analog-Wandler

8.3.3 Ausgabe an eine LCD-Anzeige

Flüssigkristalle bestimmter Ordnung haben eine polarisierende
Wirkung. Die Polarisationsrichtung kann durch Einwirkung eines
elektrischen Feldes verändert werden. Eine vorgeschaltete
Polarisationsfolie kann je nach Polarisationsrichtung der
Flüssigkristalle eine Hell-/Dunkel-Steuerung an bestimmten
Stellen bedeuten. Es entstehen somit schwarze Segmente auf
hellem Hintergrund. Bei diesem Reflektionstyp handelt es sich um
eine sehr vereinfachte Darstellung.
Die Flüssigkristalle haben wie jede andere elektrisch aktive
Flüssigkeit die Eigenschaft, daß sie in einem elektrischen Feld
durch den damit verbundenen Elektrolyseprozeß zerstört werden.
Um den Elektrolyseprozeß zu unterbinden und damit die Lebens-
dauer zu erhöhen, müssen die Displays mit einer Wechselspannung
angesteuert werden.
Die Wechselspannung wird durch ein symmetrisches Rechtecksignal
nachgebildet. Um eine hohe Lebensdauer der LCD-Anzeige sicherzu-
stellen, muß der Gleichspannungsanteil unter 50mV liegen.
Unter den gängigen LCD-Anzeige Formen sind neben verschiedenen
Spezialformen vor allem 2 Arten weit verbreitet:

- 7-Segment-Anzeige
- Dot-Matrix (Punkt-Matrix)-Anzeige

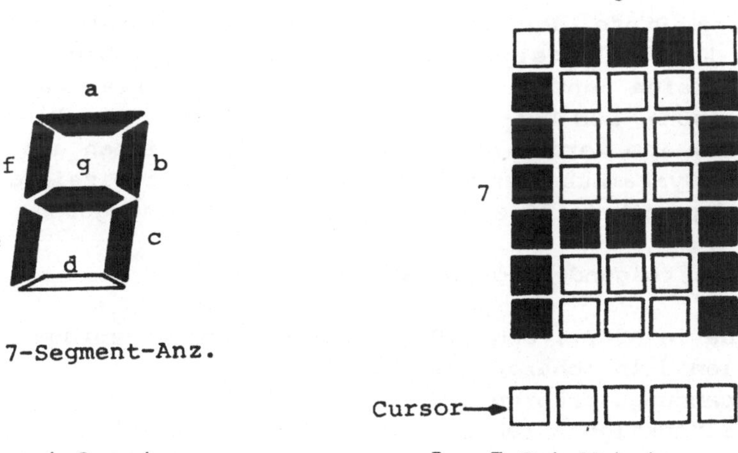

7 Segment-Anzeige

Abb.8.24 LCD-Anzeige Formen

Die Darstellung von verschiedenen Buchstaben und Zahlen erfolgt
dann durch verschiedene Kombinationen bei der Ansteuerung der
einzelnen Segmente (n von 7 Segmenten, n von 5 x 7 Dots).

Die direkte Ankopplung einer LCD-Anzeige-Einheit an einen
Mikrorechner-Systembus ist deswegen aus 2 Gründen erschwert:

- Die Ansteuerung muß mit Wechselspannung (Gleichspannung mit
  wechselndem Vorzeichen) erfolgen, nicht statisch.
- Umsetzung der Binär- oder ASCII-Werte auf die 7-Segment-
  oder Matrix-Codierung ist notwendig.

Deswegen greift man, speziell bei mehrstelligen Anzeigen, meist
zu integrierten Steuerbausteinen, die folgende Aufgaben übernehmen:

- Übernahme der Daten vom Systembus und Speicherung,
- Umcodierung der Daten (binär→7-Segment, ASCII→Dot-Matrix),
- evtl. Zuordnung der Daten zur gewünschten Stelle bei
  mehrstelligen Anzeigen mit Eingabemultiplex,
- Ansteuerung der LCD-Segmente mit Wechselspannung ent-
  sprechender Amplitude und Frequenz (typisch für LCDs: 3-6
  V, 32 Hz).

Eine weitere Stufe der Integration stellen Module dar, die
sowohl die Kristallanzeige, als auch die nötigen Decoder- oder
Ansteuerbausteine enthalten. In diese Kategorie fällt das
"alphanumerische LCD-Dot-Matrix-Modul" EA 3021 von Electronic
Assembly. Bei ihm werden die darzustellenden Zeichen als ASCII-
Zeichen vom Systembus eingelesen und auf eine zweizeilige Dot-
Matrix-Anzeige mit je 16 Stellen (characters) ausgegeben.

Das Modul hat folgende Eigenschaften:

- Eingabe in ASCII, angepaßt an den Mikroprozessorbus
- 2 Zeilen à 16 'characters' LCD-Ausgabe
- +5V Spannungsversorgung
- Spezialfunktionen (shift, rotate, blank, blink, ...)
- Ausgabebefehle (get character, get cursor location, get
  display control flags)

Der EA 3021 stellt somit einen Baustein dar, der die Kopplung
einer LCD-Ausgabe direkt an den Systembus eines Mikrorechnersystems ermöglicht.

8.3.4 Eingabe über Tastatur

Erfolgt eine Eingabe von Daten bei einem Prozessorsystem über
Tastatur, muß die Tastatur ständig mit höherer Frequenz als die
maximal mögliche Tastatureingabefrequenz abgefragt werden, was
den Prozessor selbst in seiner Leistungsfähigkeit stark
einschränkt. Deswegen übernehmen hochintegrierte Bausteine das
Abfragen von Tastaturen.

Im einzelnen fallen ihnen folgende Aufgaben zu

    - periodisches Abfragen der Tastatur
    - Erkennen von gedrückten Tasten
    - Entprellen von Tasten

Beispiel: Siemens SAB 8271 Tastatur- und Anzeigenschnittstellen-
baustein

8.3.5 Ausgabe an einen Bildschirm

Die Kopplung wird hierbei meist von zwei hochintegrierten
Bausteinen übernommen, einem Videogenerator und einem Steuerbaustein. Dem Steuerbaustein fällt dabei die Aufgabe des Bildauf-
baus und der Bereitstellung der Bilddaten zu, der Videogenerator
formt die darzustellenden Informationen in eine für den
Bildschirm verwertbare Form um.

Beispiel: Steuerbausteine - CRTC 5027 von SMC
                            MC 6845 von Motorola
          Videogenerator   - CRTVg 8002 von SMC

8.3.6 DMA-Controller

Bei den beiden bisher genannten E/A-Arten läuft der Datenaustausch immer über den Prozessor, d.h., jedes einzelne
Datenwort wird über Ein-/Ausgabebefehle (IN,OUT) zwischen dem
E/A-Baustein und der CPU ausgetauscht. Oft ergeben erst mehrere
Datenworte eine Information (z.B. die einzelnen in je 1 Byte
codierten Zeichen eines Textes). Daher wird ein sog. Pufferbereich (buffer) im Speicher festgelegt, in den dann die CPU,
d.h. das Programm, die eingelesenen Zeichen nacheinander
einschreibt, bzw. aus denen die CPU die auszugebenden Daten
abholt; die Übertragung geschieht oft "blockweise".

Zur Entlastung des Prozessors führen wir einen E/A-Baustein ein,
der folgendes leisten soll:

- Annahme von Daten von einem Peripheriegerät bzw. Ausgabe von
  Daten auf dieses - ohne CPU-Aktivität.

- Ein- bzw. Auslesen der Daten in den bzw. aus dem Speicher
  des Mikrorechners: daraus folgt, daß die Adresse des
  Pufferbereichs und die Länge der zu übertragenden Daten dem
  Baustein bekannt gemacht werden muß, d.h. er muß "programmierbar" sein.

- Fertigmeldung an die CPU, wenn der Datentransfer beendet
  ist.

Überlegen wir uns die Konsequenz: Da der Baustein - wir nennen
ihn Baustein für direkten Speicherzugriff ("Direct Memory Access
Controller" oder "DMA-controller") auf den Arbeitsspeicher zugreifen soll, muß verhindert werden, daß es zu Kollisionen mit
CPU-Zugriffen auf diesen kommt. Beide dürfen nicht gleichzeitig
denselben Bus belegen.
Zur Abhilfe führen wir deshalb am Mikroprozessor einen neuen
Anschluß BUSRQ ("Bus Request") ein, der vom DMA-Baustein aktiv
gesetzt wird, wenn ein Datenwort vom bzw. in den Speicher übertragen werden soll. Als Antwort darauf schickt die CPU eine
Quittung BUSACK ("Bus Acknowledge"), wenn Adreß- und Datenbus
von ihr freigegeben sind und von anderen Bausteinen benutzt
werden können.
Zwischen DMA-Baustein und Peripheriegerät brauchen wir eine
Verbindung, über die das Gerät seine Bereitschaft zum Senden
bzw. zum Empfangen eines Zeichens bekanntgeben kann (DMARQ, "DMA
Request") und eine Quittungsleitung (DMAACK,"DMA Acknowledge"),
die dem Gerät anzeigt, daß (abhängig von DMARW="DMA Read/Write")
auf dem Datenbus entweder Daten anliegen (Ausgabe) oder daß das
Gerät Daten auf den Bus legen soll (Eingabe).
Um den Ablauf eines direkten Speicherzugriffs zu verstehen,
nehmen wir an, wir wollen von einem Peripheriegerät über DMA
1000 Worte einlesen, die im Arbeitsspeicher, beginnend bei
Adresse 5000, abgelegt werden sollen.

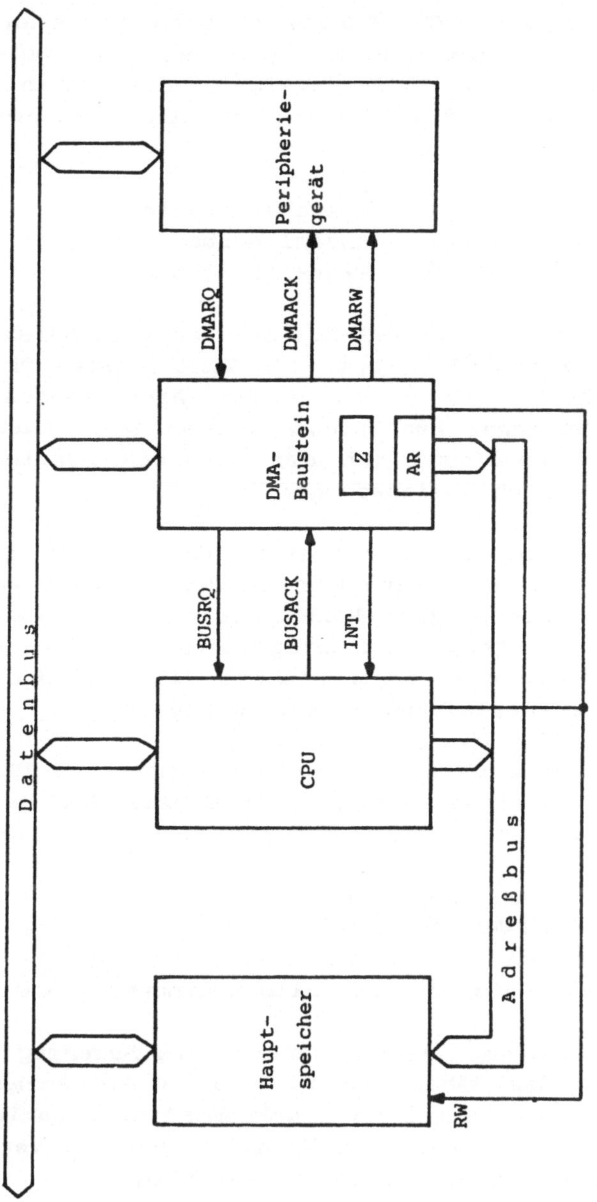

Abb. 8.25 Komponenten für einen direkten Speicherzugriff

Zunächst muß dazu der DMA- Baustein durch Steueranweisungen programmiert werden, indem ihm mit den bekannten OUT-Befehlen die Speicheradresse des Pufferbereichs, die Anzahl der zu übertragenden Worte und die Richtung des Datentransfers übergeben wird:

                                    ⟵   Speicheradresse
DMA Steuerregister   ⟵   Anzahl Worte
                                    ⟵   Transferrichtung

Die Speicheradresse wird vom DMA-Baustein in sein Adreßregister, die Anzahl zu übertragender Worte ins Zählregister übernommen. Die Transferrichtung stehe in einem Arbeitsmodusregister, welches hier nicht näher beschrieben werden soll. Nach Empfang der letzten Steueranweisung ist der Baustein bereit für die Abwicklung des direkten Speicherzugriffs.

Sobald vom Peripheriegerät die Leitung DMARQ aktiv geschaltet wird, sendet der Baustein seine Busanforderung BUSRQ an die CPU und wartet auf die Busfreigabe BUSACK. Trifft diese ein, legt er den Inhalt seines internen Adreßregisters, in dem die zuvor übergebene Speicheradresse abgespeichert ist, auf den Adreßbus und schaltet die Steuerleitung RW auf "schreiben".

(Auf bereits bekannte Details wie Decodierung und MREQ-Signal beim Ansprechen des Speichers sei an dieser Stelle nochmals hingewiesen, jedoch verzichten wir auf eine Wiederholung!)

Gleichzeitig geht an das Peripheriegerät die Aufforderung (DMAACK="aktiv", DMARW="schreiben"), ein Wort auf den Datenbus zu legen. Vom Speicher wird das Datenwort dann in die durch den Adreßbus gekennzeichnete Speicherzelle übernommen (Abb. 8.26).

Im DMA-Baustein wird nach jedem Transfer das Adreßregister um 1 inkrementiert und das Zählregister, welches die Anzahl der zu übertragenden Worte enthält, um 1 dekrementiert. Damit ist die Speicheradresse für den nächsten Transfer und die verbleibende Anzahl noch zu übertragender Zeichen festgelegt.

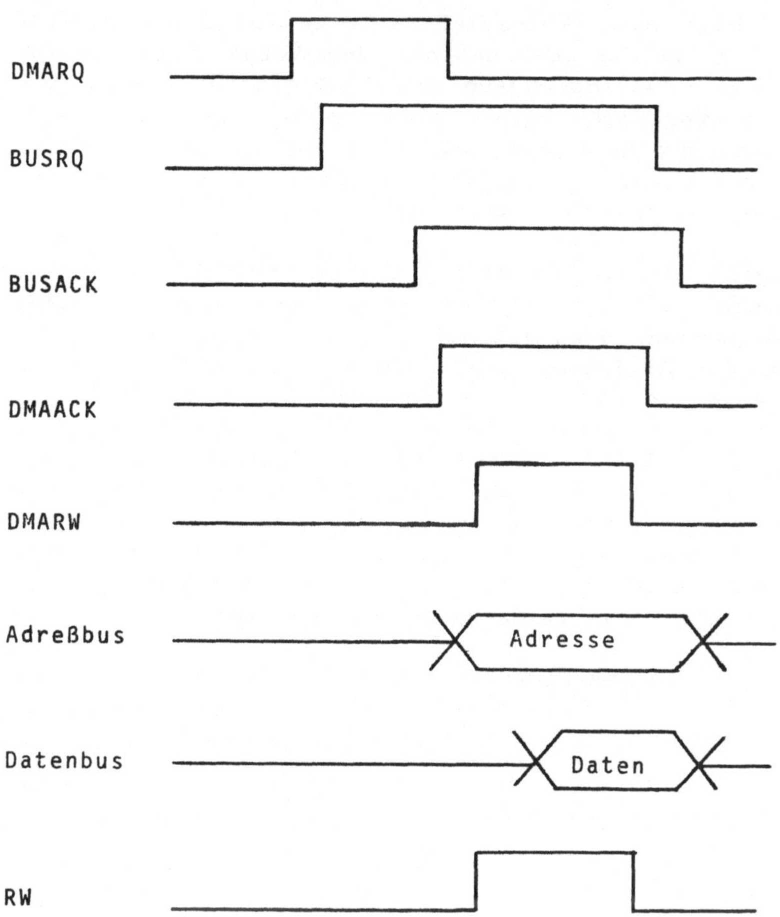

Abb.8.26 Ablauf der Übertragung eines Wortes bei
einem direkten Speicherzugriff

Solange der Inhalt des Zählregisters nach dem Dekrementieren
ungleich 0 ist, läuft der oben beschriebene Vorgang immer wieder
von neuem ab. Beim Nulldurchgang des Zählregisters, d.h. wenn
alle 1000 Worte übertragen worden sind, meldet der Baustein das
Ende der Übertragung über die Leitung BUSREQ an den Mikroprozessor, der somit vom Ende des direkten Speicherzugriffs
Kenntnis nehmen kann und die Busfreigabe BUSACK zurücknimmt.

Die Ein-/Ausgabe durch direkten Speicherzugriff wird bei
Systemen benutzt, in denen große Datenmengen schnell ausgetauscht werden müssen, etwa mit einem Diskettenspeicher (Floppy
Disk) oder für die Bildwiederholung eines Bildschirmgerätes. Im
letzten Fall wird, vereinfacht dargestellt, jeder Bildschirmpo-
sition eine feste Speicherzelle als Puffer zugeordnet; eine
DMA-Steuerung überträgt dann zyklisch in festem Zeittakt die
Speicherdaten auf die jeweils zugeordneten Positionen. Zur
Änderung der angezeigten Daten müssen durch das Programm
lediglich die zugeordneten Speicherzellen (der Pufferbereich)
neu beschrieben werden, wodurch die CPU von langen Wartezeiten
auf die Bereitmeldung des Bildschirms befreit ist.

Beispiel: Zilog Z8410 DMA-Controller

9 Peripheriegeräte

Nahezu alle Aufgaben, die ein Mikrorechner erfüllt, erfordern
eine Kommunikation mit der Außenwelt, d.h. mit den Komponenten,
die sich außerhalb von Mikroprozessor und Hauptspeicher befinden. Solche Komponenten sind z.B. Bildschirmgeräte ("Terminals"), Drucker, Fernschreibmaschinen, Floppy Disks, spezielle
Peripherie wie Digital-/Analog-Wandler oder ein vom Rechner zu
steuernder technischer Prozeß.

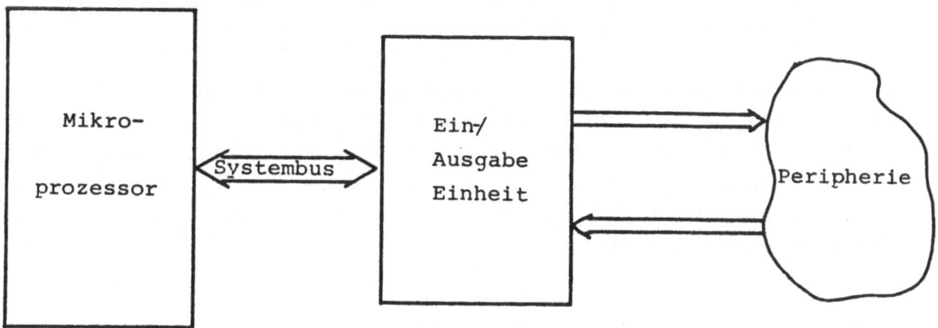

Abb.9.1 Kommunikation zwischen Mikroprozessor und Peripherie

9.1 Kommunikation des Mikrorechners mit der Peripherie

Kommunikation bedeutet Austausch von Informationen jeglicher
Art: Informationen, die zwischen Mikroprozessor und Peripherie
fließen. Zwischen beiden sind die Ein-/Ausgabe-Einheiten geschaltet, die den Mikroprozessor davon entlasten sollen, sich um
die speziellen Eigenschaften der angeschlossenen Peripheriegeräte zu kümmern. Die Verbindung zwischen CPU und Ein-/Ausgabe-
Einheit ist der Systembus, während zwischen E/A-Einheit und
Peripherie mannigfaltige Verbindungen bestehen können. Der
korrekte Austausch der Information zwischen CPU und Peripherie
soll von den E/A-Einheiten gewährleistet werden. Aufgaben der
Ein-/Ausgabe-Bausteine ("interfaces") sind deshalb auch:

- die Anpassung der Geschwindigkeit der Datenübertragung innerhalb des Rechners an diejenige der Peripherie: Auf der Rechnerseite ist die Datenübertragungsrate bestimmt durch die Befehlszykluszeit und die Zahl der für einen Datenaustausch nötigen Befehle; die Übertragungsrate des Peripheriegeräts ergibt sich aus dessen technischen Eigenschaften. Heute erhältliche Bildschirmgeräte besitzen in der Regel eine Übertragungsrate von 9600 Bd, während die alten Fernschreibmaschinen nur 110 Bd erreichen.

- Anpassung der unterschiedlichen Datenformate: rechnerintern wird die Information immer (bit)parallel entsprechend der Wortlänge des Rechners transportiert. Die angesprochene Peripherie dagegen nimmt Daten oft bitseriell auf.

- Anpassung der unterschiedlichen Signale: Die Signale auf den Bussen unseres Mikrorechners besitzen sog. TTL-Pegel (0 bis 0,8V für "0"; 2,4 bis 5V für "1"), Peripheriegeräte arbeiten jedoch oft mit anderen elektrischen Werten für die Darstellung der beiden Binärwerte "0" und "1". So interpretiert z.B. eine Fernscheibmaschine das Fließen eines Stromes von 20mA als "1", das Nichtfließen als "0" (Stromschnittstelle), ein Bildschirmgerät +10V als "1" und -10V als "0" (Spannungsschnittstelle).

Wir werden nun einige typische Peripheriegeräte vorstellen.

9.2 Bildschirmgerät (Terminal)

Ein Bildschirmgerät besteht aus einer alphanumerischen Eingabe-
tastatur, mit der Information an einen Rechner übergeben werden
kann, und einem Bildschirm, auf dem vom Rechner kommende
Information dargestellt wird. Zweckmäßigerweise wird die an den
Rechner über die Tastatur eingegebene Information auch auf dem
Bildschirm dargestellt. Die darzustellende Information wird, in
irgend einer Weise codiert, in einem sog. Bildwiederholspeicher
gehalten. Eine Steuerung liest zyklisch - und zwar in einer
Zykluszeit, die der Bildwiederholfrequenz eines Fernsehgerätes
entspricht - den Inhalt dieses Speichers immer wieder aus und
stellt ihn auf dem Schirm dar. Eine Änderung des Bildschirm-
inhalts wird durch Manipulieren dieses Bildwiederholspeichers
erreicht.
Zwischen Mikrorechner und Bildschirmgerät gelte als Konvention
über die Informationsinterpretation der ASCII-Code: Das Bildschirmgerät erwartet an seinem Eingang die ASCII-Codierung eines
darzustellenden Zeichens (Ausgabe vom Rechner) in serieller Form
und stellt bei einer Tastatureingabe in gleicher Weise die
ASCII-Codierung des "gedrückten" Zeichens an der Schnittstelle
zwischen Bildschirmgerät und Rechner zur Verfügung (Eingabe in
Rechner).
Ein Positionszeiger ("cursor") zeigt jeweils auf die Stelle, auf
die das nächste Zeichen geschrieben werden soll und wird nach
jedem geschriebenen Zeichen automatisch um eine Stelle in
Schreibrichtung weitergeschaltet. Er kann auch explizit durch
bestimmte Steuerzeichen, die entweder vom Rechner oder von der
Tastatur kommen, verändert werden. Dazu zählen u.a. die
folgenden ASCII-Zeichen:

08[16]	Back Space (BS)	Cursor eine Zeichenstelle zurück
09[16]	Horizontal Tabulator (HT)	Cursor auf eingestellte Tabulatorposition nach rechts
0A[16]	Line Feed (LF)	Cursor eine Zeile nach unten
0B[16]	Vertical Tabulator (VT)	Cursor auf eingestellte Tabulatorposition nach oben
0D[16]	Carriage Return (CR)	Cursor auf Anfang der Zeile, auf der er momentan steht

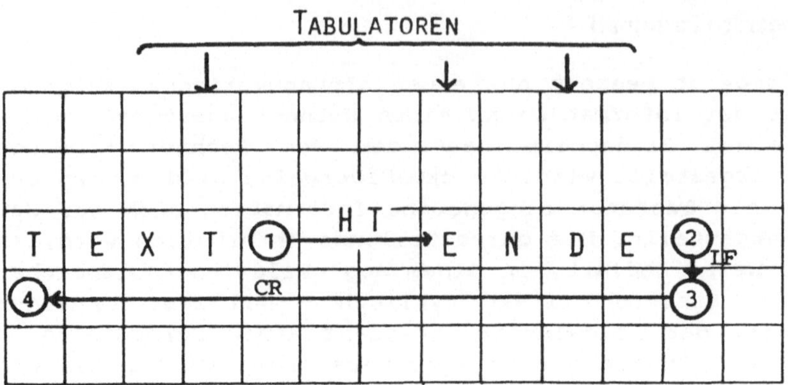

Abb.9.2 Cursorbewegungen auf dem Bildschirm

Wie schon erwähnt, werden die Zeichen, die zwischen Mikrorechner
und Bildschirmgerät ausgetauscht werden, nicht bitparallel,
sondern bitseriell übertragen. Unterschiedliche Laufzeiten der
einzelnen Signale (Bits des ASCII-Zeichens) auf parallelen
Leitungen können, insbesondere bei großer räumlicher Entfernung
zwischen den beiden Komponenten, zur Verfälschung eines Zeichens
führen, falls zum Abtastzeitpunkt die Pegel der einzelnen
Leitungen noch nicht alle einen definierten Zustand haben.
Die bitserielle Ein-/Ausgabe geschieht asynchron, d.h. es werden
alle Bits eines Zeichens mit einem festgelegten Takt je nach
Übertragungsrichtung über eine Empfangs- bzw. eine Sendeleitung
geschickt (vergl. Kap. 8.2.3). Diese Leitung sei im Ruhezustand
auf hohem Potential und wird ständig vom Empfänger (Bildschirmgerät) abgetastet. Erhält sie niederes Potential, bedeutet dies
für den Empfänger, daß ein Zeichen empfangen werden soll. Da das
erste Bit des zu empfangenden Zeichens ebenfalls "0" sein kann,
muß zwischen dem Start der Übertragung unterschieden werden, der
durch den Übergang von hohem auf niederes Potential angezeigt
wird ("Startbit") und dem ersten Datenbit, d.h. im Rechner und
im Bildschirmgerät muß es deswegen jeweils eine Uhr mit der
Taktfrequenz geben, die der Übertragungsrate zwischen Mikroprozessor und Bildschirm entspricht.

In Abschnitt 2.2 hatten wir bereits darauf hingewiesen, daß im ASCII-Code das achte Bit zur Herstellung von Redundanz verwendet werden kann. Wir stellen uns vor, das Zeichen werde auf eine ungerade Anzahl von Einsen ergänzt.
Alle acht Bits werden nun seriell in der oben beschriebenen Form gesendet. Auf der Empfängerseite kann durch eine fortlaufende Antivalenzbildung der ankommenden Bits überprüft werden, ob eine ungerade Anzahl von Einsen ankommt, d.h. im ankommenden Zeichen ein Bit, drei, fünf oder sieben (!) Bits verfälscht worden sind. Gerade Anzahlen von gestörten Bits werden - wie man leicht einsieht - mit diesem Verfahren nicht erkannt.

Beispiel: Das zu sendende ASCII-Zeichen sei "A"; es wird
　　　　　folgendermaßen aufbereitet:

　　　　　bevor Parität gesetzt ist:　　　100 0001[2]
　　　　　nachdem Parität gesetzt ist:　　1100 0001[2]

Während der Übertragung werde z.B. das letzte Bit verfälscht. Die empfangene Bitfolge ist jetzt 1100 0000, die Anzahl empfangener Einsen ist gerade.

Durch Antivalenzbildung (Exklusiv-ODER) ergibt sich

$$1 \neq 1 \neq 0 \neq \ldots \neq 0 \neq 0.$$

Bei angenommener ungerader Parität wird aber als Ergebnis eine 1 erwartet, d.h. das empfangene Zeichen ist verfälscht worden, und die Verfälschung konnte erkannt werden.

9.3 Diskettenspeicher

9.3.1 Physikalische Organisation

Disketten (floppy disks) sind periphere Speichermedien, bei
denen die Information auf konzentrischen Spuren einer sich
drehenden Platte, die mit einer magnetischen Schicht überzogen
ist, gespeichert wird. Wie im Hauptspeicher besteht auch hier
die darzustellende Information aus Binärwerten. Als Unter-
scheidungskriterium für "0" und "1" benützt man die beiden
Magnetisierungsrichtungen der Schicht. Um Daten auf die Diskette
zu schreiben, benötigt man einen Schreibkopf, der nach dem
Prinzip des Tonkopfes eines Tonbandgerätes funktioniert: Fließt
Strom durch eine Spule, die um einen Kern aus magnetischem
Material gewickelt ist, so durchdringt ihr Magnetfeld die Platte
und magnetisiert einen Abschnitt ihrer Schicht. Die Magnetisierungsrichtung ist dabei von der Richtung des Stromes abhängig.
Kehrt sich die Stromrichtung um, so ändert sich auch die
Magnetisierungsrichtung. Den Schreibkopf kann man auch zum Lesen
benutzen, indem man die Spannungssignale registriert, die
aufgrund der Änderung der Magnetisierungsrichtung auf der Platte
in der Spule induziert werden.

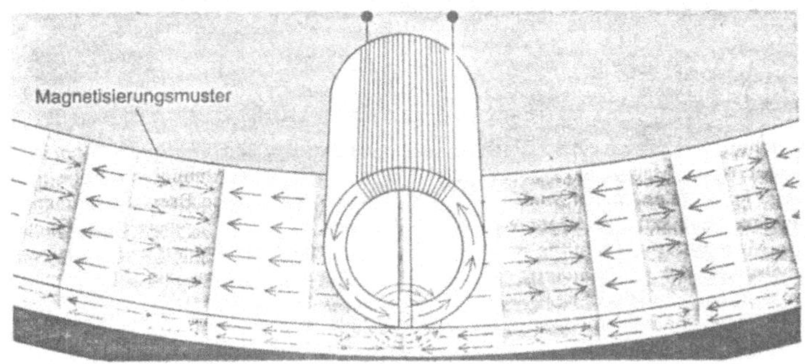

Abb.9.3 Magnetische Aufzeichnung

Schreiben und Lesen geschieht dadurch, daß man den Schreib-/Lesekopf auf eine bestimmte Spur einstellt. Ein Präzisionsschrittmotor fährt ihn auf diese Spur, und die Information der sich unter dem Kopf drehenden Spur kann dann gelesen bzw. verändert werden.

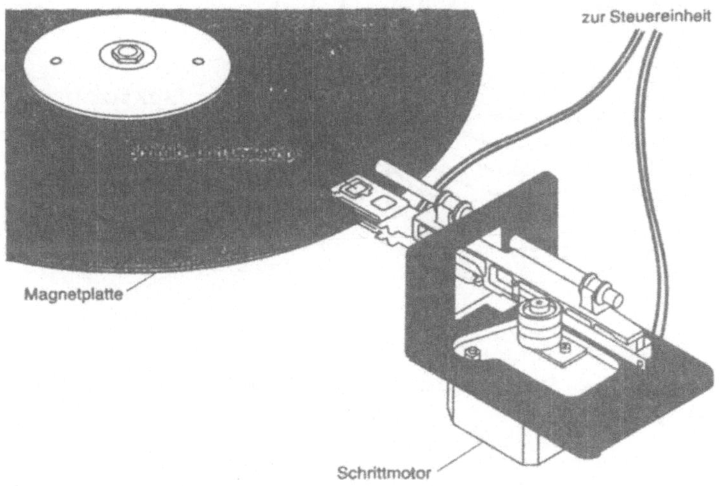

Abb.9.4 Datenaufzeichnung auf einer Diskette

Zweckmäßigerweise beschreibt bzw. liest man nicht immer eine ganze Spur, sondern teilt sie in Sektoren ein. In einem Sektor wollen wir dann beispielsweise 128 Zeichen (Bytes) Nutzinformation speichern. Ein typischer Wert für die Anzahl Sektoren pro Spur ist 32. Wird für die Anzahl Spuren pro Diskette als typisch 77 angenommen, ergibt sich als Speicherkapazität

$$32 \times 128 \times 77 \text{ byte} = 315\ 392 \text{ byte} = 308 \text{ Kbyte}.$$

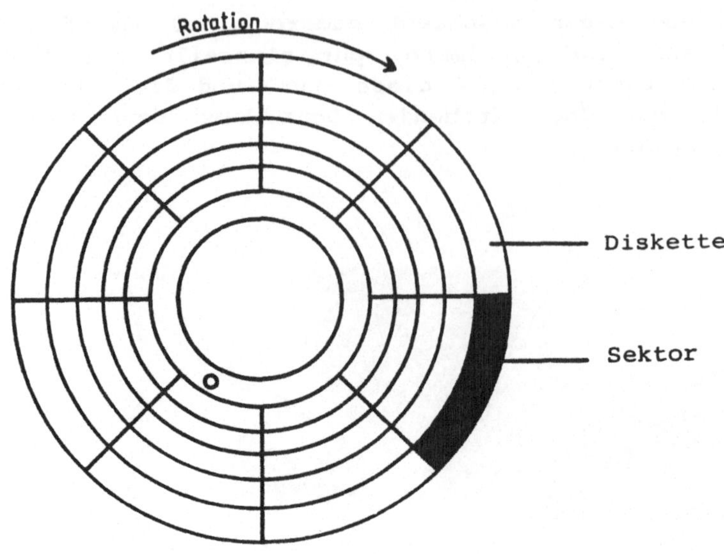

**Abb.9.5 Vereinfachte Darstellung von Spuren und Sektoren auf
einer Diskette**

Eine Ein-/Ausgabeeinheit zum Betrieb von Disketten (floppy disk
controller) hat die Aufgabe, nach Angabe einer Spur- und
Sektornummer sowie eines Schreib- oder Lesebefehls, diesen
Sektor zu beschreiben bzw. die in ihm gespeicherte Information
zu lesen. Dazu muß ihr die Herkunfts- oder Zieladresse im
Arbeitsspeicher bekannt sein, wo die Daten stehen, die auf
Diskette geschrieben bzw. wohin die auf der Diskette stehenden
Daten transportiert werden sollen. Die Daten werden, je nach
Auslegung des Floppy-Disk-Systems, in Einheiten zu 128, 256 oder
512-Byte-Einheiten (Sektorgröße) übertragen.
Weitere Aufgaben können das Zurückstellen des Kopfes in
Ausgangsposition, das Abheben des Kopfes von der Diskettenober-
fläche und das physikalische Neuinitialisieren einer Diskette
sein.

9.3.2 Logische Organisation

Physikalisch haben die einzelnen Sektoren auf der Diskette
keinerlei Beziehung zueinander. Aus der Sicht eines Benutzers
des Mikrorechnersystems ist die Diskette ein Speicher, auf dem
er zusammengehörende Informationen (Programme oder Daten) unter
einem bestimmten Namen ansprechen kann. Beispielsweise habe er
drei Programme, die als A.S, als A.OBJ und als A auf Diskette
abgespeichert seien – als Dateien (files).

Als Längen für die Dateien legen wir zugrunde:

                 A.S   1000 byte (= 7 * 128 + 104)
                 A.OBJ   500 byte (= 3 * 128 + 116)
                 A   480 byte (= 3 * 128 + 96)

Hat unsere Diskette eine Sektorgröße von 128 byte Nutzinformation – das sind Stellen auf der Diskette, welche ein Benutzer
lesen und beschreiben kann – so belegen A.S acht, A.OBJ und A
jeweils vier Sektoren; der letzte Sektor ist jeweils nicht
vollständig "gefüllt".
Für den Benutzer soll verborgen bleiben, wo seine Datei
physikalisch auf der Diskette steht. Er erhält nach einem
Leseauftrag für eine bestimmte Datei deren Information zusammenhängend im Arbeitsspeicher – ab einer von ihm gewünschten
Adresse. Genauso sieht er eine Menge von Daten, welche er vom
Arbeitsspeicher auf Diskette schreibt, als auf der Diskette
zusammenhängend stehende Information.
Nehmen wir an, die Datei A.OBJ könne aus irgendwelchen Gründen
nicht zusammenhängend auf einer Spur liegen. Die vier Teile –
wir nennen sie jetzt Verbunde ("records") – werden auf vier
Sektoren über die gesamte Diskette verteilt:

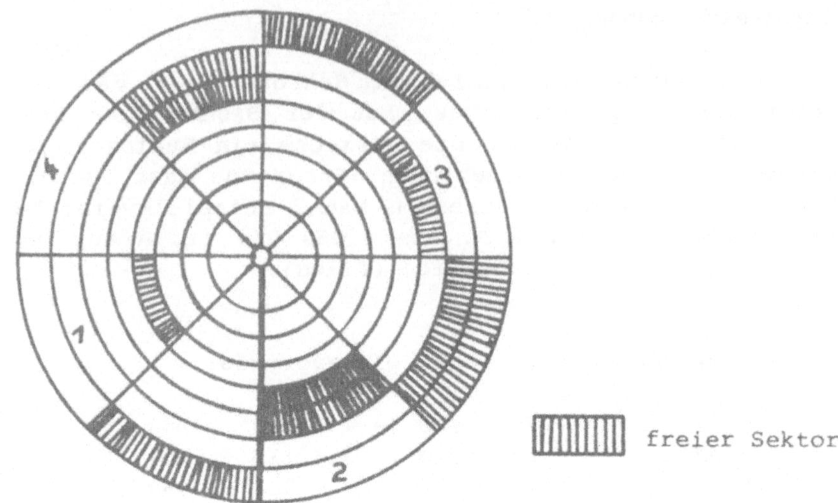

Abb.9.6 Verteilung der vier Verbunde von A.OBJ über die Diskette

Zunächst wollen wir gewährleisten, daß die Reihenfolge der vier
Verbunde registriert ist: Numerieren wir die Spuren t von außen
nach innen und die Sektorén s im Gegenuhrzeigersinn, beginnend
bei der hervorgehobenen Linie, ergibt sich als Sequenz (t,s) für
die Verbunde

$$(t,s) = (2,7), \ (1,1), \ (2,3), \ (1,6),$$

wobei die erste Komponente der Tupel die Spur-, die zweite die
Sektornummer angebe (t:track,s:sector).
Wir sehen dazu in jedem Sektor eine Spur-/Sektor-Adresse (t,s)
und einen Zeiger auf den nächsten Sektor (tn,sn) vor, der zur
Datei gehört:

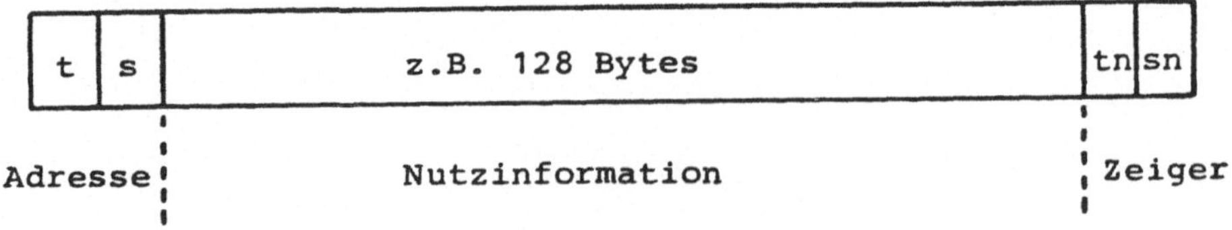

Abb.9.7 Prinzipieller Aufbau eines Sektors

Damit ergibt sich für die Sektoren, die von den vier Verbunden der Datei A.OBJ belegt werden, folgender Aufbau, wobei (tn,sn)=(0,0) im Zeigerfeld bedeute, daß dies der letzte Sektor einer Datei ist.

	(t,s)	(tn,sn)
1	(2,7)	(1,1)
2	(1,1)	(2,3)
3	(2,3)	(1,6)
4	(1,6)	(0,0)

Mit diesem Verfahren ist es möglich, die Datei nach außen als zusammenhängenden Datenbereich anzusehen. Es fehlt nur noch die Information, bei welchem Sektor die Datei beginnt. Dies wird in einem Titelverzeichnis ("directory") vermerkt, welches sich an einer bestimmten Stelle auf der Diskette befindet. In diesem Verzeichnis steht für jede Datei, die sich auf der Diskette befindet, die Adresse des Sektors, in dem der erste Verbund dieser Datei abgelegt ist. Das Titelverzeichnis beginne beispielsweise bei (t,s)=(2,1) und verteilt sich dann auf die Sektoren (3,3), (3,5) und (3,7), d.h. es ist wie eine normale Datei verkettet. In (3,5) stehe u.a. die Information für die Dateien A.OBJ und A.S:

| 3 | 5 | ......A.OBJ 2,7......A.S 2,4... | 3 | 7 |

Abb.9.8 Ausschnitt aus dem Titelverzeichnis

Außerdem wird ein Verzeichnis der freien Sektoren benötigt, um zu wissen, wo neu anzulegende Dateien physikalisch auf die Diskette geschrieben werden können. Die Verwaltung der Verzeichnisse, das Anlegen und Löschen von Dateien, sowie das Lesen und Schreiben wird, wie wir noch sehen werden, von einem sog. Disketten-Betriebsprogramm unterstützt.

Ein Benutzer des Mikrorechnersystems kann mit ihm über bestimmte
Parameterbereiche verkehren, in denen er

- die gewünschte Operation (lesen, schreiben, anlegen,
  löschen)

- den Dateinamen

- den Hauptspeicherbereich, aus dem bzw. in den Daten
  auf/von Diskette geschrieben/ausgelesen werden sollen

- die Länge der zu übertragenden Daten

ablegt und danach dieses Programm aufruft.

10 Betriebssystem, Softwarehilfsmittel

10.1 Notwendiges Hilfsmittel: Das Kit

Als unbedingt notwendiges Hilfsmittel zur Erstellung und
Benutzung von Programmen auf einem Mikrorechner sind anzusehen:

- Eingabemöglichkeit der Befehle und Daten mit Ablage in den
  Speicher

- Lesemöglichkeit der Speicherinhalte (z.B. Korrekturmöglich-
  keit, Lesen eines Rechenergebnisses)

- Start eines Programms

Während die beiden letzten Punkte selbst in Primitivsystemen,
sogenannten Kits, ausreichend realisiert sind, bedarf der erste
Punkt noch einer weiteren Behandlung:
Die einfachste Lösung der Eingabe in das System wäre die
Binärform (z.B. 0111 1000 für LD A,B des Z80-Befehlssatzes). Die
Fehlerhäufigkeit wäre dabei aber recht groß. Diese Form der
Eingabe wurde in der "Frühzeit der Computer" weitgehend
durchgeführt.

Eine wesentliche Vereinfachung stellt die Zusammenfassung der
Binärform zum Hexadezimaläquivalent dar, wobei dadurch die
Fehlerhäufigkeit bei der Eingabe statistisch auf nahezu ein
Viertel reduziert wird.
Bei dem Beispiel LD A,B wäre dann 78 hexadezimal einzugeben.

Dies ist heute bei fast allen Entwicklungskits realisiert, wobei
die Übersetzung in die Binärform meist über eine einfache
Decoderschaltung geschieht.

Entwicklungskits werden für nahezu jeden Prozessor angeboten.
Außer der CPU enthält ein Kit einen begrenzten Speicher
(wenige Kbyte) und meist mehrere Ein-/Ausgabeeinheiten.
Peripheriegeräte (Tastatur und Display) können direkt auf dem
Board untergebracht sein.

Der Vorteil eines solchen Boards ist der geringe Anschaf-
fungspreis, der für den Gebrauch dieser Geräte zum Einarbei-
ten in die Eigenheiten eines neuen Prozessortyps akzeptabel
ist. Die Beschränkung hinsichtlich Speicherausbau und
Peripherie erfordern jedoch meistens das Vorhandensein von
größeren Systemen zur Programmentwicklung. Mit einem solchen
Systemkit können jedoch erste Erfahrungen gesammelt werden.

Um dieses Kit zu bedienen, reicht eine einfache Tastatur für die
hexadezimale Eingabe von Befehlen und Daten aus. Eine Anzeige-
einheit ermöglicht das Lesen von Speicherinhalten oder Rechener-
gebnissen.

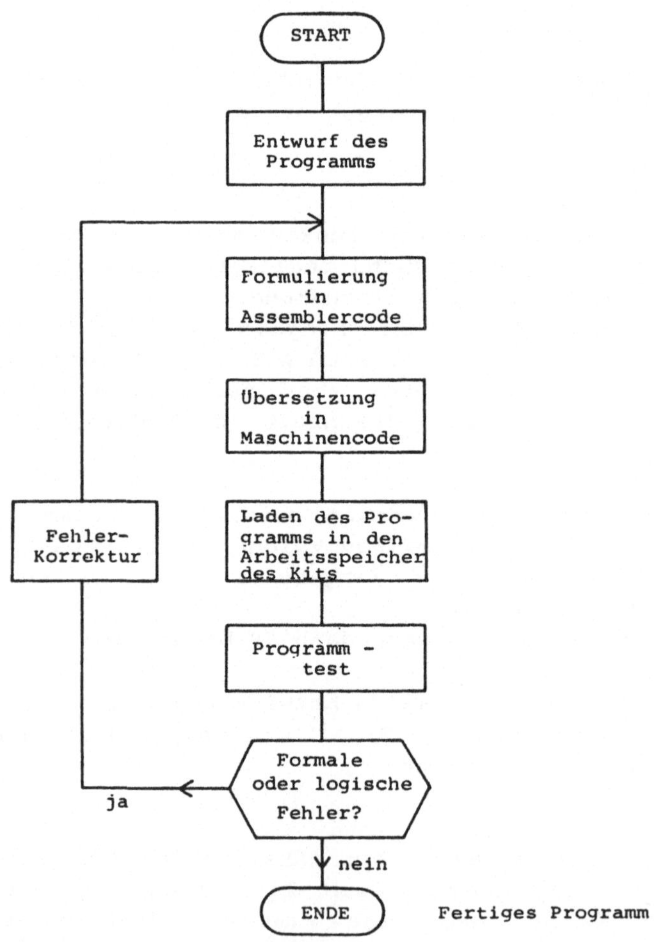

Abb.10.1 Erstellung von Programmen mit einem Entwicklungskit

10.2 Effizientes Hilfsmittel: Das Entwicklungssystem

Dem menschlichen Denken entspräche nun aber die Eingabe in der
mnemonischen Form der verständlichen und einprägsamen Assemblerbefehle: diese Leistung erbringt ein Entwicklungssystem.

In diesem Zusammenhang der stufenweisen Zunahme der Komplexi-
tät der Information sei darauf hingewiesen, daß dieses
Prinzip der stufenweisen Existenz von Nachrichten und deren
Verarbeitung eines der bemerkenswertesten Phänomene der
Informatik ist: Dies führt schließlich zur Entwicklung der
problemorientierten Programmiersprachen als nächste Stufe
über der maschinenorientierten Assemblersprache.

Das Entwicklungssystem muß die komfortable Eingabe der Assemblerbefehle ermöglichen und die Übersetzung in die Binärform der
Maschinensprache vornehmen können.

Der Editor erfüllt die Funktion als Hilfsmittel der Befehlsein-
gabe. Die Übersetzung in die Maschinenbefehle nimmt der
sogenannte Assembler vor, der gleichzeitig die Befehlsliste auf
syntaktische Fehler untersuchen muß. Die häufig vorkommende
Zusammensetzung verschiedener Programmteile zu einem Ganzen
führt der Linker (Binder) durch. Diese und weitere bequeme
Hilfsmittel sind in den folgenden Abschnitten dargestellt.

10.2.1 Hilfsmittel in der Phase Programmerstellung: Der Editor

Mit dem Abschluß der Codierphase braucht der Programmierer ein
Hilfsmittel, das ihm ermöglicht, sein Programm einem Assembler
(s.u.) zur weiteren Bearbeitung bereitzustellen. Ein solches
Hilfmittel, ein normalerweise vom Hersteller des Entwicklungs-
systems mitgeliefertes System-Programm, heißt " Texteditor". Ein
Editor arbeitet üblicherweise in zwei Modi;

- dem Eingabemodus und
- dem Kommandomodus

Im Eingabemodus nimmt ein Texteditor vom Benutzer über eine
Tastatur im Dialog eingegebene Zeichenfolgen an und legt sie im
Speicher ab. Für den Erhalt der Daten über das Abschalten des
Entwicklungssystems hinaus benötigen wir Festspeicher (i.d.R.
Magnetband oder -platte). Diese werden später besprochen.

Im Speicher wird eine Verwaltung benötigt, die es erlaubt,
einmal eingegebene Zeichenfolgen, die zusammengehören (z.B. ein
Quellprogramm, wo jede Anweisung als eine Zeichenfolge betrachtet werden kann), zu einer "Datei" zusammenzufassen. Dieser
Datei wird vom Benutzer ein frei wählbarer Name zugeordnet, der
in einem Inhaltsverzeichnis zusammen mit einer Ortsangabe mit im
Festspeicher abgelegt wird. Damit ergibt sich eine Struktur, die
der eines Buches ähnelt: auch dort steht im Inhaltsverzeichnis
die Überschrift (der Name) und die Seitenzahl (Ortsangabe) eines
jeden Kapitels (Datei). Auf diese Weise kann ein Programmierer
sein Quellprogramm in immer wieder abrufbarer Form eingeben.

Im Kommandomodus akzeptiert ein Texteditor eine Reihe verein-
barter Anweisungen, die nach Eingabe ausgeführt und quittiert
werden. Diese Kommandos beziehen sich auf eine Datei, (z.B. das
irgendwann vorher eingegebene Quellprogramm), die auf dem
entsprechenden Hintergrundspeicher bereits existiert und deren
Name beim Aufruf des Texteditors spezifiziert wurde. Typische
Anweisungen an einen Texteditor sind:

```
- FIND 'text'
  suche die Zeichenfolge 'text' in der zu
  bearbeitenden Datei,

- INSERT 'text'
  füge die Zeichenfolge 'text' nach der gerade
  bearbeiteten Zeile ein,

- DELETE n
  lösche die nächsten n Zeilen der Datei,

- CHANGE 'alter text'/'neuer text'
  ersetzt die Zeichenfolge 'alter text' durch die
  Zeichenfolge 'neuer text',

- EXIT
  beende die Editorsitzung.
```

Erweiterungen und Korrekturen bereits eingegebener Dateien
können mit diesen Kommandos bei Bedarf erledigt werden.

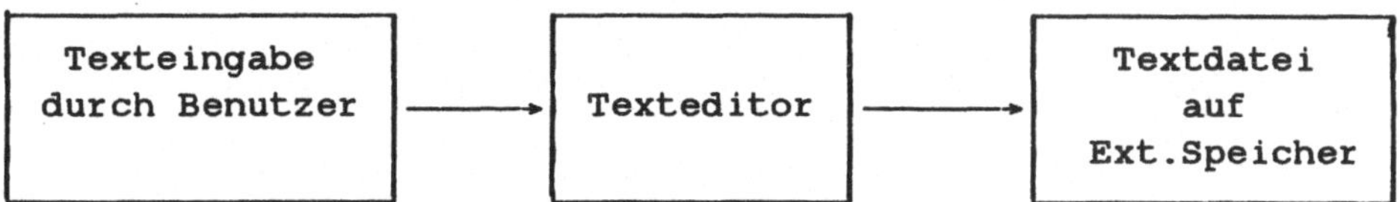

Abb.10.2 Arbeitsweise des Editors im Eingabemodus

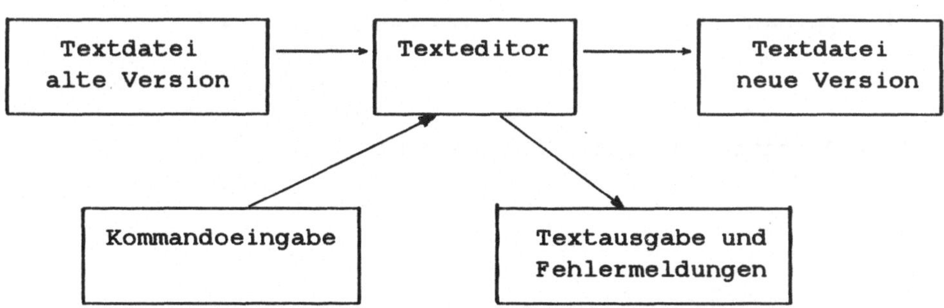

Abb.10.3 Arbeitsweise des Editors im Kommandomodus

10.2.2 Hilfsmittel in der Phase Programmumsetzung: Assembler, Linker und Lader

a) Assembler

Ein solches mit Hilfe eines Texteditors erstelltes Quellprogramm
muß mit einem Assembler in ein Objektprogramm übersetzt werden.
In diesem Objektprogramm sind nur noch die Befehle und Operanden
aufgelistet. Mögliche Kommentare im Quellprogramm sind hier
nicht mehr vorhanden. Mnemonische Kürzel für Marken oder
Speicherzellen (symbolische Bezeichner) sind durch die tatsäch-
liche Sprungdistanz oder Adresse der Speicherzelle ersetzt.

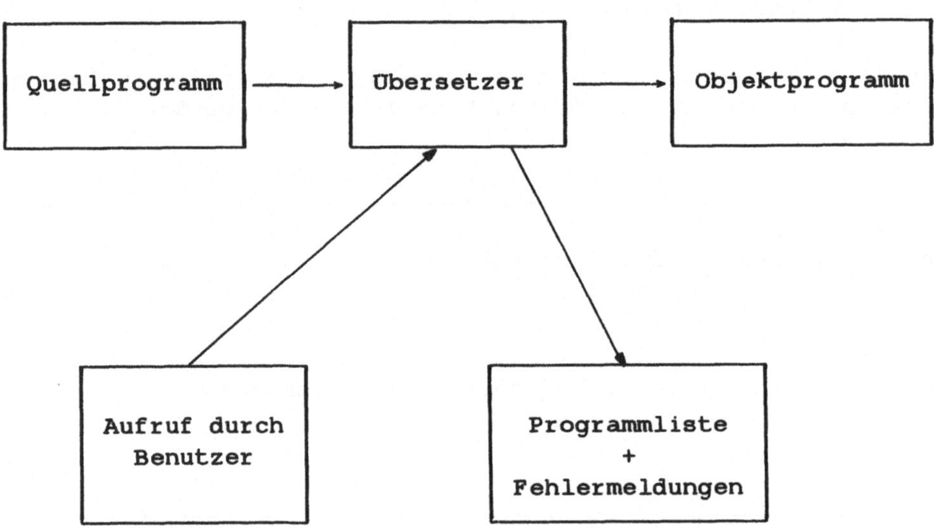

Abb.10.4 Arbeitsweise eines Übersetzers

b) Linker

Objektprogramme, wie sie von Sprachübersetzern erzeugt wurden, sind meist noch nicht ausführbar. Dafür gibt es mehrere Gründe:

- Erstellung einzelner Programmteile durch verschiedene Personen.

  Größere Programmsysteme werden meist in Module, die in sich abgeschlossene Funktionen realisieren, unterteilt und von verschiedenen Personen programmiert. Erst nach dem Test der einzelnen Module werden alle Teile zu einem System vereinigt.

- Übernahme von "Bibliotheksmoduln".

  Oft werden Programmteile oder Unterprogramme gebraucht, die nicht problemspezifisch sind und bei anderen Aufgabenstellungen schon einmal programmiert wurden (z.B. Codewandlungen, trigonometrische Funktionen usw.). Eine ähnliche Situation tritt beim Einsatz höherer Programmiersprachen auf. Aus Operationen in der höheren Sprache, die nicht mit einem einzigen Befehl des Zielrechners ausführbar sind, werden vom Übersetzer Aufrufe eines Laufzeitunterprogrammes erzeugt. Diese Unterprogramme selbst sind also zur Übersetzungszeit nicht im Quellprogramm enthalten. Sie sind in einer weiteren Bibliothek abgelegt.

- Trennung der Gültigkeitsbereiche von Symbolen.

  Aus den vom Programmierer gewählten Symbolen für Variablen usw. sollte sinnvollerweise ein Hinweis auf deren Funktion hervorgehen. Bei mehreren ähnlichen Funktionen in einem Aufgabenkomplex, kann es durch Wahl gleicher Symbole zu einer Konfliktsituation kommen, die durch getrenntes Übersetzen dieser Funktionen vermieden werden kann.

Es ist nicht auszuschließen, daß zwischen Teilprogrammen, die aus einem der oben aufgeführten Gründe entstehen, gewisse Beziehungen oder Abhängigkeiten bestehen (z.B. Aufruf eines Unterprogramms aus einem anderen Teilprogramm). Diese Teilprogramme müssen nun einen weiteren Arbeitsvorgang durchlaufen, in dem die Beziehungen auch auf Adreßebene hergestellt werden. Ein Systemprogramm, das diese Arbeit leistet, heißt Linker oder Binder. Erst dieser Linker erzeugt aus mehreren bindbaren Teilprogrammen ein ladbares Programm.

Der Linker hat noch eine weitere Aufgabe:

Im Arbeitsspeicher des Entwicklungssystems werden bestimmte Bereiche für die Serviceprogramme des Betriebssystems und für den Stack reserviert. Das Objektprogramm kann also nicht an jeder beliebigen Stelle des Speichers geladen werden. Aus diesem Grund erzeugen die meisten Assembler einen Code, der ab der virtuellen Adresse 0 durchadressiert ist. Beim Binden dieses Codes wird die vom Benutzer des Linker angegebene Startadresse zu jeder im Code auftretenden Adresse hinzuaddiert. Auf diese Weise kann das Programm in jedem beliebigen, verfügbaren Speicherbereich abgelegt werden.

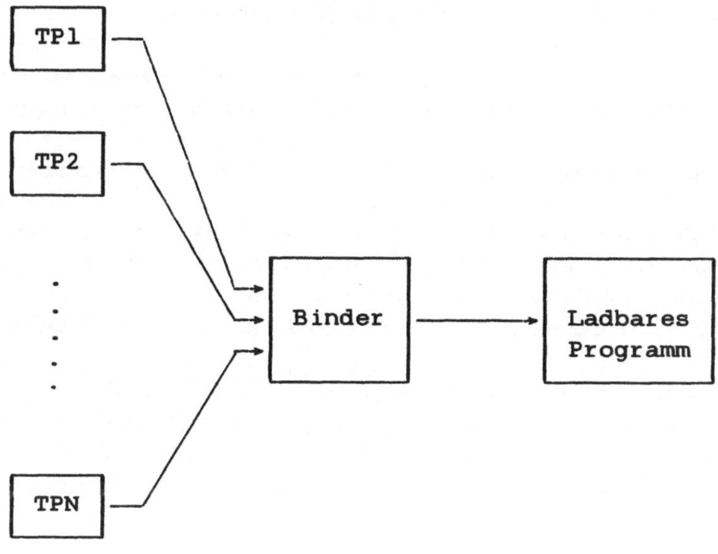

Abb.10.5 Der Bindevorgang
          (TPi = bindbare Teilprogramme)

c) Lader

Ein vom Linker aus mehreren Teilprogrammen erzeugtes Programm
kann nun von einem Lader in den Arbeitsspeicher des Mikrorechners transportiert und vom Benutzer gestartet werden.

10.2.3 Hilfsmittel in der Phase Programmtest: Der Debug-Monitor

Ein übersetztes, geladenes Programm kann nun gestartet werden.
Meist stellt man dabei fest, daß das Programm noch lange nicht
das ausführt, was vom Programmierer beabsichtigt war. Durch
fehlerhafte Spezifikationen oder während der Programmerstellung
verursachte Fehler in der Programmlogik, die ein Übersetzer
natürlich nicht erkennen kann, müssen nun gesucht werden. Der
dafür benötigte Aufwand ist nicht unerheblich (10% bis 20% des
gesamten Softwareproduktionsprozesses). Und gerade im Mikropro-
zessor-Sektor sind im wahrsten Sinne des Wortes die Mittel rar.

Erfolgt der Test eines Programmes auf der Ziel-Hardware oder
einem Entwicklungssystem, das auf dem gleichen Prozessor basiert
wie die Ziel-Hardware, dann kommen sogenannte Debugger zum
Einsatz (to debug: entwanzen, sinnbildlich: Entfernen von
Fehlern).

Ein geladenes Anwender-Programm kann unter Kontrolle eines
Debuggers ablaufen; d.h. das Programm wird vom Benutzer mit
Hilfe eines Debuggers gestartet und kann an beliebigen Stellen,
die dem Debugger vorher mitzuteilen sind, angehalten werden.

Register und Speicherinhalte können ausgegeben und nach
Benutzerwunsch modifiziert werden. Die anfallenden Daten können
dabei in verschiedenen Darstellungsweisen (dezimal, hexadezimal,
als Text) angegeben werden.

Komfortable Systeme verfügen über einen 'Trace'-Modus. In diesem
Modus können innerhalb eines definierten Programmbereiches,

- nach jeder Befehlsausführung die Registerinhalte ausgedruckt
  werden,

- alle vom Programm durchgeführten Sprünge mit Sprungbefehls-
  adresse und Sprungziel protokolliert werden,

- alle Zugriffe auf definierte Adressen, sprich Variable, mit
  Orts- und Wertangabe bekanntgemacht werden.

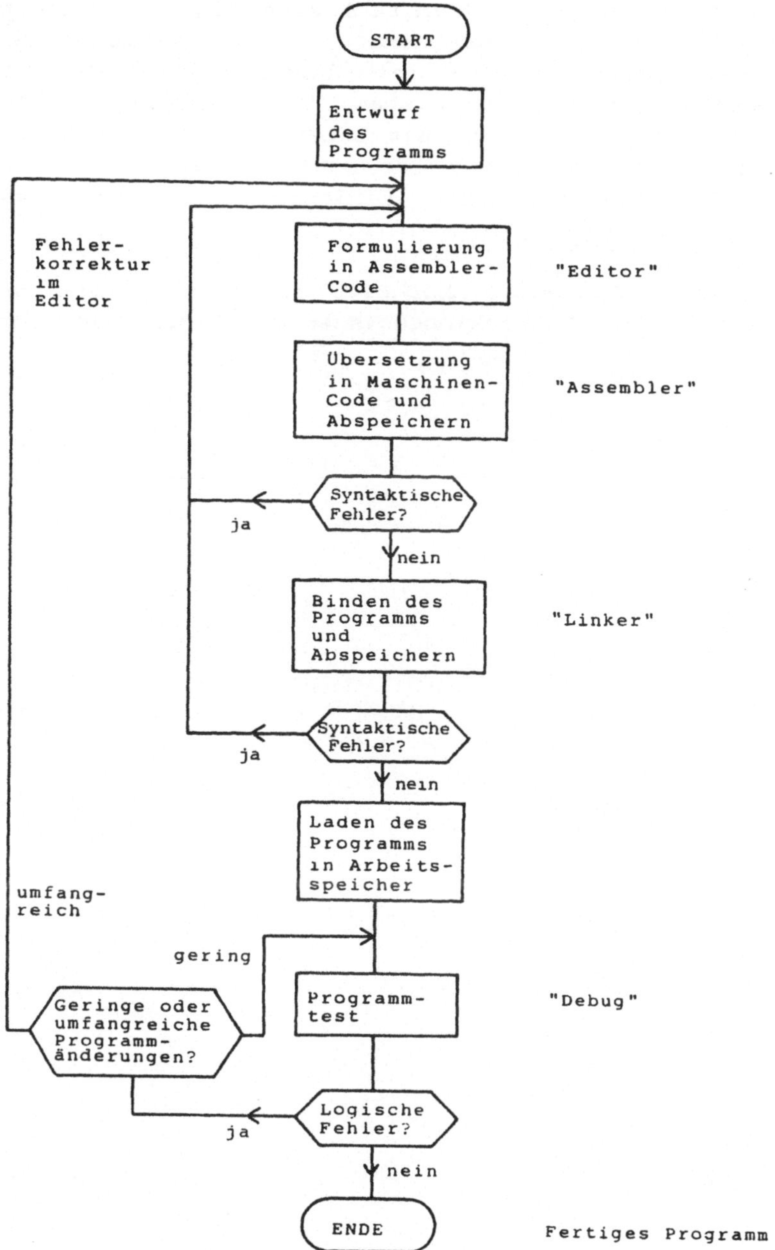

Abb.10.6 Erstellung von Programmen mit dem Entwicklungssystem

Die eben beschriebenen Hilfsmittel sind Dienstleistungsprogramme, die in der Regel vom Hersteller des Entwicklungssystems mitgeliefert werden. Sie benutzen dabei das Betriebssystem, das die Kommunikation mit dem System (Ein-/Ausgabe über Tastatur-/Bildschirm) ermöglicht und die interne Organisation verwaltet, um die sich der Anwender nicht mehr zu kümmern braucht (z.B. Anlegen des Stackbereichs, Einlesen eines Programmes von Diskette).

Wir stellen im folgenden Abschnitt ein existierendes Betriebssystem für ein Z80-Entwicklungssystem der Firma Zilog vor.

10.3 Komponenten und Funktion des Betriebssystem

10.3.1 Systeminitialisierung, Monitor

Nach dem Einschalten des Entwicklungssystems muß das Betriebssystem von einer Diskette in den Arbeitsspeicher des Geräts
geladen werden (Systeminitialisierung). Eine Diskette, auf der
das Betriebsprogramm gespeichert ist, bezeichnet man als
Systemdiskette.

Zum Laden des Betriebssystems dient der Monitor, ein Programm,
das im ROM-Bereich des Entwicklungssystems gespeichert ist und
das Lesen der Diskettenspuren erlaubt, die das Betriebsprogramm
enthalten. (ROM: "Read Only Memory", Lesespeicher; im Gegensatz
zum RAM: "Random Access Memory", Zugriff wahlweise lesen oder
schreiben).

Der ROM enthält bei den Z80-Entwicklungssystemen folgende
Programmteile:

Software-Interfaces zur Bedienkonsole und zur Floppy Disk, die
Testsoftware des Entwicklungssystems (Debug) und ein Lader zum
Lesen des Betriebssystems von der Diskette (Urlader).

Die Systeminitialisierung kann auf zwei Arten eingeleitet
werden:

    a) durch Reset des Systems (Hardware-Reset + Carriage Return),
    b) aus dem Debug durch das Kommando "OS" (Operating System).

Den Ablauf der Systeminitialisierung verdeutlicht Abb.10.7.

Nach der Initialisierung steht das gesamte Betriebssystem zur
Verfügung, das Entwicklungssystem ist bereit, Kommandos anzuneh-
men.
    Die hier verwendete Methode zum Laden des Betriebssystems
bezeichnet man allgemein als "Bootstrap-Loading":
Ein Primitiv-Lader (gespeichert im ROM) lädt einen oder
mehrere komplexere Lader, die dann das Betriebssystem laden.

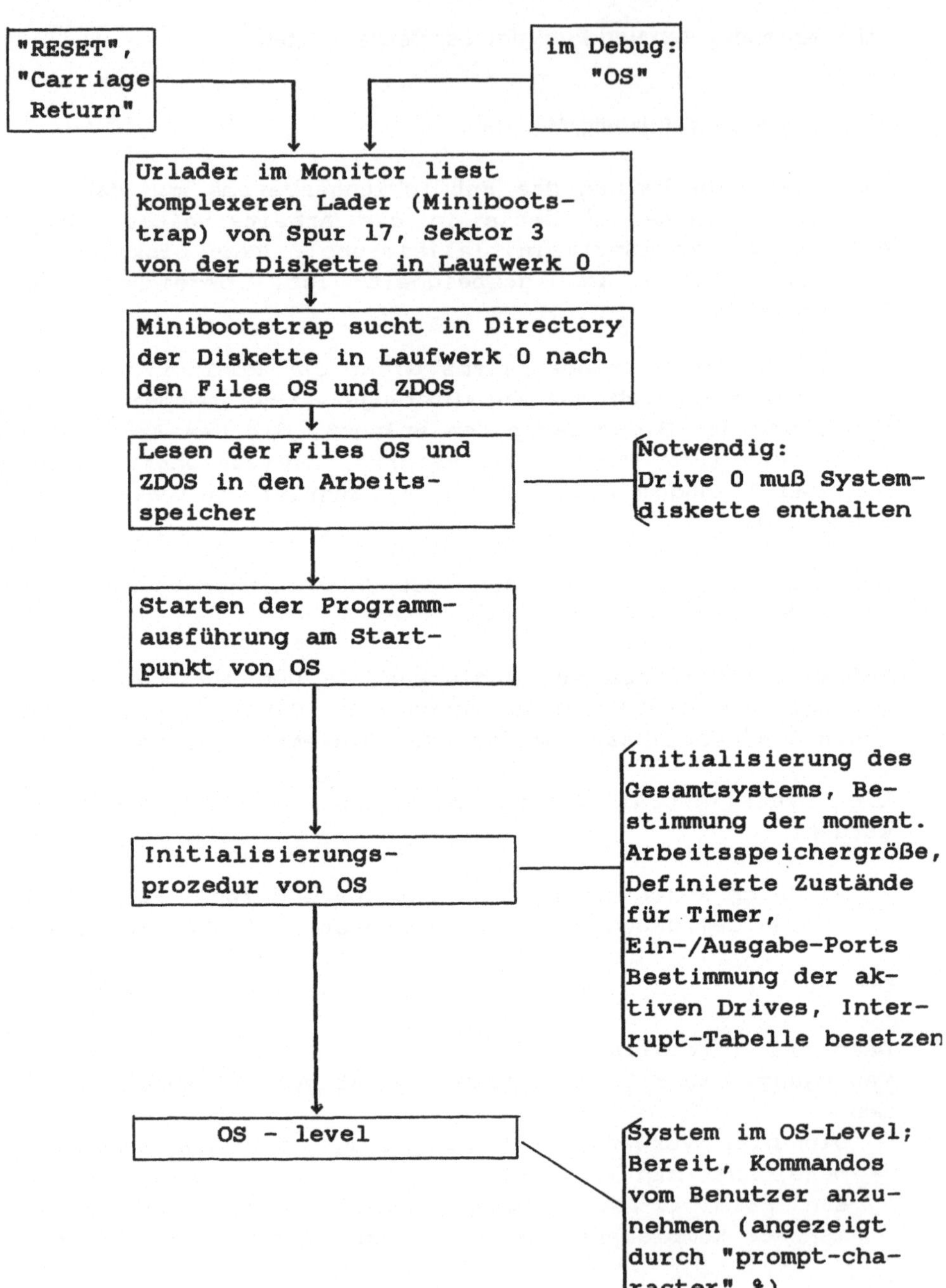

Abb.10.7 Laden des Betriebssystems durch den "Monitor"

Abb.10.8 zeigt die Software-Architektur des Z80-Systems nach der
Systeminitialisierung, d.h. nach dem Laden des RIO-Betriebssystems (RIO: Relocatable Input/Output). Der Rechner befindet
sich nun im sogenannten OS-Level. Durch entsprechende Kommandos
lädt man den Editor, Assembler bzw. Linker oder arbeitet mit
Debug.

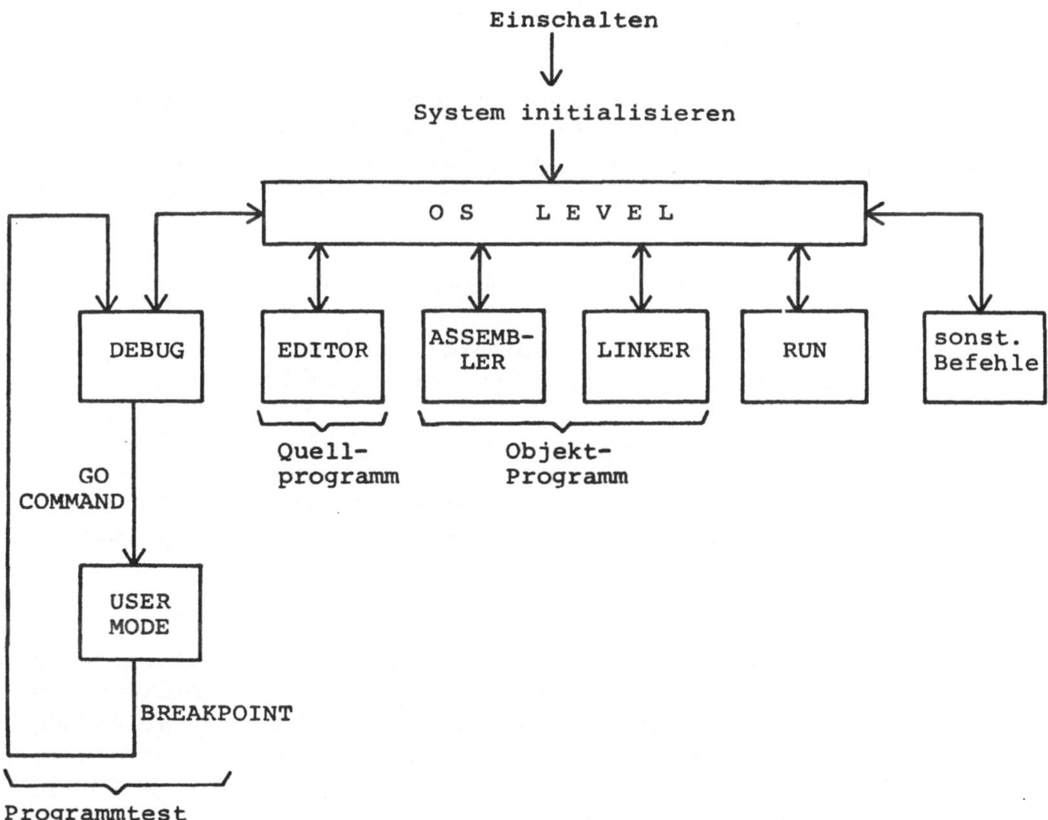

Abb.10.8 Software-Architektur eines Z80-Entwicklungssystems

10.3.2 Beispiel eines Betriebssystems

Um die Aufgaben des Systemprogramms zu verdeutlichen, werden
diese einem real existierenden Betriebssystem, dem RIO -ein
Betriebssystem der Firma Zilog- entnommen.

a) Der Editor

Funktion

Der Editor ist eine Softwarehilfe zum komfortablen Erstellen
eines Datensatzes (Files), auf Diskette. Meistens dient er zur
Erstellung eines Quellprogramms in Assembler oder einer höheren
Programmiersprache.

Merkmale des Editors im RIO-Betriebssystem:

- Automatisches Laden des Editors von der Diskette und
  automatisches Laden / Abspeichern des bearbeiteten Files

- Zeilenorientierter Editor, d.h. man arbeitet mit einem
  virtuellen Zeiger, der angibt, auf welche Zeile sich das
  nächste Editor-Kommando bezieht. Dieser Zeiger läßt sich durch
  entsprechende Kommandos auf jede gewünschte Zeile positionie-
  ren.

- Memory Paging Technik
  Der Editor mißt den zum Editieren verfügbaren Arbeitsspeicher
  und bringt entsprechend große Textblöcke von der Diskette in
  den Speicher. Der Ausschnitt des Benutzerfiles, der in diesem
  Textpuffer gehalten wird, wird als "Window" bezeichnet.
  Bezieht sich ein Kommando auf eine Textzeile, die nicht in
  diesem Fenster enthalten ist, schreibt der Editor den
  aktuellen Inhalt des Textpuffers auf die Diskette und liest
  den benötigten Textblock in den Textpuffer ("Rolling").

Arbeiten mit dem Editor

```
EDIT              filename              [options]

filename:         Name des Files

options:          O = Name              Name für Backup-File
                  N                     Kein Backup-File
```

Voreinstellung: Backup-File wird erstellt mit Extension .OLD.

Der Editor wird durch das EDIT-Kommando aufgerufen (in den Arbeitsspeicher geladen). Ist ein File mit dem angegebenen Namen auf Diskette gespeichert, wird vor dem Einlesen des File in den Arbeitsspeicher ein Duplikat erstellt, ein sogenanntes Backup-File: Bei Zerstörung des Benutzerfiles beim Editieren ist damit gewährleistet, daß der Text im Zustand vor dem Editieren gerettet ist. Der alte Text erhält die Extension .OLD.

Beispiel: EDIT MYFILE

Es wird ein File mit dem Namen MYFILE.OLD angelegt, wenn vorher schon ein File dieses Namens existierte.

Zur Schreibweise der Editor-Kommandos:

Zeichen in [ ] dienen zur genaueren Spezifizierung des Kommandos, sie können weggelassen werden, dann geschieht die Ausführung des Kommandos nach Voreinstellung.
Vor der Kommando-Zeichenfolge müssen nur die Großbuchstaben geschrieben werden.

Zeichen:

$\oplus$ = Exklusiv-ODER
⊔ = Leerzeichen
--→ = Stellung Zeilenzeiger vor dem Kommando
—→ = Stellung Zeilenzeiger nach dem Kommando
/ = Begrenzungszeichen
"Unterstrichen" = Antwort des Systems
RETURN   = Befehlsabschluß (Return-Taste)

Ein-/Ausgabe-Befehle

Input [text line(s)]

Eingabe von beliebig vielen Zeilen nach der durch den Zeilenzeiger angegebenen Zeile.
    I   RETURN

ZEILE 1   RETURN
    .   .

    .   .
ZEILE N   RETURN
RETURN   (Leerzeile zum Beenden des Input-Kommandos)

Wird bei Aufruf des Editors ein noch nicht existierender Filename gewählt, springt der Editor automatisch in den Input-Modus.

```
Print [n ⊕ / string [/]]
```

Druckt, beginnend mit der laufenden Zeile, die nächsten n Zeilen oder die Zeilen bis zum ersten Auftreten der spezifizierten Zeichenfolge.

Zur Modifizierung von Kommandos:

In vielen Editor-Kommandos wird eine Dezimalzahl n bzw. eine Zeichenfolge (string) als "modifier" benutzt.

n: Gibt an, wie oft das Kommando wiederholt werden soll, z.B. Print n

string: Kommando soll wiederholt werden, bis Zeichenfolge gefunden ist, z.B. Print /string/

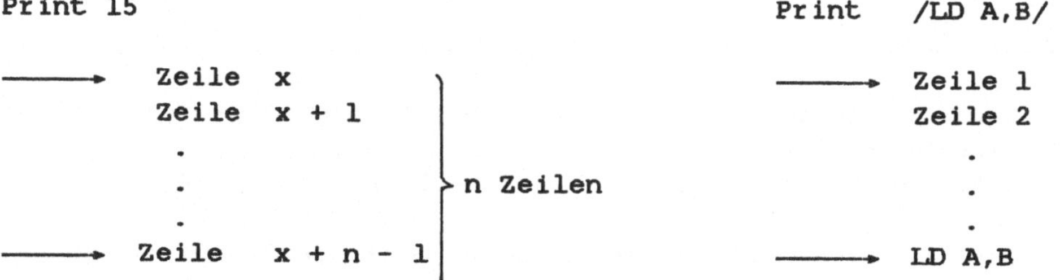

Zeiger-Positionierung

Top

Setzt den Zeilenzeiger auf die Zeile Nr. 0
(Anfang des Benutzer-Files)

Bottom

Setzt den Zeilenzeiger auf die letzte Zeile des Benutzer-Files.

Up [n ⊕ /string [/]]   Next [n ⊕ /string [/]]

Bewegt den Zeiger um n Zeilen oder bis zu der Zeile, in der die
spezifizierte Zeichenfolge zum ersten Mal vorkommt, nach oben
bzw. nach unten (Voreinstellung: n = 1).

Änderung von Zeilen

DElete [n]

Löscht die nächsten n Zeilen, beginnend mit der laufenden
Zeile.

Change /old string/new string [/nl [n2]]

Ersetzt "old string" durch " new string"

nl: Zahl der Zeilen, in denen nach der Zeichenfolge "old string"
    gesucht wird
    Voreinstellung: nl=1, nl=* ⟶ alle Zeilen des Files.

n2: Gibt an, wieviele der mehrmals in einer Zeile auftretenden
    Zeichenfolgen "old string" ersetzt werden sollen.
    Voreinstellung: n2=1, n2=* ⟶ alle old strings pro Zeile.

Beispiel: C /Ø/O/3 1

```
vorher:  ⟶ ØUT  (C),3FH        nachher:      OUT  (C),3FH
           ØUT  (C),4ØH                      OUT  (C),4ØH
           ØUT  (C),ØAH                  ⟶   OUT  (C),ØAH
           POP  HL                           POP  HL
                  .                                 .
                  .                                 .
                  .                                 .
```

`GET Filename`

Liest ein File von der Diskette und fügt dessen Inhalt in den
laufenden Programmtext ein.

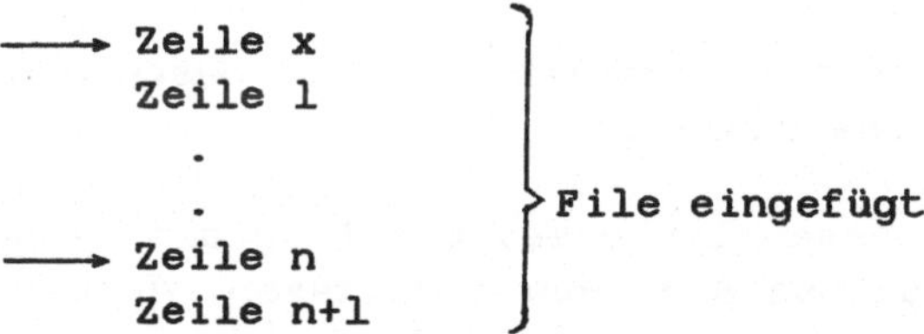

`Again [n]`

Wiederholt das vorgehende Kommando n mal (Voreinstellung: n= 1)

```
P 3
LINE 1
LINE 2
LINE 3
A
LINE 4
LINE 5
LINE 6
```

Beenden der Eingabe

`QUIT`

Beenden des Editierens, Abspeichern des editierten Files auf
Diskette, Übergabe der Befehlskontrolle an OS.

b) Der Assembler

Funktion des Assemblers

Der Assembler übersetzt das Quellprogramm in den Maschinencode
und prüft es auf syntaktische Fehler.

Den Instruktionen des vom Assembler erzeugten Programms sind im
Normalfall noch keine absoluten Adressen zugewiesen, da man das
Programm noch an beliebiger Stelle im Arbeitsspeicher laden
möchte. Der assemblierte Code wird deshalb als verschieblich
(relocatable) bezeichnet. Die einer Instruktion während der
Assemblierung zugewiesene Adresse ist zunächst als Abstand
relativ zu einer Basisadresse (im allgemeinen 0000H) zu
verstehen, die vor dem Laden des Programms in den Arbeitsspeicher umzurechnenden Adressen werden vom Assembler entsprechend
gekennzeichnet und später vom Linker umgerechnet.

Aufruf des Assemblers

ASM filename [(options)]

Assembliert den Source-File filename.S (d.h. um ein Quellprogramm übersetzen zu können, muß das Quellfile das Format
filename.S besitzen).

Erzeugt filename.OBJ File mit dem verschieblichen Code
und   filename.L   File mit dem Listing

options:

Xref   Anlegen einer Cross-Reference-Liste
Print   Ausgabe des Listingfiles während des Assemblierens
NOList   Unterdrückt die Erzeugung des Listingfiles. Nur die
         fehlerhaften Zeilen mit Fehlerangabe werden in einem
         Listing-File abgelegt.
         .
         .
         .

Listing

Der Assembler erzeugt ein Listing, das den generierten Objektcode sowie wahlweise eine sog. Cross-Reference-Liste aller verwendeten Symbole enthält. Das Format eines Listings zeigt das Beispiel in Abb.10.9.

Die einzelnen Spalten enthalten folgende Angaben:

```
Spalte LOC = Adresszähler (Location)
Spalte OBJ CODE = Objektcode
Spalte M     = Mode einer Instruktion
           R: Instruktion enthält eine verschiebliche Adresse
           X: Instruktion enthält eine externe Adresse
           ⊔: Instruktion ist absolut
         R,X: Diese Instruktionen werden vom Linker modifiziert,
              daher stimmt die Adresse im Objektcode nicht mit
              dem Wert während der Programmausführung
              überein.
```

Spalte STMT = Zeilennummer
Spalte SOURCE STATEMENT: enthält das Quellprogramm

Cross-Reference - Liste
Alphabetische Liste aller symbolischen Namen im Quellprogramm

```
Spalte   SYMBOL = Symbolischer Name
Spalte   VAL      = Wert des symbolischen Namens
Spalte   M        = Mode eines Symbols
         ⊔        = Absolut
         R        = Relocatable
         G        = Global
         X        = EXTERNAL
Spalte   DEFN   = Zeilennummer, in der das Symbol definiert ist
Spalte   REFS   = Zeilen, in denen das Symbol benutzt ist
```

```
                                          MULT
LOC        OBJ CODE  M STMT     SOURCE    STATEMENT

0000       313700    R    1     START:    LD        SP.STACK
0003       110500         2               LD        DE,5
0006       0E07           3               LD        C,7
0008       CD0F00    R    4               CALL      MULT
000B       222100    R    5               LD        (RESULT),HL
000E       76             6               HALT
                          7     ;
000F       210000         8     MULT:     LD        HL,0
0012       0608           9               LD        B,8
                         10     ;
0014       CB39          11     MLOOP:    SRL       C
0016       D21A00    R   12               JP        NC,NOAAD
0019       19            13               ADD       HL,DE
                         14     ;
001A       CB23          15     NOADD:    SLA       E
001C       CB12          16               RL        D
001E       10F.4         17               DJNZ      MLOOP
                         18     ;
0020       C9            19               RET
                         20     ;
0021       0000          21     RESULT:   DEFW      0
0023                     22               DEFS      20
                         23     STACK:
                         24               END


CROSS REFERENCE                           MULT
SYMBOL    VAL M DEFN REFS

MLOOP     0014 R    11    17
MULT      000F R     8     4
NOADD     001A R    15    12
RESULT    0021 R    21     5
STACK     0037 R    23     1
START     0000 R     1
```

Abb.10.9 Beispiel für das Format eines Listings

Pseudo-Befehle

Zusätzlich zu den normalen Befehlen, aus denen der Assembler ausführbaren Maschinencode erzeugt, kennt der Assembler Pseudo-Befehle, die lediglich die Funktion von Steuerbefehlen für den Assembler haben.

Beispiele:

RESULT: DEFW 00
Es werden 2 byte Speicher mit Namen RESULT reserviert (Define Word).

OPERAND : EQU 3FH
Dem Namen OPERAND wird der Wert 3FH zugewiesen (Equate).

MSG: DEFM 'HELLO'
Ein String im ASCII-Code wird erzeugt (Define Message).

MSG: DEFT 'HELLO'
Ein String im ASCII-Code wird erzeugt (Define Text).
Dem Text wird die Textlänge vorangestellt.

c) Der Linker

Funktion des Linkers

Der Linker erzeugt aus mehreren (trivial auch einem) vom
Assembler erzeugten verschieblichen Programm-Moduln den lauffä-
higen absoluten Code in Form eines "Procedure-File", indem er
den Code der Einzelmodule aneinanderreiht und das entstehende
Modul relativ zu einer beim Binden anzugebenden Basisadresse
positioniert. Dabei werden den verschieblichen Instruktionen vom
Binder absolute Adressen angewiesen. In die Berechnung der
absoluten Adressen gehen die beim Binden anzugebende Basisadresse sowie die Längen der einzelnen Module ein. Man kann mit dem
Assembler auch eine absolute Assemblierung durchführen, in
diesem Fall werden den Instruktionen vom Assembler die absoluten
Adressen zugewiesen, d.h. dann existiert ein Eins-zu-eins-
Zusammenhang zwischen der Adresse eines Befehls in einem
Programmstück nach der Assemblierung und der Speicheradresse
dieses Befehls während der Programmausführung.

Aufruf des Linkers

LINK [\$=X$_1$]   filename 1   [\$=X$_2$]   filename 2....
  ..[\$=X$_n$]   filename n   [(options)]

Verschieblicher Code filename.OBJ wird umgeformt. Programm-
Module werden relativ zu den spezifizierten Basisadressen $X_1..X_n$
positioniert.

Erzeugt ausführbares Programm   filename
und "Load Map"   filename.MAP

Options:

Entry = X_s Startadresse zur Ausführung des Programms
                            Voreinstellung: Entry=Basisadresse X_1

Name = filename   Angabe des Namens für das Procedure-File
                            Voreinstellung: Name des Procedure-File =
                                            Name des 1.Moduls

Print   Ausdrucken der "Load Map" während des Linkens

Beispiel:

LINK $=5000   MAIN INDRIVER OUTDRIVER   (P)

In diesem Beispiel (siehe Abb.10.9) sollen die drei Programm-
module MAIN, INDRIVER und OUTDRIVER gebunden werden. Dabei
werden vom Assembler zunächst drei verschiebliche Module
generiert (jeweils relativ zur Basisadresse 0000H).
In verschieblichen Instruktionen (z.B. LD A,(FULL)) wird der
Wert der benutzten symbolischen Adresse noch nicht eingetragen,
sondern die Instruktion wird als verschieblich gekennzeichnet
(vgl. im Listing, Abb.10.8, Mode=R). Im Codeteil wird noch 0000H
eingetragen. Ähnlich wird bei Instruktionen verfahren, die eine
externe Adresse enthalten: der Wert der symbolischen Adresse
wird noch nicht eingetragen, die Instruktion wird als Instruktion mit externer Adresse gekennzeichnet (im Listing zu erkennen
durch Mode=X).

Vom Linker werden 3 Module (im Beispiel aneinanderhängend) so
umgeformt, daß die Adressen relativ zur Basisadresse 5000H
berechnet sind (Angabe der Basisadresse beim Linken). Jetzt
können in den Instruktionen, die verschiebliche oder externe
Adressen enthalten, die Werte der Symbole eingetragen werden:

        (FULL   = 5000H,
         INPUT   = 5064H,
         OUTPUT = 5068H,
         BUFFER = 5001H).

Das entstehende Modul ist damit ein lauffähiger Maschinencode.

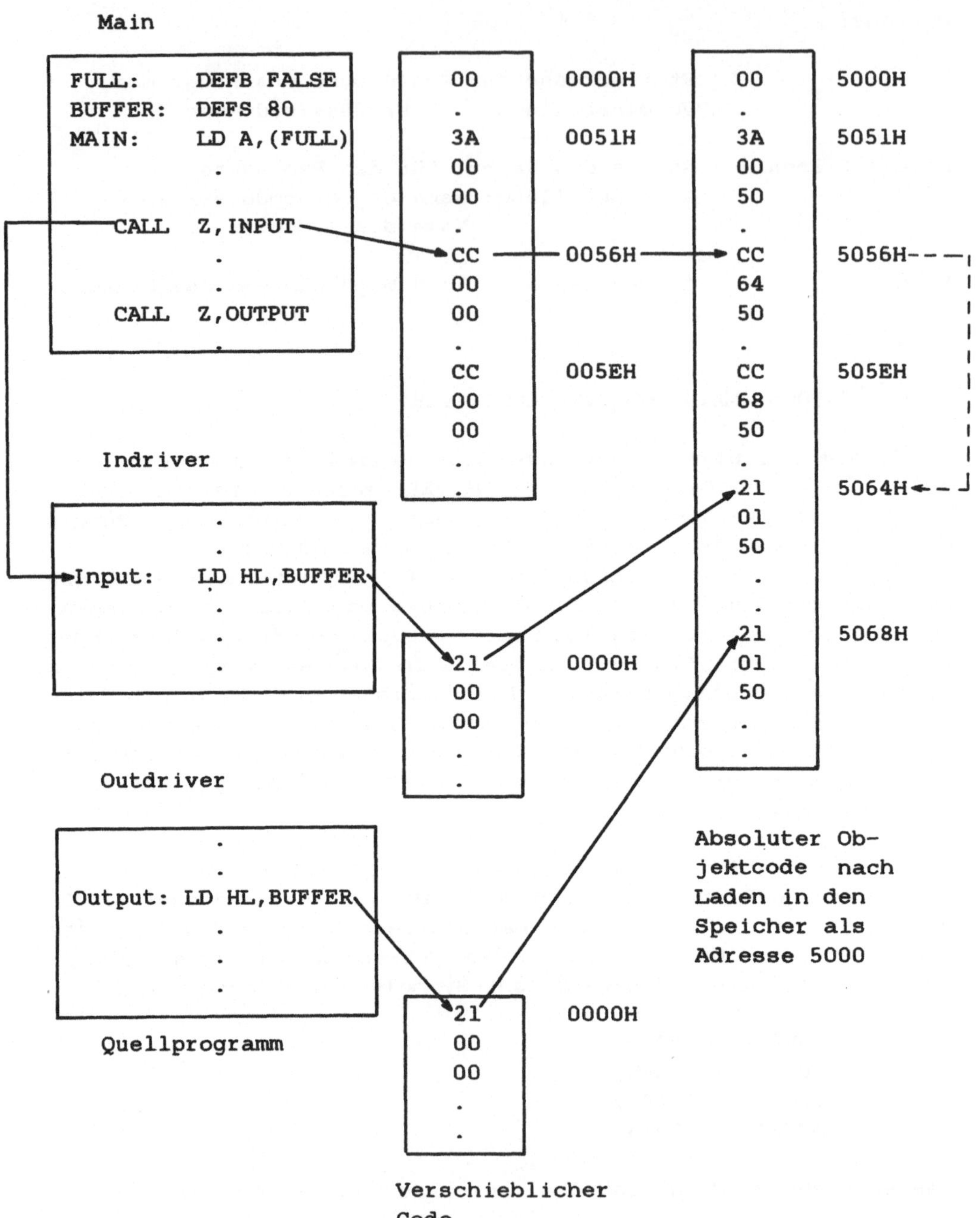

Abb.10.10 Verschiebliche Assemblierung

d) Der Debug

Der Debug ermöglicht:

- Setzen von Breakpoints (Haltepunkte), Stoppen des Programms
  bei einem vorgegebenen Daten- oder Adreßbitmuster

- Anzeigen und Verändern der internen CPU-Register, Speicher-
  plätze.
  Analyse des Weges zum erreichten Breakpoint.
  Programmänderungen (Maschinencode).
  Neustart des Programms.

Aufruf des Debug:

Debug Return

Debug-Kommandos:

Laden eines Programms:

GET filename

Maschinencode → Speicher des Entwicklungssystems
Startadresse → PC

Starten des Programms (User Mode)

GO

GO   : Start des Programms mit Adresse des PC

Haltepunkt setzen

Break [address]

B   5020 : Haltepunkt bei Adresse 5020H gesetzt
B   : Haltepunkt gelöscht

Einzelschritt

Next [n]

Ausführung der nächsten n Befehle (Voreinstellung: n=1).
Anzeige der Registerinhalte nach jedem ausgeführten Befehl.

Anzeigen und Verändern von Registerinhalten und Speicherplätzen

Display address   [number of bytes]

Register   [registername]

Anzeige von Speicherplatz- bzw. Registerinhalt
Weglassen der Option in []: Möglichkeit zur Änderung der
                          Inhalte

Set address   data 1   data 2   data 3 ....

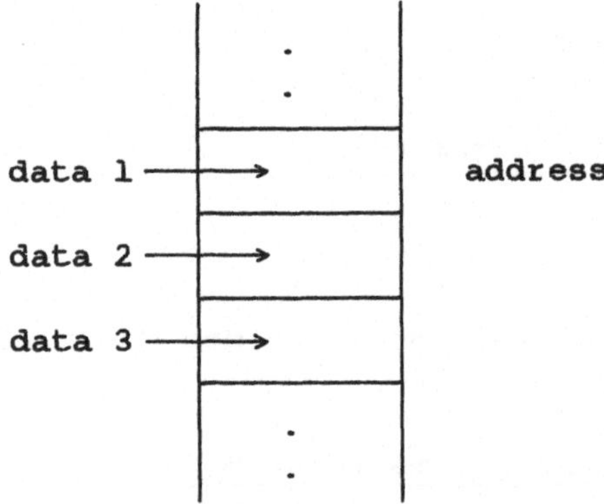

Fortlaufend ab der Speicherzelle address werden Hexadezimalwerte
ein- bzw. überschrieben.

Abspeichern eines Programms auf Diskette

Nützlich: Speichern eines beim Test geänderten Programms

Save filename starting_address ending_address (E = Entry)

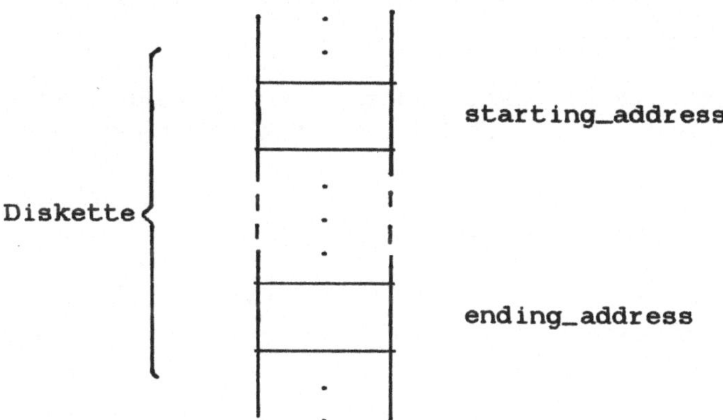

E: Startadresse für die Programmausführung
   Voreinstellung: E=0000H

10.3.3 Ein- und Ausgabeverwaltung des Betriebssystems

Ein Teil des RIO-Betriebssystems ist das "Zilog Disk Operating System" (ZDOS). Dieser Teil kontrolliert die Aufzeichnung und das Lesen von Daten auf bzw. von der Diskette. Die Basiseinheit der Daten auf der Diskette bezeichnet man als "Sektor"(s. Kap. 9).

1 Sektor = 128 byte langes Datenstück auf einer Spur der Diskette

Ein Sektor ist die kleinste Einheit, die das Betriebssystem von der Diskette lesen bzw. auf die Diskette schreiben kann.

Für den Benutzer ist die Basiseinheit der Daten auf der Diskette ein zusammenhängender Datensatz, das File.

1 File = Menge von Sektoren, die logisch zusammenhängende Informationen enthalten und zusammen einen Datensatz bilden.

So ist z.B. ein Quellprogramm in Assemblersprache oder ein Objektcode auf jeweils einem File abgespeichert.

Kennzeichen eines Files:

Jedem File sind bestimmte Kennzeichen zugeordnet, von denen hier die folgenden erwähnt seien:

a) Name des Files

b) Typ des Files

    D = Directory: File enthält das Inhaltsverzeichnis einer
                   Diskette.
    A = ASCII: File enthält Information im ASCII-Code, z.B.
                   Source-File.
    P = Procedure: File enthält Information, die in den Arbeits-
                   speicher geladen werden und als Programm
                   ausgeführt werden kann (Objectcode).
                   Inhaltsverzeichnis einer Diskette, auf jeder
                   Diskette von ZDOS angelegt. Es enthält:
                   - die Namen aller Files auf der Diskette
                   - die Lage des Fileanfangs jedes Files auf der
                     Diskette

Mit Hilfe des Directory kann ZDOS auf jeden File der Diskette gezielt zugreifen.

10.3.4 Sonstige Betriebssystem-Funktionen

Es gibt zwei Implementierungen von Kommandos:

- Interne Kommandos: Der Code, der das Kommando ausführt, ist Teil des mit dem Systemstart geladenen Betriebssystems.

- Externe Kommandos: Der Code des Kommandos ist als File auf der Diskette abgespeichert. Der Aufruf des Kommandos bedingt das Laden in den Speicher und die Ausführung.

Mehrzahl der RIO-Kommandos sind als externe Kommandos implementiert.

Einige Betriebssystemkommandos

CAT [match-string F=Format D=drive T=Type]

Liste der Files auf den File-Directories, deren Kennzeichen den spezifizierten Parametern entsprechen. Ohne Optionen: Alle Files auf den "Directories" der aktiven Laufwerke werden aufgelistet.

match-string: Teilweise spezifizierter File-Name, z.B. TEST*
                 Liste aller Files, deren Namen mit "TEST" beginnen

T = type: Nur Files des gegebenen Typs werden aufgeführt.
                 Mögliche Type-Angabe:
                 D = Directory
                 A = ASCII
                 B = Binary
                 P = Procedure

D = drive: Nur Files auf dem angegebenen Laufwerk werden
                 aufgelistet.

```
F = format:      F = L spezifiziert das Inhaltsverzeichnis in
                 ausführlichem (Long) Format
                 Enthält: Name, Laufwerk, File-Type, Record-Zahl,
                          Record-Länge, File-Eigenschaften,
                          Startadresse, Erstellungsdatum, Datum der
                          letzten Änderung
```

STATUS

Die Anzahl der freien Sektoren auf den Disketten wird aufgelistet.

COPY

```
COPY  file 1 n/file 2
```
Kopiert Inhalt von file 1 in ein neues file mit Name   file 2

```
n = Laufwerksangabe, Voreinstellung: file 2 wird auf den
                                     drive kopiert, auf dem
                                     file 1 enthalten ist.
Beispiel: COPY MYFILE    2/MYFILE.TCO
```


```
DELETE match-string
```

Alle spezifizierten Files werden zum Löschen angeboten. Laufwerke werden nach den angegebenen Files durchsucht, RIO meldet sich mit:

```
DELETE  Laufwerk/Filename        (Y/N/A/Q) ?
```

```
wobei die Antwort Y =  Ja, lösche den File (yes)
                  N =  Nein, lösche den File nicht (no)
                  A =  Ja, lösche den File und alle anderen
                       spezifizierten Files ohne weitere Anfrage
                       (all)
                  Q =  Nein, Lösche den File nicht und beende
                       das Lösch-Kommando (quit)
bedeutet.
```

Beispiel: DELETE *.OLD
          Alle Files, deren Namen mit .OLD enden, werden zum
          Löschen angeboten.

          DELETE MYFILE*

          Alle Files, deren Namen mit MYFILE beginnen, werden
          zum Löschen angeboten.

Starten eines Benutzerprogramms

Ein Benutzerprogramm wird zum Laden in den Arbeitsspeicher und
zum Starten wie ein Kommando aufgerufen.

z.B.   MYPROG   Laden des Procedure-Files MYPROG und Starten bei
                    der beim Linken angegebenen Startadresse.

Kopieren eines Programms

Ein Programm kann auf ein anderes externes Gerät umkopiert
werden, z.B.:

MOVE S=0 D=2 MYPROG

Das File MYPROG auf der Floppy-Disk 0 (Source) wird auf Floppy-
Disk 2 (Destination) kopiert.

11 Dedizierte Systeme

11.1 Allgemeines

Die schrittweise Entwicklung eines kompletten Mikrorechnersystems für eine spezielle Anwendung, die eine den Anforderungen
angepaßte Lösung verlangt, entspricht einem "Top-Down-Design".
Die Festlegung der Baugruppen eines Mikrorechners für diese
spezielle Aufgabe würde bei strenger Verfolgung des Prinzips der
schrittweisen Verfeinerung erst nach der vollständigen Spezifikation aller funktionalen Instanzen und deren Bearbeitung in den
oberen Phasen der Entwicklung erfolgen dürfen.
Da in der Praxis das Prinzip der schrittweisen Verfeinerung sehr
stark von dem Prinzip des Entwurfs von der Mitte aus begleitet
sein muß, ist es notwendig, in einer frühen Phase nach der
Spezifikation der Mechanik und der elektrischen Schnittstellen
die Baugruppen der Mikrorechner festzulegen. Wenn dies nicht
geschieht, kann z.B. nicht gewährleistet werden, daß der
Platzbedarf für die Baugruppen den in der mechanischen
Spezifikation festgelegten Bedingungen genügt. Dies würde später
zu sehr großen Iterationen führen.
Andererseits besteht aber die Gefahr, daß die Leistungsfähigkeit
des gewählten Mikroprozessors oder das vorgesehene Speichervolumen den erst in späteren Phasen der Entwicklung klar
werdenden exakten Anforderungen nicht genügt. Den dann notwendig
werdenden Iterationen, der Erhöhung der Leistungsfähigkeit der
Komponenten, der Erhöhung des Speichervolumens oder den
geänderten Spezifikationen für die funktionalen Instanzen kann
im wesentlichen nur durch Erfahrung begegnet werden. Man
erkennt, daß sich insgesamt diese Vorgehensweise mit der Art der
bisherigen Ingenieurtätigkeit deckt, bei der die Erfahrung eine
wichtige Rolle einnimmt.

11.2 Die Modularisierung und die Aufbautechnik eines Mikrorechners

Die uns bekannte Architektur eines Mikrorechners legt eine
Aufteilung nach den Baugruppen

    - CPU-Baugruppe
    - Speicher-Baugruppen
    - Ein-/Ausgabe-Baugruppen

nahe, wenn ein dediziertes System zu realisieren ist.

Unter einem dedizierten System wird eine Mikrorechneranordnung
verstanden, die bezüglich der Hardware an die Anforderungen
einer Anwendung angepaßt ist. Ferner umfassen die dazugehörigen
Programme die vollständige Menge aller Ablaufvorschriften und
die Beschreibung aller Eigenschaften und Zustände für diese
Anwendung. Darüber hinaus enthält das Programm aber keine
Funktionen, die mit der Aufgabe nicht in unmittelbarem
Zusammenhang stehen, z.B. Editor-Funktionen für die Programmerstellung und andere.

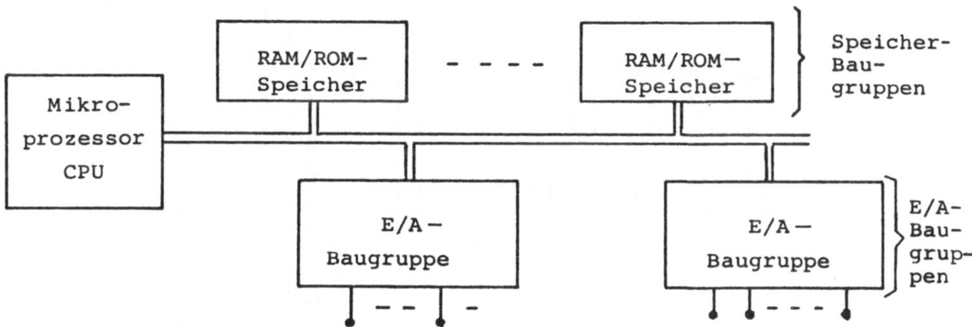

Abb.11.1 Prinzipielle Mikrorechner-Anordnung

11.3 Die CPU-Baugruppe

Die CPU-Baugruppe muß im Fall eines dedizierten Systems von
außen her, d.h. nicht über den Systembus, lediglich durch eine
"Reset-Funktion", die den Anfangszustand herstellt, durch einen
Takt, welcher die Ablaufgeschwindigkeit festlegt, und durch eine
Stromzufuhr versorgt werden.

Da die Ausgangsleistung des Systembusses nicht ausreicht, um
viele Baugruppen und Bausteine an dem Systembus zu bedienen,
müssen die Bus-Signale leistungsmäßig verstärkt werden. Der
Adreßbus ist unidirektional, der Datenbus bidirektional. Der
bidirektionale Steuerbus besteht aus verschieden, gerichteten,
unidirektionalen Steuerleitungen. Die Rücksetzung über den
Reset-Eingang soll sowohl selbständig beim Einschalten erfolgen
als auch durch Tastendruck möglich sein (siehe Abb.11.2).

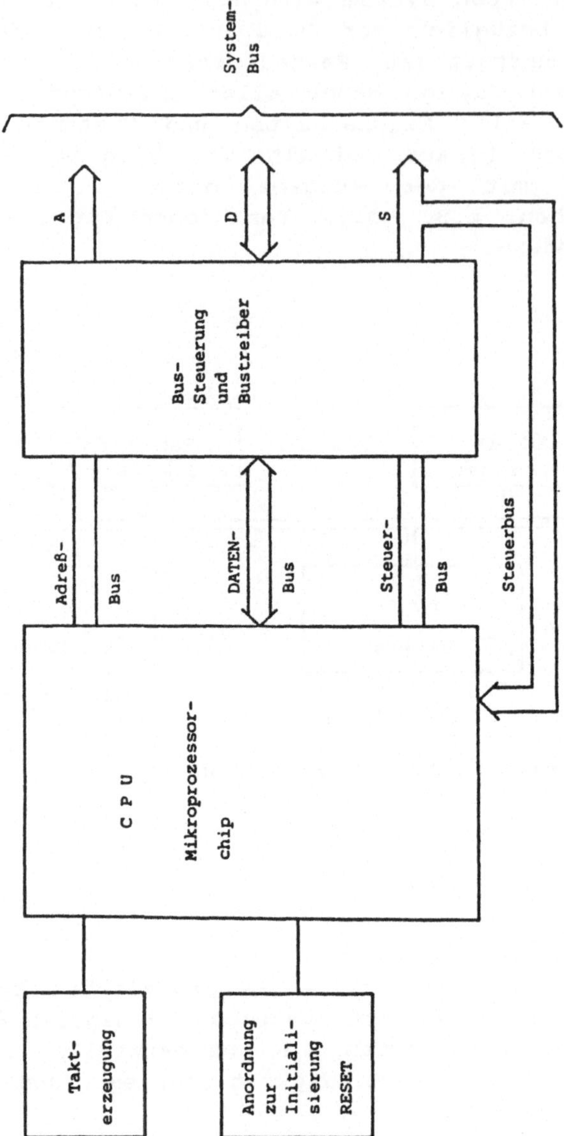

Abb.11.2 Blockschaltbild einer CPU-Baugruppe

Die CPU-Baugruppe umfaßt, von Bausteinen heutiger Integrations-
dichte ausgehend, den Mikroprozessor-Chip, den Takt-Generator,
die Reset-Anordnung, die Leistungstreiber-Stufen und deren
Steuerung.

Die neuerdings zunehmend in einigen Anwendungsgebieten eingesetzten Single-Chip-Computer als weitere Stufe der Integration
sollen hierbei nicht explizit betrachtet werden. Es handelt sich
hierbei um eine weitere Integration von Mikrocomputer-Baugruppen
auf einem Chip, die i.a. die CPU sowie Arbeits- und Festwertspeicher (oft "huckepack") in kleinerem Umfang enthalten. Dazu
können noch Analog-/Digital-Wandlungs-Einheiten, parallele oder
serielle Ein-/Ausgabe-Einheiten sowie ein interner Taktgenerator
kommen, die alle auf dem Ein-Chip-Mikrocomputer integriert sind.
Wir wollen jedoch bei der Beschreibung des Aufbaus zunächst von
getrennten Baugruppen ausgehen.

Der Systemtakt wird aus einem quarzstabilisierten Taktgenerator
abgeleitet (Abb.11.3). Der Eingangskondensator an der Reset-Ein-
richtung dient dazu, beim Einschalten der Spannungsquelle den
Mikrorechner auf den Anfangszustand zu setzen. In jeder
Mikrorechneranordnung ist der Adreßbus unidirektional. Die Bus-
Steuerung muß dafür Sorge tragen, daß je nachdem, ob eine Lese-
oder Schreiboperation ansteht, die Transfer-Richtung richtig
gesteuert wird.
Im Fall eines direkten Speicherzugriffs muß der gesamte Adreß-,
Steuer- und Datenbus vom Mikroprozessor abgekoppelt, d.h.
hochohmig geschaltet werden. Dies erfolgt mit Bustreiber-
Bausteinen mit Tri-State-Ausgang.
Zur Bus-Steuerung verwendet man zweckmäßigerweise einen PROM-
Baustein. Aus den Steuerleitungen der CPU, die als Adressen an
das PROM gelegt werden, wird an den Datenausgängen des PROM die
jeweils benötigte Kombination der entsprechenden Steuersignale
(Treibersteuerung usw.) zur Verfügung gestellt. In Abb.11.3 wird
die Ausführung der CPU-Baugruppe mit handelsüblichen Bausteinen
gezeigt.

Im Falle eines Anwendungsproblems müssen wir zur Realisierung
eines integrierten Mikrorechnersystems die Anordnung festlegen.
Dies kann in unserem Fall durch Festlegung eines Europa-Karten-
Formats oder durch die Spezifikation einer Anordnung auf einem
Spezialkartenformat erfolgen. Letzteres wird mit der Verfügbarkeit von CAD-Systemen zur Leiterbahnfestlegung (lay-out) auf
gedruckten Leiterplatten und nachfolgender automatischer
Fertigung und Dokumentation zunehmend interessanter. Das Verfahren ist anwendungsnahe und oft zugleich wirtschaftlich.

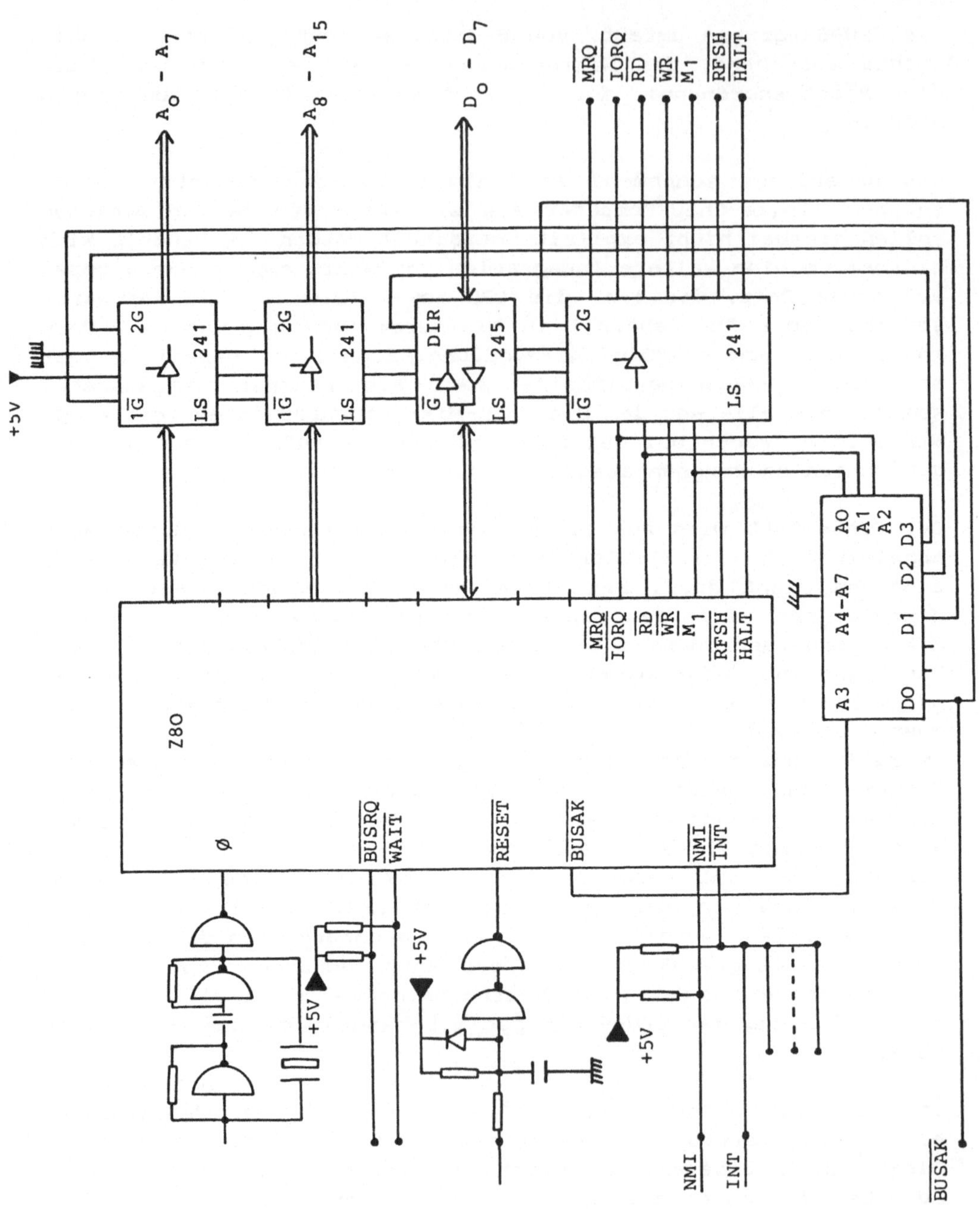

Abb.11.3 Ausführungsform einer CPU-Baugruppe

Heute werden andererseits häufig fertige Baugruppen in Europa-
Karten-Format für eine 19-Zoll-Einschubtechnik angeboten. Mit
Hilfe dieser auf Karten vorhandenen Baugruppen kann der Anwender
dann sein System realisieren. Die Verbindung untereinander
erfolgt über eine Busplatine. Bei Festlegung der Busbelegung
können einzelne fertige Baugruppen in ihren Steckplätzen auf
dieser Platine beliebig vertauscht werden. Abb.11.4 zeigt eine
solche Steckerbelegung für den sogenannten ECB-Bus.

Die Signalebene ist heute bei den Baugruppen eines Mikrorechners
durch die verwendeten LSI-Schaltkreise nahezu vollständig
festgelegt. Die Festlegungen, die bei Zusammenschalten der
Bausteine zu beachten sind, findet man in den entsprechenden
Datenblättern. Im Fall der CPU-Baugruppe wird eine Leistungs-
verstärkung der System-Bus-Signale vorgesehen, um bis zu 40 LS-
TTL (Low Power Schottky Transistor Transistor Logic) Lastenein-
heiten anschließen zu können.

Die Operationen auf dem Systembus werden, solange der Bus nicht
abgekoppelt ist, ausschließlich vom Mikroprozessor gesteuert.
Deshalb wird die Transport-Ebene, d.h. die Ebene, die den
Austausch von binären Daten beschreibt, ausschließlich durch den
Mikroprozessor festgelegt. Die Beschreibung der Transportebene
kann verbal, durch Zeitdiagramme, durch Übergangsmatrizen oder
durch Zustandsdiagramme erfolgen. Abb.11.5 zeigt als Beispiel
vier Zeitdiagramme für die Systembus-Steuerung bei Z80.
Im Fall der in unserem Beispiel vorgesehenen Leistungsverstär-
kung der Bussignale muß sichergestellt sein, daß die Strom-
verstärkungs- und Bussteuerungseinheit die durch den Z80
festgelegten Spezifikationen für die Transportebene enthält. Der
auf dem Systembus erforderliche Systemzustand ergibt sich aus
den Zuständen der Steuerleitungen, die man dem Datenblatt
entnimmt; so z.B. der Zustand "Lesen" im Falle einer vom
Mikroprozessor Z80 angenommenen Interrupt-Anforderung. Ein
Zustandswechsel ist immer am Ende eines Befehlszyklus möglich.
Die Zustandssteuerung auf dem Systembus wird am einfachsten mit
Hilfe eines programmierbaren Speicherbausteins, der als Decoder
verwendet wird, realisiert. Abb.11.6 zeigt die Speicherbelegung
für einen PROM-Baustein.

a		c
+5V	1	+5V
D5	2	DO
D6	3	D7
D3	4	D2
D4	5	AO
A2	6	A3
A4	7	A1
15	8	A8
A6	9	A7
$\overline{\text{WAIT}}$	10	
$\overline{\text{BUSRQ}}$	11	IEI
A18	12	A19
+12V	13	
	14	D1
−5V	15	−15V
20	16	IEO
A17	17	A11
A14	18	A1O
+15V	19	A16
$\overline{\text{M1}}$	20	$\overline{\text{NMI}}$
	21	$\overline{\text{INT}}$
	22	$\overline{\text{WR}}$
	23	
VCMOS	24	$\overline{\text{RD}}$
	25	$\overline{\text{HALT}}$
	26	$\overline{\text{PWRCL}}$
$\overline{\text{IORQ}}$	27	A12
$\overline{\text{RFSH}}$	28	A15
A13	29	ϕ
A9	30	$\overline{\text{MRQ}}$
$\overline{\text{BUSAK}}$	31	$\overline{\text{RESET}}$
GND	32	GND

Abb. 11.4 Busbelegungsbeispiel: ECB-Bus

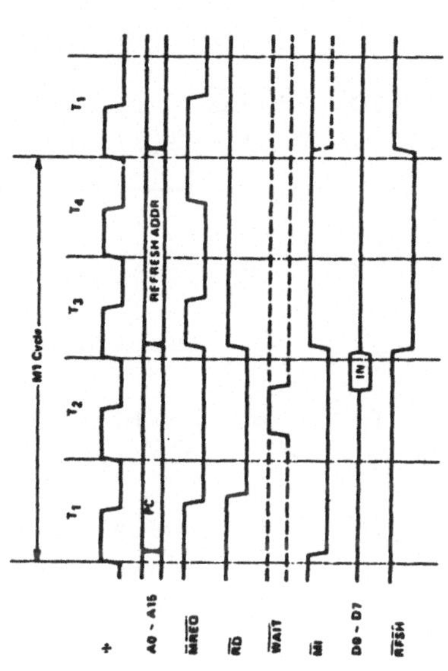

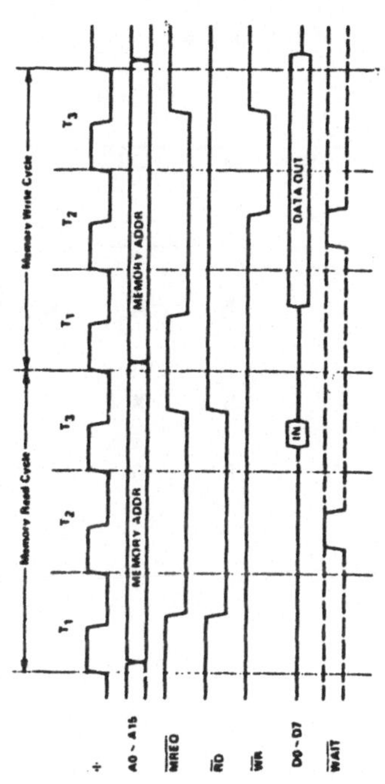

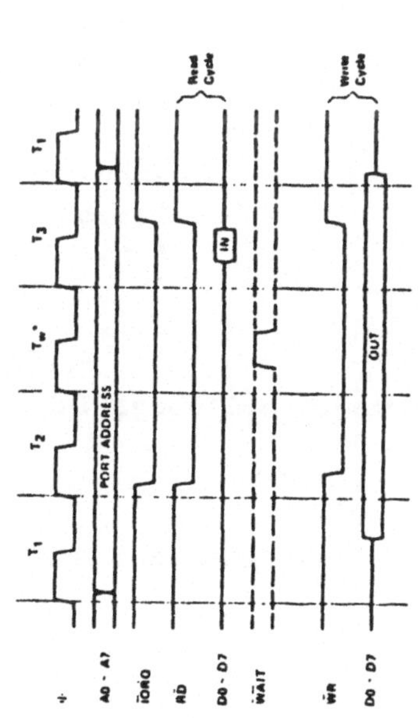

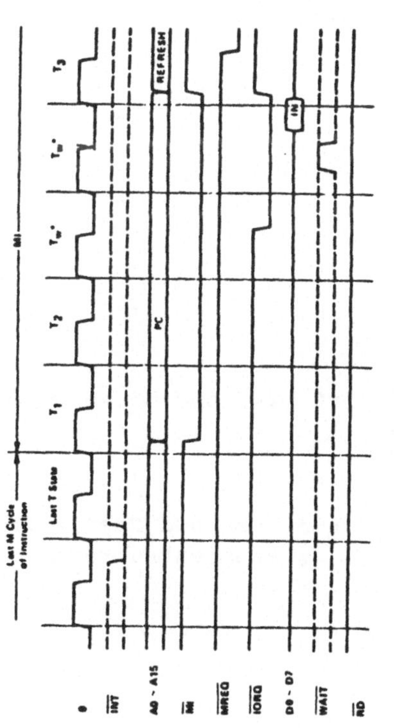

Abb. 11.5 Zeitdiagramme für den Systembus

| Eingänge | | | | | Ausgänge | | | |
GND	$\overline{BUSAK}$	$\overline{M1}$	$\overline{IORQ}$	$\overline{RD}$	DIR (A+D)	2G [(A,D,S)	1G +2G(S)]	$\overline{BUSAK}$	
A_4-A_7	A_3	A_2	A_1	A_0	D_3	D_2	D_1	D_0	
	0	x	x	x	0	0	1	0	Bus abgekoppelt
	1	0	0	1	0	1	0	1	Lesen Interrupt maskiert
	1	0	1	0	0	1	0	1	Lesen Hol-Phase oder nicht maskierter Inter-rupt
	1	1	1	1	1	1	0	1	Schreiben Speicherbefehl
	1	1	1	0	0	1	0	1	Lesen Speicherbefehl
	1	1	0	0	0	1	0	1	Lesen Peripheriebe-fehl
	1	1	0	1	1	1	0	1	Schreiben Peripheriebe-fehl

Unter "x" bzw. den Adressen A_4 - A_7 können beliebige Inhalte stehen.

Abb.11.6 Adreß- und Speicherbelegung eines PROMs zur Bus-Zustandssteuerung.

11.4 Speicher

Wie bereits dargestellt, ist der Speicher neben der Zentralein-
heit und der E/A-Einheit ein weiteres Grundelement eines
Mikrorechners. In Mikroprozessor-Systemen kommen sowohl Schreib-
/Lesespeicher (Random Access Memories, RAMs) als auch Festwertspeicher (Nur-Lese-Speicher, Read Only Memories, ROMs) zum
Einsatz. Der wesentliche Unterschied zwischen diesen beiden
Speichertypen besteht in der Flüchtigkeit ihrer Information.
Während der Schreib-/Lesespeicher bei Ausfall oder bei Abschal-
ten der Versorgungsspannung die gespeicherte Information
verliert, ist der Nur-Lese-Speicher ein nichtflüchtiger Speicher
mit einseitigem Informationsfluß.
Typische Hintergrundspeicher wie z.B. Floppy-Disks, Hard-Disks
usw. sollen außer Betracht bleiben, da sie für ein dediziertes
System nicht in Frage kommen.

11.4.1 Schreib-/Lesespeicher

RAMs werden in Mikroprozessor-Systemen typisch als Datenspeicher, als Zwischenspeicher oder auch als Programmspeicher
eingesetzt. Je nach Art der Speicherzelle unterscheidet man
zwischen statischen und dynamischen Schreib-/Lesespeichern.
Statische Speicher halten die eingeschriebene Information so
lange, wie die Versorgungsspannung anliegt. Dynamische Speicher
benötigen darüber hinaus in gewissen Zeitabständen "Refresh-
Impulse", damit die Information nicht verloren geht. Speicher,
die aus dynamischen RAM-Bausteinen aufgebaut sind, benötigen
also zusätzlich noch eine "Refresh-Logik". Der Vorteil der
dynamischen Speicher liegt dafür i.a. in der geringeren
Stromaufnahme (maximaler Speicherausbau $\rightarrow$ große Verlustlei-
stung). Neuerdings werden zusätzlich auch "quasi-statische" RAMs
angeboten, die eine interne "Refresh-Logik" besitzen, von außen
dann aber wie statische RAMs behandelt werden können.

Als Einführung soll zunächst ein einfacher, bitorientierter
Speicherbaustein in seinem Aufbau und seiner Funktionsweise
beschrieben werden.

Abb.11.7 zeigt das Blockschaltbild des Speicherbausteins 2102
der Firma Intel. Hierbei handelt es sich um einen statischen
lk x 1 bit RAM-Baustein in NMOS-Technologie. Alle Anschlüsse
sind direkt TTL-kompatibel, der Baustein benötigt nur eine
Versorgungsspannung (+5V) und ist in einem 16-Pin-Gehäuse
untergebracht. Dateneingang und -ausgang sind getrennt; der
Ausgang ist mit einem Tri-State-Puffer beschaltet.

Neben der 32 x 32 Zellen umfassenden Speichermatrix enthält der
Baustein zwei Decoder:
Der Zeilen-Decoder wählt eine der 32 Zeilen, der Spalten-Decoder
eine der 32 Spalten aus. Schreib-und Leseverstärker werden in
Abhängigkeit von der Schreib-/Leseleitung und der Chip-Enable-
Leitung gesteuert. Der Baustein ist nun angewählt, wenn CE auf 0
liegt. R/W entscheidet dann über die Richtung des Datentransfers
(R/W = 0: Schreiben, R/W = 1: Lesen).

Die Zeitdiagramme für den Lese- und Schreibzyklus sind in
Abb.11.8 zu sehen. Der Sockel, die PIN-Belegung, die oben
erwähnten elektrischen Eigenschaften und die Zeitdiagramme
beschreiben die mechanische Ebene und die Signalebene des
Bausteins. Abb.11.9 zeigt den Aufbau einer 8 Kbyte-RAM-Platine
mit 4 Bausteinen 6116 zu je 2K x 8bit Speicherkapazität
(byteorganisierte Bausteine). Da die Speicherplatine mit der CPU
über einen steckbaren Bus verbunden ist, erfolgt zweckmäßigerweise eine Pufferung des Adreßbusses mit Hilfe von Bus-Treibern.
Über DIL-Schalter (Dual-In-Line) kann man den Adreßbereich für
die Platine einstellen.

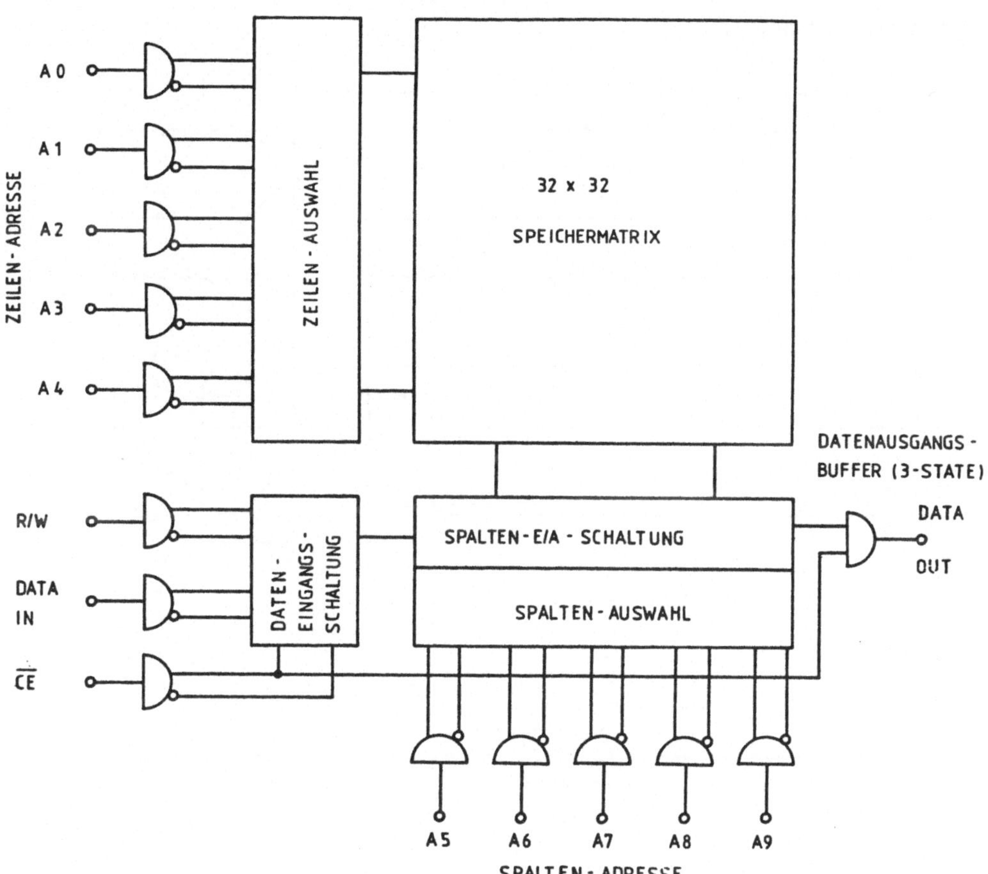

Abb.11.7 Blockschaltbild des statischen 1K x 1 bit RAM 2102 von Intel

LESEZYKLUS (R/W = 1)

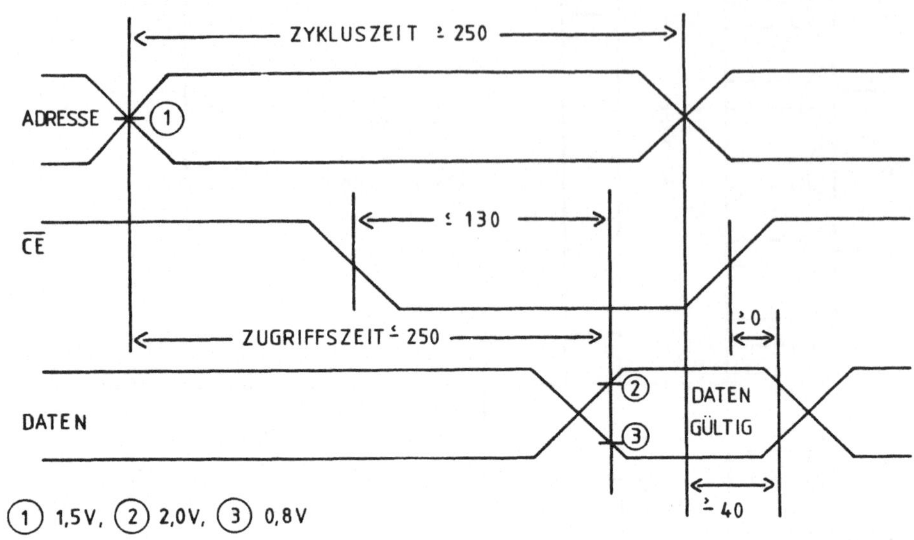

SCHREIBZYKLUS

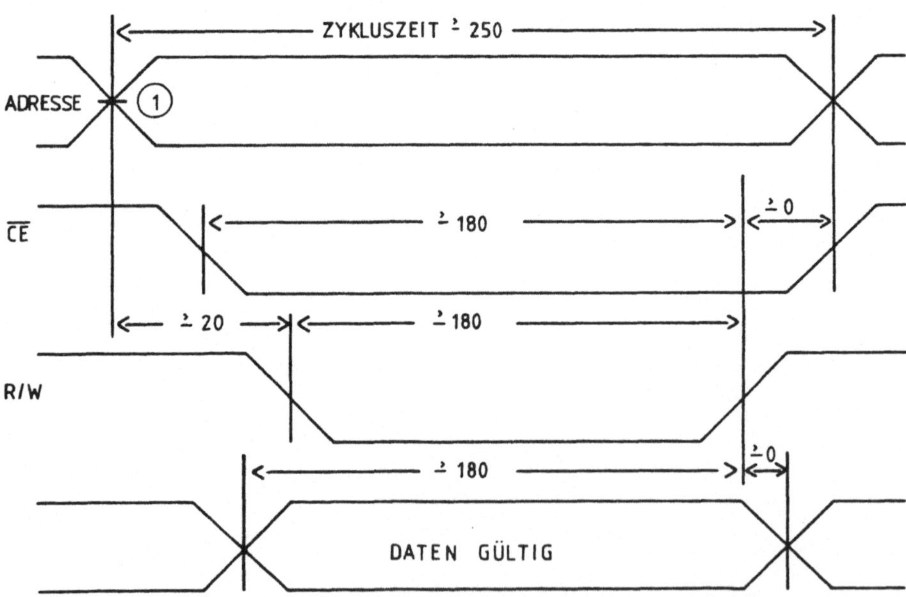

Abb.11.8 Zeitdiagramme für den RAM-Baustein 2102 (alle Zeiten in ns)

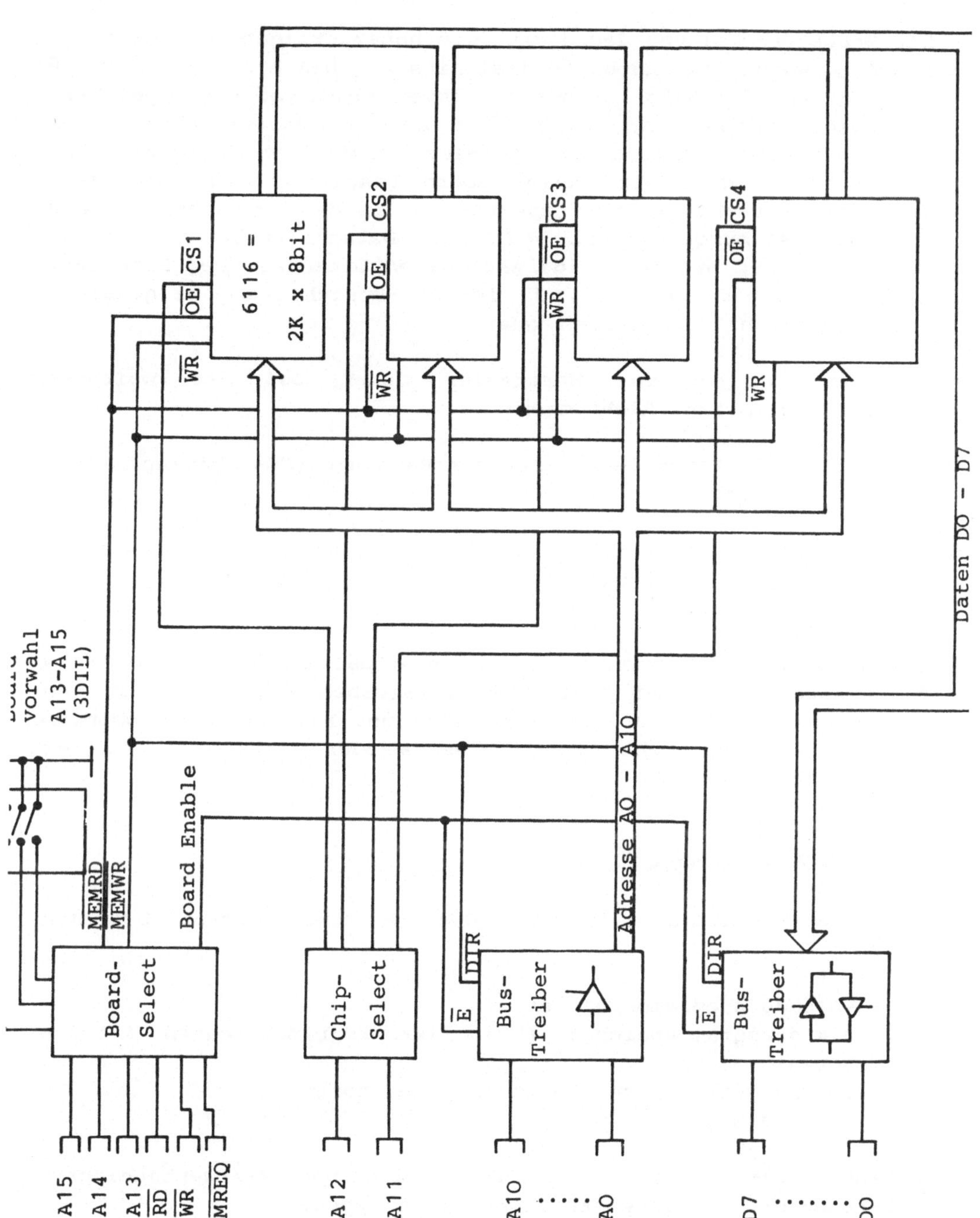

Abb.11.9 Aufbau einer RAM-Platine für 8Kx8 RAM (aus 2Kx8,6116)

Die Ansteuerschaltung decodiert die höherwertigen Adreßbits A_{11} bis A_{15}, wobei die höchsten drei Bits A_{13} bis A_{15} die Platine anwählen und die Bits A_{11} und A_{12} immer einen von vier Speicherbausteinen aktivieren. Liegt die an den Adreßeingängen der Speicherplatine anliegende Adresse nicht im eingestellten Adreßbereich, dann wird kein "Board Enable"-Signal generiert, und der Datenbus-Puffer sperrt in beiden Richtungen. Der Speicher ist busorientiert, d.h. alle Datenleitungen führen auf einen acht bit breiten, bidirektionalen Datenbus. Der Datenbustreiber ist bidirektional, da der RAM-Speicher sowohl gelesen, als auch beschrieben werden kann.

Die Bestrebungen der Hersteller gehen bei der weiteren Entwicklung in zwei Richtungen:

> a) Integrationsdichte pro Baustein (Speicherkapazität) erhöhen;
>
> b) Zugriffszeiten (siehe Abb.11.8) weiter minimieren, um Anpassung an schnelle Prozessoren zu ermöglichen.

Die Integrationsdichten gehen momentan bei EPROMs bis zu 16K x 8-Bit-Bausteinen, bei RAMs sind inzwischen Zugriffszeiten von 120 ns üblich. Die in den Beispielen und Bildern auftauchenden Werte sind also nicht als Richtwerte oder neuester Stand der Technik zu verstehen.

11.4.2 Die ROM-Baugruppe

Typische Anwendungsfälle von ROMs in Mikroprozessor-Systemen sind:

> - Anwenderprogrammspeicher
> - Mikroprogrammspeicher (bei mikroprogrammierbaren Prozessoren)
> - Zeichengeneratoren, Funktionsgeneratoren
> - Decodierung

Abhängig vom Verfahren zur Erstellung von Festwertspeichern unterscheidet man im wesentlichen fünf Typen:

> - Maskenprogrammierbare ROMs

Die Festlegung des Speicherinhalts geschieht über eine
Metallisierungsmaske bei der Herstellung des Bausteins.

- PROMs (Programmable ROMs)
Diese Bausteine sind elektrisch programmierbar (z.B.
Durchbrennen von Brücken). Die Programmierung ist irrever-
sibel. PROMs gibt es z. Zt. nur in bipolarer Technologie.

- EPROMs (Erasable PROMs)
Diese Bausteine werden ebenfalls elektrisch programmiert.
Ihr Inhalt ist jedoch komplett löschbar, so daß sie
mehrfach verwendbar sind. Das Löschen geschieht bei den
meisten Typen durch Bestrahlung mit UV-Licht.

- EAROMs (Electrically Alterable ROMs)
EAROMs können sowohl Bit für Bit programmiert als auch
gelöscht werden.

- EEPROMs (Electrically Erasable PROMs)
Diese Bausteine können (mit unterschiedlichen Steuer-
spannungen) elektrisch programmiert und gelöscht werden.

Im nächsten Abschnitt wird als Beispiel eine EPROM-Speicherbau-
gruppe vorgestellt.

11.4.3 Die EPROM-Baugruppe

Es wird eine EPROM-Baugruppe mit einer Kapazität von 4 Kbyte
beschrieben. Bei dem hier eingesetzten Speicherbaustein handelt
es sich um einen elektrisch programmierbaren und ultraviolett
löschbaren Festwertspeicher des Typs 2708 von Intel.

Abb.11.10 gibt das Blockschaltbild dieses Bausteins wieder. Der
Chip enthält 1K Worte zu je acht Bits. Alle Dateneingänge und
-ausgänge sind direkt mit Tri-State-Puffern beschaltet. Der
Baustein benötigt drei Versorgungsspannungen (+12V, +5V, -5V)
und ist in einem 24-Pin-Gehäuse untergebracht.

Die Speichermatrix umfaßt 64 Zeilen und 128 Spalten. Die Zeilen
sind in 16 Worte zu je acht bit unterteilt. Der X-Decoder
decodiert die oberen 6 Adreßbits A_4 bis A_9 und wählt eine der
64 Zeilen an. Der Y-Decoder decodiert die restlichen 4 Adreßbits
A_0 bis A_3 und steuert die Y-Torschaltung, die von den 16 Bytes

einer Zeile genau eines auswählt. Die Anwahlleitung CS erlaubt eine Inaktivierung der Ausgänge, um für eine Kapazitätserweiterung in Richtung Wortanzahl mehrere Bausteine an den Adreß- und Ausgangsleitungen parallel schalten zu können. Abb.11.11 zeigt das Zeitdiagramm für die Leseoperation.

Ähnlich dieser internen Matrix-Orientierung im Baustein kann auch bei der Auswahl verschiedener Speicherbausteine (z.B. auf einer Karte) die Anwahl über Zeilen- und Spaltendecoder (der Adressen) erfolgen.

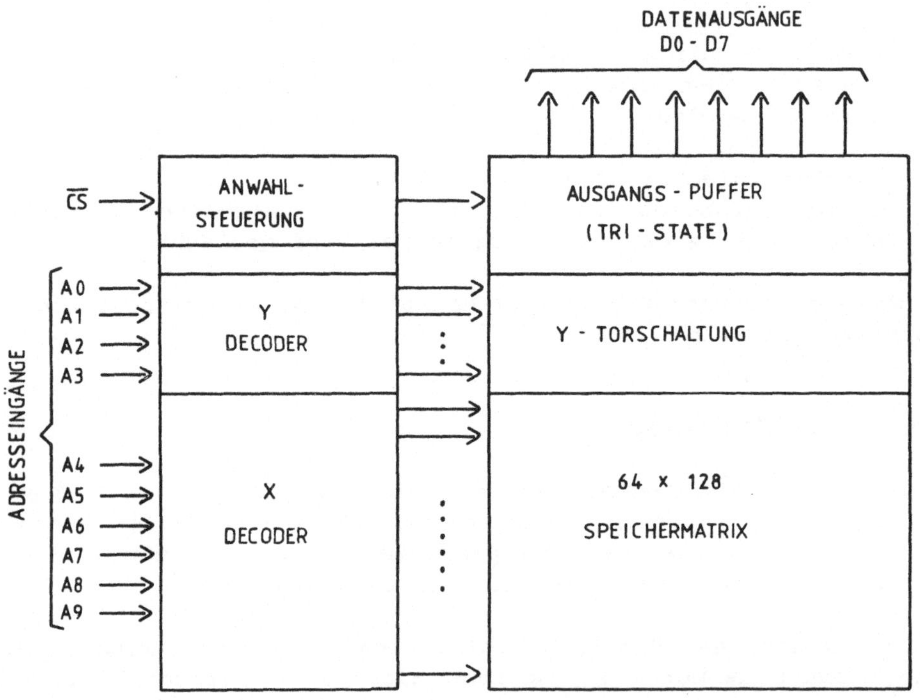

Abb.11.10 Blockschaltbild des EPROM-Bausteins 2708 von Intel.

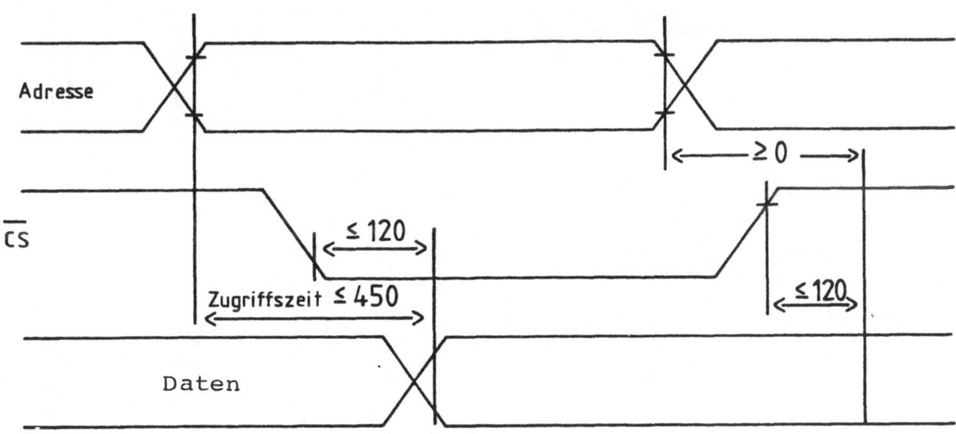

Abb.11.11 Zeitdiagramm des EPROM 2708

**Werte für neuere EPROMs: z.B. 27128 = 16K x 8-Bit-Baustein;
Zugriffszeit 250 ns.**

Den Aufbau einer EPROM-Baugruppe kann man Abb.11.12 entnehmen. Um einen Speicher der Kapazität 4 Kbytes aufzubauen, sind 4 Bausteine vom Typ 2708 erforderlich. Der Speicher ist busorientiert, d.h. alle Datenleitungen führen auf einen acht Bits breiten unidirektionalen Datenbus. Der Adreßbereich für die Platine kann durch vier Miniaturschalter eingestellt werden.
Ein 4-Bit-Vergleicher vergleicht die obersten vier Adreßbits A_{12} bis A_{15} mit dem eingestellten Wert. Bei Gleichheit werden die Datenbus-Treiber zum Lesen durchgeschaltet. Der Decoder-Baustein selektiert über die Adreßbits A_{10} bis A_{11} und sorgt dafür, daß immer nur eine CS-Leitung und damit ein Baustein aktiviert ist. Die unteren 10 Adreßleitungen, sowie die Datenleitungen, werden mit Hilfe von Treiberbausteinen gepuffert.

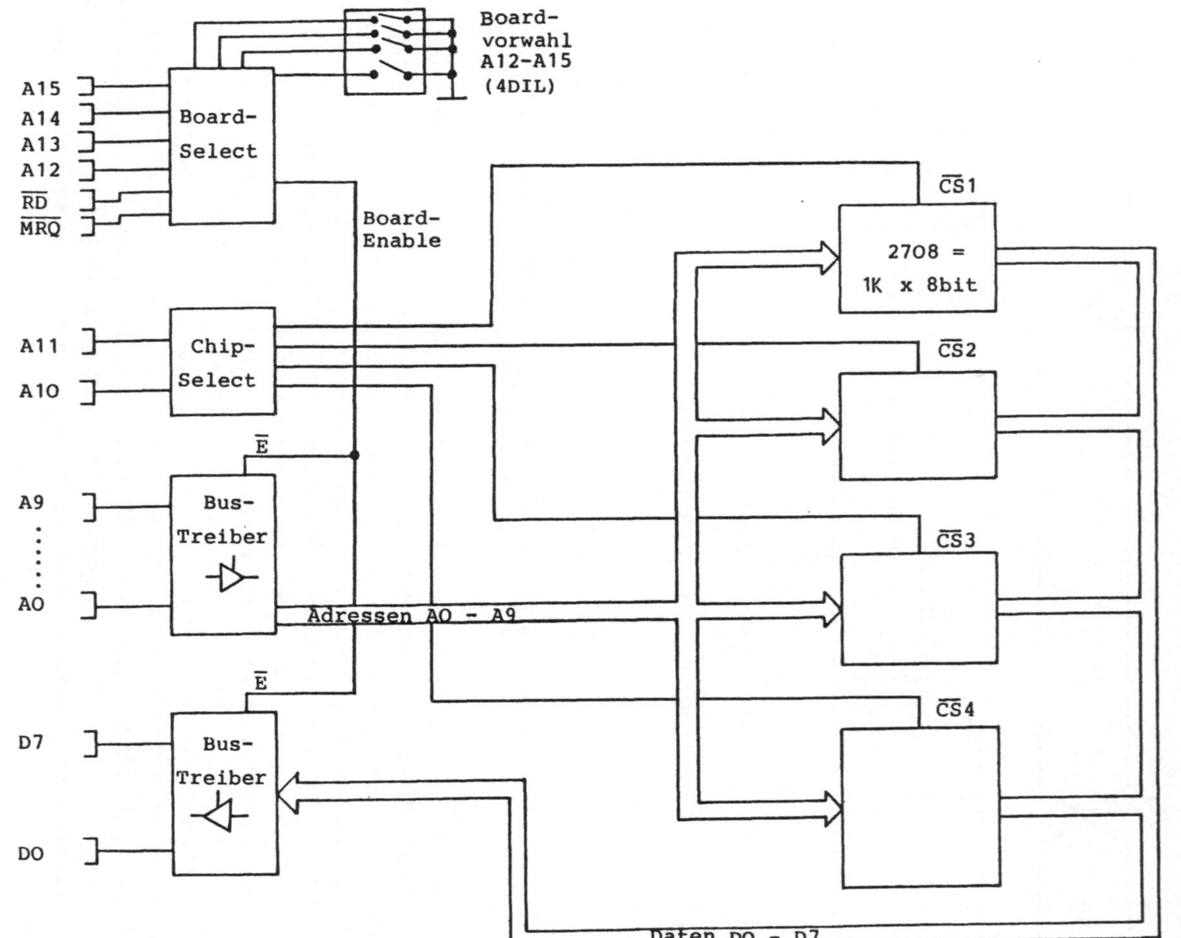

Abb.11.12 Aufbau einer PROM-Platine für 4K x 8 EPROM (aus je 1K x 8,2708)

11.4.4 Die allgemeinen Speicherbaugruppen

Wenn man beim Entwurf der Speicher-Baugruppen hinsichtlich
mechanischer Anordnung und jeweiliger PROM- und RAM-Speicher-
größe noch flexibler sein will, offenbaren die Speicherplatinen
von Abschnitt 11.4.1 und 11.4.3 zwei Nachteile:

Die Wahl der Platine legt die Speicherart ROM oder RAM fest, und
die Sockel bestimmen Baustein-Art und dessen Speichergröße.

Diese Nachteile behindern den Entwurf. Erwünscht sind Anord-
nungen in Baugruppen, die es zulassen, Bausteine hinsichtlich
der Speicherart als auch der Speichergröße zu verwenden, die dem
jeweiligen Anwendungsproblem angepaßt sind. Diese Forderungen
wurden durch den JEDEC-Standard weitgehend erfüllt.
Der JEDEC-Standard beschreibt eine Sockelbelegung für die
verschiedenartigsten Speicherarten. Dabei wird von byteorgani-
sierten Bausteinen mit einem kleinsten Speichervolumen von 2048
Bytes ausgegangen. Abb.11.13 zeigt die Sockelbelegung für die
zwei möglichen Sockelgrößen. Ebenso sind die Unterscheidungen in
den einzelnen PINs (für die jeweiligen Speicherarten) aufgeführt.
Für die Anwahl von mehr als 4 Speicherplätzen pro Speicherkarte
(CS,CE,...) wird im allgemeinen ein entsprechend programmiertes
PROM als Decoder benutzt ("Steuer-PROM", "Decoder-PROM").

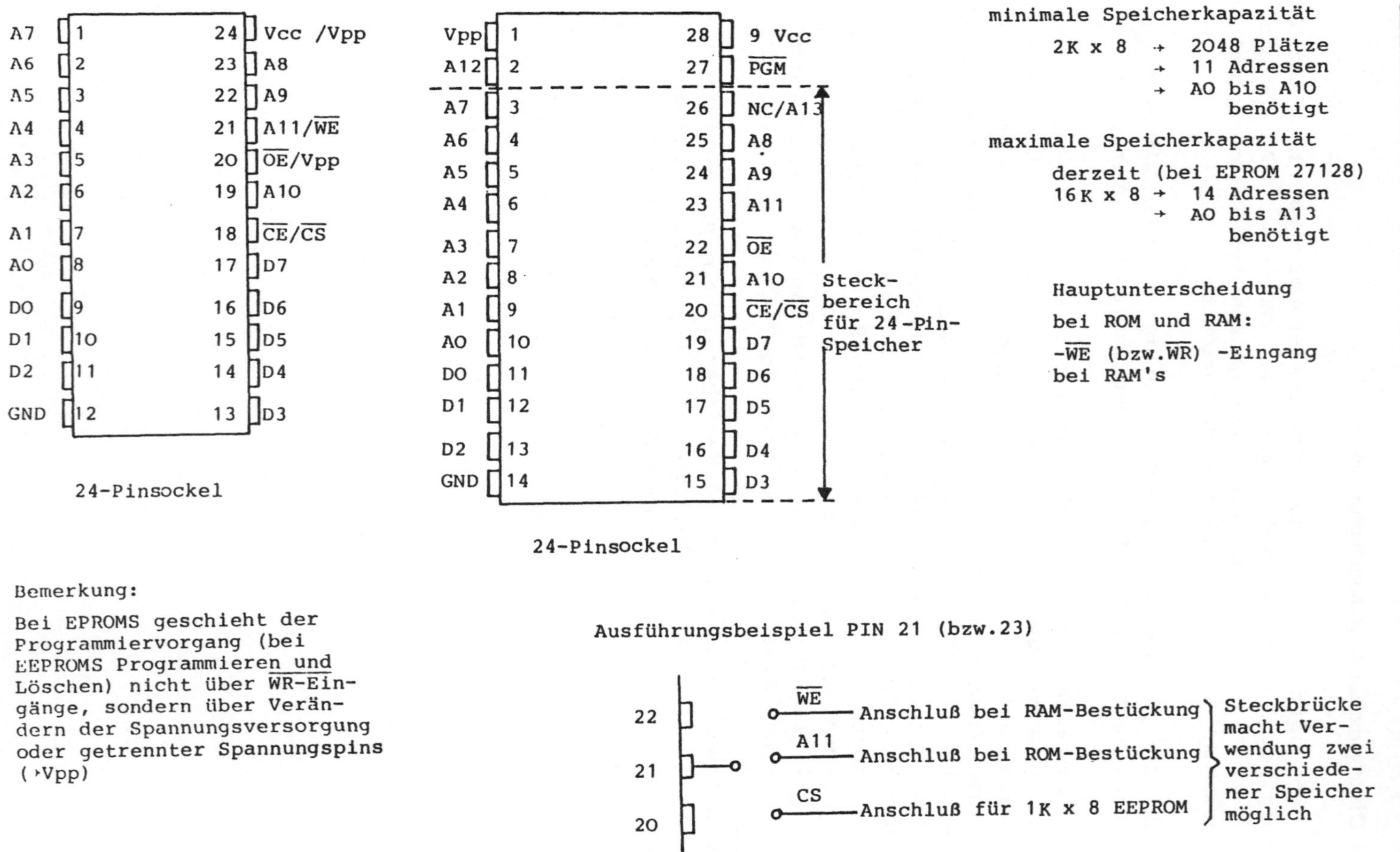

Abb.11.13 Pinbelegung zum "Byte-Wide-Konzept" (JEDEC-Standard)

11.5 Mikroprozessor und Minimalsystem

11.5.1 Allgemeine Hardware-Struktur

Jeder Hardware-Entwurf sollte klar die wesentlichen Komponenten eines Minimalsystems erkennen lassen. Über einen internen Systembus (Adreßbus, Datenbus, Steuerbusleitungen) sind alle Elemente gekoppelt. Im wesentlichen lassen sich unterscheiden:

    a) CPU;
    b) Speicher (RAM, ROM, EPROM,...);
    c) Taktgenerator, Zeitgeber, Ereigniszähler;
    d) Ein-/Ausgabebausteine, Peripheriebausteine.

Die Ein-/Ausgabebausteine nehmen bei jedem Entwurf einen wesentlichen Teil der Hardware ein.

Allgemein dienen die Peripheriebausteine dazu, die Kommunikation des Mikroprozessor-Systems mit der Außenwelt zu übernehmen. Bei Ein-/Ausgabebausteinen wie Z80-SIO (bitserielle E/A) oder Z80-PIO (bitparallele E/A) werden dabei auf der Peripherieseite die gleichen Signalpegel vorausgesetzt wie für den internen Bus (TTL). Für den Anschluß anderer Einheiten, die einer Kommunikation mit der Außenwelt dienen (Tastatur, Floppy Disk, LCD-Anzeige, Bildschirm), stehen inzwischen eine Reihe hochintegrierter Spezialbausteine zur Verfügung, die jeweils die Aufgabe haben, periphere Einheiten mit den unterschiedlichsten physikalischen und elektronischen Gegebenheiten an den internen Bus anzukoppeln.

Anhang

Konvertierung ganzer Zahlen

Zahlenkonvertierung ist die Umwandlung einer Zahl aus einem Quellsystem in ein Zielsystem.
Der Informationsgehalt der Zahl bleibt dabei immer erhalten.

Es gibt zwei Möglichkeiten der Konvertierung:

1. Die Zahl wird im Quellsystem umgerechnet.
2. Die Zahl wird im Zielsystem umgerechnet.

1. Divisionsmethode zur Umrechnung im Quellsystem

Es wird die Zahl N_q durch die größtmögliche Potenz X_z^{n-1} der Zielbasis X_z dividiert.
Der Rest nach Substraktion des ganzzahligen Quotienten wird durch X_z^{n-2} dividiert usw., bis durch die nullte Potenz des Divisors geteilt ist.

Allgemein gilt:

$$N_q : X_z^{n-1} = (Z_{n-1}X_z^{n-1} + Z_{n-2}X_z^{n-2} + \ldots + Z_1 X_z^1 + Z_0 X_z^0) : (X_z^{n-1})$$

$$= Z_{n-1} + \text{(Rest der Division)}$$

$$\underbrace{Z_{n-2}X_z^{n-2} + \ldots + Z_0 X_z^0}$$

erste Ziffer von N_z

Beispiel:

Umwandlung der Zahl N_q = 4317 [10] in das Zahlensystem
zur Basis 5.

X_z = 5

n = 6

$$4317 : 5^5 = 1 \qquad \text{Rest} \quad 1192$$
$$1192 : 5^4 = 1 \qquad \text{Rest} \quad 567$$
$$567 : 5^3 = 4 \qquad \text{Rest} \quad 67$$
$$67 : 5^2 = 2 \qquad \text{Rest} \quad 17$$
$$17 : 5^1 = 3 \qquad \text{Rest} \quad 2$$
$$2 : 5^0 = 2 \qquad \text{Rest} \quad 0$$

4317 [10] $\doteq$ 114232 [5]

2. Multiplikationsmethode zur Umrechnung im Zielsystem

Dabei wird die Quellbasis und, falls erforderlich, die Mantisse in die Zielbasis umgerechnet.

Beispiel:

Wir wandeln dieselbe Zahl wie im vorhergehenden Beispiel in das Zahlensystem zur Basis 5 um.

$$4317\,[10] \longrightarrow \quad ?\,[5]$$

$$4317\,[10] = 4 \times 10^3 + 3 \times 10^2 + 1 \times 10^1 + 7 \times 10^0$$

$$\underbrace{1 \times 5^4 + 3 \times 5^3}_{} \qquad \underbrace{4 \times 5^2}_{} \quad \underbrace{2 \times 5^1}_{} \qquad \underbrace{12\,[5] \times 5^0}_{}$$

$$= 4 \times 5^4 + \underbrace{4 \times 3 \times 5^3}_{22[5]} + \underbrace{3 \times 4 \times 5^2}_{22[5]} + 2 \times 5^1 + 12 \times 5^0$$

Addition der Summanden:

	5^4	5^3	5^2	5^1	5^0	
				1	2	
				2		
		2	2			
	2	2				
	4					
1						
1	1	4	2	3	2	[5]

Der Befehlssatz des Zilog Z80

Mnemo-nik	Durchgeführte Operation	Bemerkungen
8-Bit-Ladebefehle		
LD r,s	r ← s	s≡r,n,(HL),(IX+e),(IY+e)
LD d,r	d ← r	d≡(HL),r (IX+e),(IY+e)
LD d,n	d ← n	d≡(HL), (IX+e),(IY+e)
LD A,s	A ← s	s≡(BC),(DE),(nn),I,R
LD d,A	d ← A	d≡(BC),(DE),(nn),I,R
16-Bit-Ladebefehle		
LD dd,nn	dd ← nn	dd≡BC,DE,HL,SP,IX,IY
LD dd,nn	dd ← (nn)	dd≡BC,DE,HL,SP,IX,IY
LD (nn),ss	(nn) ← ss	ss≡BC,DE,HL,SP,IX,IY
LD SP,ss	SP ← ss	ss≡HL,IX,IY
PUSH ss	$(SP-1)\leftarrow ss_H; (SP-2)\leftarrow ss_L$	ss≡BC,DE,HL,AF,IX,IY
POP dd	$dd_L\leftarrow(SP); dd_H\leftarrow(SP+1)$	dd≡BC,DE,HL,AF,IX,IY
Registeraustausch		
EX DE,HL	DE ↔ HL	
EX AF,AF'	AF ↔ AF'	
EXX	$\begin{Bmatrix}BC\\DE\\HL\end{Bmatrix} \leftrightarrow \begin{Bmatrix}BC'\\DE'\\HL'\end{Bmatrix}$	
EX (SP),ss	$(SP)\leftrightarrow ss_L,(SP+1)\leftrightarrow ss_H$	ss≡HL,IX,IY
Block-Ladebefehle		
LDI	(DE)←(HL),DE←DE+1, HL←HL+1,BC←BC-1	
LDIR	(DE)←(HL),DE←DE+1, HL←HL+1,BC←BC-1, wiederhole bis BC=0	
LDD	(DE)←(HL),DE←DE-1, HL←HL-1,BC←BC-1	
LDDR	(DE)←(HL),DE←DE-1, HL←HL-1,BC←BC-1, wiederhole bis BC=0	

Block-Suchbefehle

CPI   A-(HL),HL←HL+1,
           BC←BC-1
CPIR   A-(HL),HL←HL+1,   Nur A-(HL) setzt die Flags;
           BC←BC-1,wiederhole   A wird nicht verändert.
           bis BC=0 oder A=(HL)
CPD   A-(HL),HL←HL-1,
           BC←BC-1
CPDR   A-(HL),HL←HL-1,
           BC←BC-1,wiederhole
           bis BC=0 oder A=(HL)

8-Bit-arithmetische und -logische Operationen

ADD s   A ← A + s
ADC   A ← A + s + CY   CY = Carry Flag
SUB s   A ← A - s
SBC s   A ← A - s - CY   s≡r,n,(HL)
AND s   A ← A ∧ s   s≡r,n,(HL),(IX+e),(IY+e)
OR s   A ← A ∨ s
XOR s   A ← A ⊕ s
CP s   A - s   s≡r,n,(HL),(IX+e),(IY+e)
INC d   d ← d + 1   d≡r,(HL),(IX+e),(IY+e)
DEC d   d ← d - 1   d≡r,(HL),(IX+e),(IY+e)

16-Bit-arithmetische Operationen

ADD HL,ss HL ← HL + ss   ⎫
ADC HL,ss HL ← HL + ss + CY   ⎬ ss≡BC,DE,HL,SP
SBC HL,ss HL ← HL - ss - CY   ⎭
ADD IX,ss IX ← IX + ss   ss≡BC,DE,IX,SP
ADD IY,ss IY ← IY + ss   ss≡BC,DE,IY,SP
INC dd   dd ← dd + 1   dd≡BC,DE,HL,SP,IX,IY
DEC dd   dd ← dd - 1   dd≡BC,DE,HL,SP,IX,IY

BCD-, Akku- und Flag-Operationen

DAA
CPL   A ← A
NEG   A ← 00 - A
CCF   CY ← ¬CY
SCF   CY ← 1

Verschiedene

NOP	Keine Operation	
HALT	Halt CPU	
DI	Interrupt sperren	
EI	Interrupt freigeben	
IM 0	Interrupt-Modus 0	8080A-Modus
IM 1	Interrupt-Modus 1	Sprung nach 0038
IM 2	Interrupt-Modus 2	Vektor-Interrupt

RLC s

RL s

RRC s

RR s

SLA s $s \equiv r, (HL),$

SRA s $(IX + e), (IY + e)$

SRL s

RLD

RRD

Bit Setzen, Rücksetzen, Testen

BIT b,s	$Z \leftarrow \neg s_b$	Z = Zero-Flag
SET b,s	$s \leftarrow 1$	$s \equiv r, (HL),$
RES b,s	$s \leftarrow 0$	$(IX+e), (IY+e)$

Ein-/Ausgabe

```
IN A,(n)      A ← (n)
IN r,(C)      r ← (C)
INI           (HL)←(C),HL←HL+1
              B ← B - 1
INIR          (HL)←(C),HL←HL+1
              B ← B - 1
IND           (HL)←(C),HL←HL-1
              B ← B - 1
INDR          (HL)←(C),HL←HL-1
              B ← B - 1
OUT(n),A      (n) ← A                       Setzt Flags
OUT(C),r      (C) ← r
OUTI          (C)←(HL),HL←HL+1
              B ← B - 1
OTIR          (C)←(HL),HL←HL+1
              B ← B - 1
OUTD          (C)←(HL),HL←HL-1
              B ← B - 1
OTDR          (C)←(HL),HL←HL-1
              B ← B - 1
```

Sprungbefehle

```
JP nn         PC ← nn                                  ⎧ NZ PO
JP cc,nn      Wenn Bedingung cc wahr:              cc ⎨  Z PE
              PC ← nn                                   ⎪ NC P
JR e          PC ← PC + e                             ⎩  C M
JR kk,e       Wenn Bedingung kk wahr:              kk ⎧ NZ NC
              PC ← PC + e                             ⎩  Z  C
JP (ss)       PC ← ss                             ss=HL,IX,IY
DJNZ e        B ← B - 1
              wenn B ≠ 0: PC←PC+e
```

Unterprogrammaufruf

```
CALL nn       (SP-1) ← PC_H                            ⎧ NZ PO
                                                        ⎪  Z PE
              (SP-2) ← PC_L,PC ← nn                 cc ⎨ NC P
                                                        ⎩  C M
CALL cc,nn    Wenn Bedingung cc wahr:
              CALL nn
```

Restarts

RST L $(SP-1) \leftarrow PC_H$

              $(SP-2) \leftarrow PC_L,\ PC_H \leftarrow 0,$

              $PC_L \leftarrow L$

Rücksprung

RET $PC_L \leftarrow (SP)$

              $PC_H \leftarrow (SP+1)$

RET cc   Wenn Bedingung cc wahr: $\qquad cc \begin{cases} \text{NZ} & \text{PO} \\ \text{Z} & \text{PL} \\ \text{NC} & \text{P} \\ \text{C} & \text{M} \end{cases}$
              RET

RETI   Rückkehr von Interrupt
RETN   Rückkehr von nicht-
              maskierbarem Interrupt

ZEICHENERKLÄRUNG

b   bezeichnet eine Bit-Position in einem Register
              oder einer Speicherstelle
cc   Statusbedingungscode ("Flag condition")
              Erlaubte Bedingungen:
              NZ: ungleich Null ("Nonzero")
              Z: gleich Null ("Zero")
              NC: Kein Übertrag ("Non carry")
              C: Übertrag ("Carry")
              PO: Ungerade oder kein Überlauf
                  ("Parity Odd")
              PE: Gerade oder Überlauf ("Parity Even")
              P: Positiv
              N: Negativ
d   Zielregister (8 bit)
dd   16-Bit-Zielregister oder Zieladresse im Speicher
e   8-Bit-vorzeichenbehaftetes Zweierkomplement
              der Distanz bei relativen Sprüngen oder indizierter
              Adressierung
L   bezeichnet die 8 speziellen Zieladressen in Seite 0
              (dezimal 0, 8, 16, 24, 32, 40, 48 und 56).

n   8-Bit-Binärzahl.
nn   16-Bit-Binärzahl.
r   allgemeines 8-Bit-Register (A,B,C,D,E,H oder L)
s   8-Bit-Quellregister oder Speicherstelle
s_b ein Bit in einem bestimmten 8-Bit-Register oder
             Speicherstelle
ss   16-Bit-Quellregister oder Speicherstelle
Index "L"   Niederwertige (="Low order") 8 Bits eines
             16-Bit-Registers
Index "H"   Höherwertige (="High order") 8 Bits eines
             16-Bit-Registers
()   "Inhalt von ..."
             Zeichen zwischen den Klammern stellen einen Zeiger
             auf eine Speicherstelle oder einen I/O-Port dar.

8-Bit-Register sind: A,B,C,D,E,H,L,I und R.
16-Bit-"Paare": AF,BC,DE und HL.
16-Bit-Register: SP,PC,IX und IY.

Als Adressierungsarten kommen in Frage (auch Kombinationen):
Direkt ("immediate")
Erweitert direkt ("immediate extended")
Modifizierte Seite Null ("Modified Page Zero")
Relativ ("relative")
Erweitert ("extended")
Indiziert ("indexed")
Über Register:
Impliziert ("implied")
Indirekt über Register ("register indirect")
Adressierung eines Bits.

Der Befehlssatz des Motorola MC 68000

Mnemonik	Operation	Assembler-Syntax
ABCD	Erweiterungsbit	ABCD Dy,Dx
	Erweiterungsbit	ABCD -(Ay),-(Ax)
ADD	Addiere binär	ADD.s <ea>,Dn
		ADD.s Dn,<ea>
ADDA	Addiere Adresse	ADDA.s <ea>,An
ADDI	Addiere direkt	ADDI.s #<data>,<ea>
ADDQ	Addiere schnell	ADDQ.s #<data>,<ea>
ADDX	Addiere mit Erweite-	ADDX.s Dy,Dx
	rungsbit	ADDX.s -(Ay),-(Ax)
AND	Logisches UND	AND.s <ea>,Dn
		AND.s Dn,<ea>
ANDI	UND direkt	ANDI.s #<data>,<ea>
ASL,ASR	Arithmetische Verschie-	ASd.s Dx,Dy
	bung nach links, nach	AS.d #<data>,Dy
	rechts	ASd.s <ea>
Bcc	Bedingter Sprung	Bcc <label>
BCHG	Prüfe ein Bit und	BCHG Dn,<ea>
	ändere es	BCHG #<data>,<ea>
BCLR	Prüfe ein Bit und	BCLR Dn,<ea>
	setze es auf Null	BCLR #<data>,<ea>
BRA	Unbedingter Sprung	BRA <label>
BSET	Prüfe ein Bit und	BSET Dn,<ea>
	setze es	BSET #<data>,<ea>
BSR	Sprung zum Unterprogramm	BSR <label>
BTST	Prüfe ein Bit	BTST Dn,<ea>
		BTST #<data>,<ea>
CHK	Prüfe Register auf	CHK <ea>,Dn
	Grenzen	
CLR	Setze Operand auf Null	CLR.s <ea>
CMP	Vergleiche	CMP.s <ea>,Dn
CMPA	Vergleiche Adresse	CMPA.s <ea>,An
CMPI	Vergleiche direkt	CMPI.s #<data>,<ea>
CMPM	Vergleiche Speicher	CMPM.s (Ay)+,(Ax)+
DBcc	Prüfe Bedingung, vermin-	DBcc Dn,<label>
	dere und springe	
DIVS	Division mit Vorzeichen	DIVS <ea>,Dn
DIVU	Division ohne Vorzeichen	DIVU <ea>,Dn

Mnemonik	Operation	Assembler-Syntax
EOR	Logisches exklusives ODER	EOR.s Dn,⟨ea⟩
EORI	Exklusives ODER direkt	EORI.s #⟨data⟩,⟨ea⟩
EXG	Datentausch zwischen Registern	EXG Rx,Ry
EXT	Vorzeichenerweiterung	EXT.s Dn
JMP	Springe	JMP ⟨ea⟩
JSR	Springe zum Unterprogramm	JSR ⟨ea⟩
LEA	Lade die effektive Adresse	LEA ⟨ea⟩,An
LINK	Verbinde und weise zu	LINK An,⟨Verschiebung⟩
LSL,LSR	Logische Verschiebung nach links,nach rechts	LSd.s Dx,Dy LSd.s #⟨data⟩,Dy LSd.s ⟨ea⟩
MOVE	Transportiere Daten Code-Bits	MOVE.s ⟨ea⟩,⟨ea⟩
MOVE zum CCR	Transportiere zum Bedingungsspeicher	MOVE ⟨ea⟩,CCR
MOVE zum SR	Transportiere zum Statusregister	MOVE ⟨ea⟩,SR
MOVE vom SR	Transportiere vom Statusregister	MOVE SR,⟨ea⟩
MOVE USP	Transportiere den Anwender-Stackpointer	MOVE USP,An MOVE An,USP
MOVEA	Transportiere die Adresse	MOVEA.s ⟨ea⟩,An
MOVEM (siehe Anm.)	Transportiere mehrere Register	MOVE.s ⟨Reg.liste⟩,⟨ea⟩ MOVEM.s ⟨ea⟩,⟨Reg.liste⟩
MOVEP	Transportiere periphere Daten	MOVEP Dx,d(Ay) MOVEP d(Ay),Dx
MOVEQ	Transportiere schnell	MOVEQ #⟨data⟩,Dn
MULS	Multiplikation mit Vorzeichen	MULS ⟨ea⟩,Dn
MULU	Multiplikation ohne Vorzeichen	MULU ⟨ea⟩,Dn
NBCD	Negiere dezimal mit Erweiterung	NBCD ⟨ea⟩
NEG	Negiere	NEG.s ⟨ea⟩
NEGX	Negiere mit Erweiterung	NEGX.s ⟨ea⟩
NOP	Keine Operation	NOP
NOT	Logisches Komplement	NOT.s ⟨ea⟩
OR	Logisches ODER	OR.s ⟨ea⟩, Dn OR Dn,⟨ea⟩
ORI	Logisches ODER direkt	ORI.s #⟨data⟩,⟨ea⟩
PEA	Eintragen der effektiven Adresse	PEA ⟨ea⟩

Mnemonik	Operation	Assembler Syntax
RESET	Normieren externer Ein- heiten	RESET
ROL,ROR	Ringverschiebung nach links,nach rechts	ROd.s Dx,Dy ROd.s #<data>,Dy ROd.s <ea>
ROXL,ROXR	Ringverschiebung mit Erweiterungsbit nach links,nach rechts	ROXd.s Dx,Dy ROXd.s #<data>,Dy ROXd.s <ea>
RTE	Springe zurück von Ausnahme	RTE
RTR	Springe zurück und ersetze Bedingungscodes	RTR
RTS	Zurück vom Unterprogramm	RTS
SBCD	Subtrahiere dezimal mit Erweiterungsbit	SBCD Dy,Dx SBCD -(Ay),-(Ax)
Scc	Setze in Abhängigkeit der Bedingung	Scc <ea>
STOP	Lade das Statusregister und halte an	STOP #<data>
SUB	Subtrahiere binär	SUB.s <ea>,Dn SUB.s Dn,<ea>
SUBA	Subtrahiere Adresse	SUBA.s <ea>,An
SUBI	Subtrahiere direkt	SUBI.s #<data>,<ea>
SUBQ	Subtrahiere schnell	SUBQ.s #<data>,<ea>
SUBX	Subtrahiere mit Erweiterungsbit	SUBX.s Dy,Dx SUBX.s -(Ay),-(Ax)
SWAP	Vertausche Register- hälften	SWAP Dn
TAS	Teste und setze Operand	TAS <ea>
TRAP	Falle	TRAP #<vector>
TRAPV	Falle bei Überlauf	TRAPV
TST	Teste einen Operanden	TST.s <ea>
UNLK	Lösen	UNLK An

Anmerkung:

<Registerliste> bestimmt die Register für den Transfer vom
oder zum Speicher

<Registerliste> kann sein:

Rn   - ein einzelnes Register

Rn - Rm   - ein Bereich von aufeinanderfolgenden
Registern, wobei m größer als n ist.
Derartige Kombinationen werden durch
einen Bindestrich voneinander getrennt.

Adressierungsarten

| Adressierungsart | Adressierungskategorien | | | | Assembler-syntax |
	Daten	Speicher	Steue-rung	veränder-bar	
Datenreg. direkt	X			X	Dn
Adressreg. direkt				X	An
Register indirekt	X	X	X	X	(An)
Register indirekt nachinkrementiert	X	X		X	(An)+
Register indirekt vordekrementiert	X	X		X	-(An)
Register indirekt mit Verschiebung	X	X	X	X	d(An)
Register indirekt mit Index	X	X	X	X	d(An,Ri)
Absolut kurz	X	X	X	X	xxxx
Absolut lang	X	X	X	X	xxxxxxxx
Relativ mit Verschiebung	X	X	X		d
Relativ mit Index	X	X	X		d(Ri)
Unmittelbar	X	X			#xxxx

Bedingungscodes

<cc>	Bedingung
EQ	Gleich
NE	Nicht gleich
MI	Minus
PL	Plus
GT	Größer als
LT	Kleiner als
GE	Größer oder gleich
LE	Kleiner oder gleich
HI	Höher als
LS	Tiefer oder gleich
CS	Übertrag gesetzt
CC	Übertrag gelöscht
VS	Überlauf
VC	Kein Überlauf
T	Immer wahr
F	Immer unwahr

Quellen- und Literaturverzeichnis

Quellen

1. Fritsche,D., Mackert,M., Schweizer,G.:
    Architektur und Programmierung von Mikrorechnern I,
    Skriptum zur Vorlesung,
    Universität Karlsruhe, 1981.

2. Anthoni,F.:
    Unterbrechungstechnik - Kommunikation des Mikrorechners
    mit der Peripherie,
    Skriptum des Mikroprozessor-Kursus,
    Heiligenberg, 1983.

3. Storck,B.:
    Mikrocomputer-Entwicklungssystem,
    Skriptum des Mikrocomputer-Kursus,
    Heiligenberg, 1984.

4. Wiedmann,H.:
    Der periphere Baustein CTC,
    Skriptum des Mikroprozessor-Kursus,
    Heiligenberg, 1983.

Literaturverzeichnis

I. Mikrocomputer und Mikroprozessoren

1. Bender,K., Heinzel,W., Jakob,H., Motsch,W. und Weber,W.:
   Mikrorechner; Struktur und Programmierung,
   VDI-Verlag, Düsseldorf, 1977.

2. Birk,H. und Swik,R.:
   Mikroprozessoren und Mikrorechner -
   Einführung in Hard- und Software,
   Oldenbourg Verlag, München, 1980.

3. Flik,Th. und Liebig,H.:
   16-Bit-Mikroprozessorsysteme
   Aufbau, Arbeitsweise und Programmierung,
   Springer-Verlag, Berlin, 1982.

4. Görke,W.:
   Mikrorechner,
   Bibliographisches Institut, Mannheim, 1978.

5. Hilberg,W. und Piloty,R. (Hrsg.):
   Mikroprozessoren und ihre Anwendungen (2),
   Oldenbourg Verlag, München, 1979.

6. Kobitzsch,W.:
   Mikroprozessoren - Aufbau und Wirkungsweise,
   Teil 1: Grundlagen,
   Oldenbourg Verlag, München, 1981.

7. Osborne,A.:
   Einführung in die Mikrocomputer - Technik,
   te-wi Verlag, München, 1982.

8. Schief,R.:
   Einführung in die Mikroprozessoren und Mikrocomputer,
   Attempto Verlag, Tübingen, 1980.

9.   Soucek,B.:
     Microprocessors and Microcomputer,
     Wiley & Sons, New York, 1976.

10. Stone,H. (Editor):
     Introduction to Computer Architecture,
     Sciences Research Ass., Chicago, 1975.

11. John F. Wakerly:
     Microcomputer Architecture and Programming,
     John Wiley & Sons, 1981.

II.   Bausteine (Peripheriegeräte)

1.   Pol,B.:
     Floppy-Disk-Speicher,
     Elektronik, Nr.10/1980, S. 85-88.

2.   White,R.:
     Plattenspeicher,
     Spektrum der Wissenschaft, Okt. 1980, S.46-59.

3.   Lesea,A. u. Zacks,R.:
     Mikroprozessor Interface Techniken,
     Sybex Verlag, 1982.

III. Assemblersprachen

A. Für den Z80

1. Z80 Assembler Sprache Benutzerhandbuch,
    Kontron Verlag, Eching, 1983.

2. Z80 Designers Guide,
    Mostek, Carrollton (Texas), 1982.

3. Claßen, L.:
    Programmierung des Mikroprozessorsystems U880-K1520,
    VEB Verlag Technik, Berlin, 1981.

4. Kieser,H. und Meder,M.:
    Mikroprozessortechnik - Aufbau und Anwendung des
    Mikroprozessorsystems U880,
    VEB Verlag, Berlin, 1982.

5. Klein,M.:
    Z80 - Applikationsbuch,
    Franzis Verlag, München, 1983.

6. Leventhal, L.:
    Z80 Assembly Language Programming,
    Osborne/McGraw-Hill, 1979.

7. Zaks,R.:
    Programmierung des Z80,
    Sybex Verlag, Düsseldorf, 1982.

8. Klein,R.D.:
    Mikrocomputer Hard- und Softwarepraxis,
    Franzis Verlag, 1982.

B. Für den MC68000

1. Motorola MC68000 VM(AD2) Benutzerhandbuch,
    zweite deutsche Auflage Januar 1981.

2. Motorola MC68000 VM(AD) User's Manual,
   Original Issue: Sept.1, 1979.

3. Motorola MEX68KDM(D2) Design Module User's Guide,
   2nd Edition 1979.

4. Scanlon,L.J.:
   Die 68000er - Grundlagen und Programmierung,
   AT Verlag, 1983.

IV. Höhere Programmiersprachen: Beispiel Pascal

1. Jensen,K. und Wirth,N.:
   Pascal User Manual and Report,
   Springer Verlag, Berlin, 1978.

2. Marty,K.:
   Methodik der Programmierung in Pascal,
   Springer Verlag, Berlin, 1983.

3. Wilson,I. und Addyman,A.
   Pascal,
   Hanser Verlag, München, 1979.

4. Zaks,R.:
   Einführung in Pascal und UCSD-PASCAL,
   Sybex Verlag, Düsseldorf, 1983.

5. Niemeyer,G.:
   Einführung in das Programmieren in Pascal
   mit Sonderteil UCSD-Pascal-System,
   De Gruyter Verlag, Berlin, 1983.

6. Kaucher,E., Klatte,R. u. Ullrich,Ch.:
   Programmiersprachen im Griff,
   Band 2: Pascal,
   Bibliographisches Institut, Mannheim, 1981.

7. Tiberghien,J.:
   Das Pascal Handbuch,
   Sybex Verlag, Düsseldorf, 1983

8.   Tenenbaum,A.M. u. Augenstein,M.J.:
     Data Structures Using Pascal,
     Prentice/Hall International, London, 1981.

9.   Horowitz,E. u. Sahni,S.:
     Algorithmen - Entwurf und Analyse,
     Springer Verlag, Berlin, 1981.

V.   Übersichtswerke

1.   Bauer,F. und Goos,G.:
     Informatik, 2 Bände,
     Springer Verlag, Berlin, 1982 und 1984.

2.   Koch,G. und Rembold,U.:
     Einführung in die Informatik für
     Ingenieure und Naturwissenschaftler, Teil 1,
     Hanser Verlag, München, 1977.

3.   Goldschlager,L. u. Lister,A.:
     Informatik - Eine moderne Einführung,
     Hanser Verlag, 1984

VI.   Literatur zur Datenkommunikation

1.   H.P. Blomeyer-Bartenstein, R. Both:
     Datenkommunikation und lokale Computer-Netzwerke
     Grundlagen und Einsatz der Telematik,
     Verlag Markt & Technik, München, 1983.

2.   John Wakerly:
     Error Detecting Codes, Self Checking Circuits
     and Applications,
     The Computer Science Library, 1978.

3.   W. Wesley Peterson:
     Prüfbare und korrigierbare Codes,
     R. Oldenbourg Verlag, 1967.

4.   Datenkommunikation,
     Elektronik Sonderheft Nr. 56, 2. Auflage,
     Franzis-Verlag, München, 1984.

5.   DIN 66019,
     Steuerungsverfahren mit dem 7-Bit-Code bei Datenüber-
     tragung.

6.   DIN 66219,
     Verfahren zur Blockprüfung bei Datenübertragung im
     Übermittlungsabschnitt.

7.   CCITT X.25,
     Interface between Data Terminal Equipment and
     Data Circuit-Termination, Equipment for Terminal
     Operating in the packet Mode on public data networks.

8.   ISO 3309-1976(O),
     Data communication - High level data link control
     procedures - Frame structure.

9.   Datenkommunikation,
     Elektronic Sonderheft Nr.56,
     Franzis-Verlag GmbH, 1984.

VII. Zur Geschichte des Computers

1. Vorndran,E.:
    Entwicklungsgeschichte des Computers,
    VDE-Verlag, Berlin, 1982.

Stichwortverzeichnis

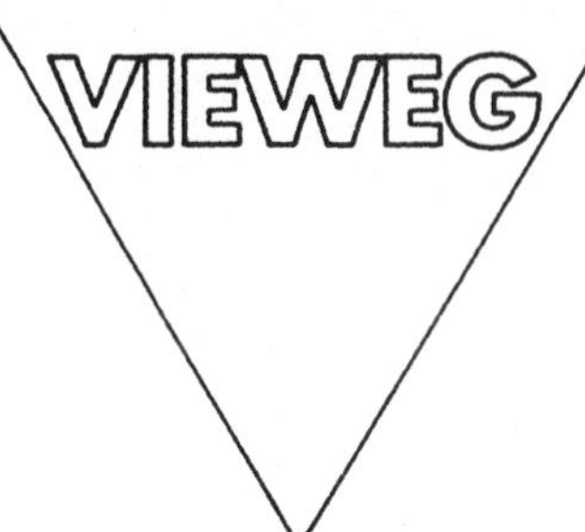

James W. Coffron

Der Mikroprozessor MC 68000

Anwendung und Fehlersuche (Using and Troubleshooting the MC 68000, dt.). Aus dem Amerik. übers. von Constantin Schnell. 1985. X, 195 S. 16,2 X 22,9 cm. Kart.

Coffrons Buch über den Mikroprozessor 68000 richtet sich an alle, die sich zum ersten Mal mit einem 16 bit-μP beschäftigen und die die Wirkungsweise und die Vorteile des 68000 kennenlernen wollen. Durch die genauen Beschreibungen der Funktionen werden auch die Unterschiede deutlich, die sich aus dem Schritt vom 8 bit-μP zum 16 bit-μP ergeben.

Nach der ausführlichen Erläuterung der Hardware-Funktionen eines vollständigen 68000-Systems wird eine Fehlersuchtechnik beschrieben, die ohne Software und ohne komplizierte Laboreinrichtung die Lokalisierung von Fehlern in der Hardware des 68000-Systems gestattet.

Für das Testen einzelner Speicherzellen findet der Leser ein „Schriftmuster"-Programm, das mit einfacher und leicht verständlicher Software arbeitet.

Harald Schumny

Mikroprozessoren

6502, 6800, 8080, Z 80, 9900. Grundlagen — Programmierung — Vergleiche — Übungen. 1983. VII, 240 S. 16,8 X 24 cm. Kart.

Inhalt: Grundlagen und Basisoperationen — Programmieren im Maschinencode: Transferbefehle — Status-, Initialisierungs- und Kontroll-Befehle — Sprungbefehle — Logik- und Schiebe-Befehle — Arithmetik-Befehle — Adressierungsarten.

Das Arbeitsbuch besteht aus zwei Teilen, die — unter bestimmten Voraussetzungen — auch selbständig nutzbar sind.

Teil 1 behandelt „Grundlagen und Basisoperationen" und stellt eine Einführung für Anfänger dar, ist aber auch als Repetitorium für Fortgeschrittene geeignet.

Teil 2 hat die „Programmierung im Maschinencode" zum Inhalt. Dies ist also der eigentliche Arbeitsteil. Durch besondere graphische Gliederung wird dieser Teil dem Einsteiger das Arbeiten erleichtern. Fortgeschrittenen wird dadurch mit schnellem Zugriff das Wiederholen oder Vertiefen ermöglicht.

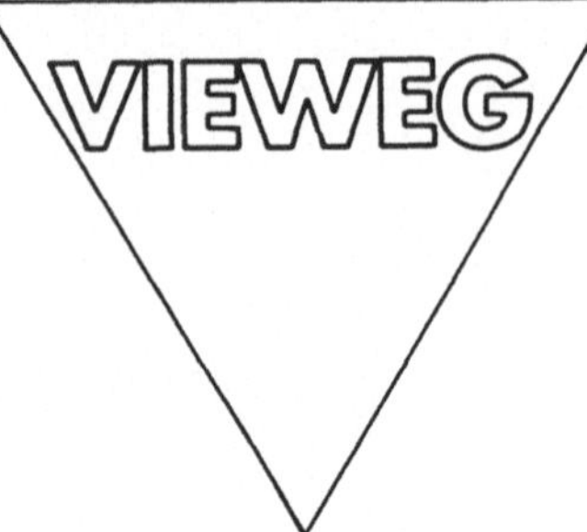

Wolfgang Böhm, Günther Gose und Jürgen Kahmann
Methoden der Numerischen Mathematik
1985. XII, 173 S. mit 78 Abb. 16,2 X 22,9 cm. Kart.

Jürgen Kahmann
BASIC-Programme zur Numerischen Mathematik
37 Programme mit ausführlicher Beschreibung. 1985. VIII, 77 S. 16,2 X 22,9 cm. Kart.

Die „Methoden der Numerischen Mathematik" sind eine wesentlich erweiterte Neubearbeitung der „Einführung in die Methoden der Numerischen Mathematik" von Böhm/Gose aus dem Jahr 1977. Der Gegenstand des Buches reicht von Grundaufgaben der linearen Algebra über Iteration, Interpolation und Approximation bis zur Numerischen Differentiation und Integration. Neuaufgenommen wurde u.a. ein Abschnitt über die Flächen von Coons und zwei Kapitel über die Methode der finiten Elemente. Allerdings handelt es sich nicht nur um eine Sammlung von Algorithmen der Numerischen Mathematik. In erster Linie geht es den Autoren darum, dem Leser allgemeingültige Prinzipien für die Entwicklung und Analyse konstruktiver Verfahren nahezubringen. Dabei stehen hohe Anschaulichkeit und klare Darstellung der Grundlagen im Vordergrund, bevor die Algorithmen selbst in einer einer Programmiersprache sehr ähnlichen Notation formuliert werden.

Direkt daraus abgeleitet sind die „BASIC-Programme zur Numerischen Mathematik" von Jürgen Kahmann. Der Band enthält 37 BASIC-Programme, jeweils mit der Erläuterung des Verfahrens, der Programmliste, der Dateneingabe und einem Beispiel. Dabei sind Gliederung und Bezeichnungsweise aus den „Methoden der Numerischen Mathematik" übernommen. Es werden keine BASIC-Spezialbefehle und -Spezialfunktionen benutzt, so daß die Programme (evtl. mit geringen Änderungen) auf allen mit BASIC ausgerüsteten Mikro- und Homecomputern laufen.